占星綺想

鏡リュウジ

青土社

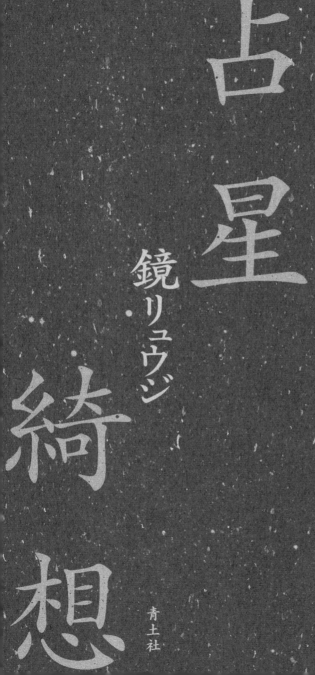

占星綺想　目次

占星綺想

この本を読む人たちへ

アレクサンドリアの大天文学者であるクラディオス・プトレマイオスは、天文学の書物である『アルマゲスト』の著者であったとともに、占星術の聖典『テトラビブロス』の著者でもあった。

「惑星運動の法則」を発見したヨハネス・ケプラーは、また自ら深く占星術を信奉していて自ら天宮図を書き残している。

科学革命が起こる以前には、「占い」である占星術と「科学」である天文学はわかちがたく結びついており、科学史に燦然とその名を輝かせる大天文学者にも、「占星術家」としての顔があった。それは、「もうひとつの科学史」なのだ……。

などと書き出しても、賢明なる読者のみなさんをいまさら驚かせることなどできまい。科学の進展はそんなに直線的なものではないこと、理性の再生と呼ばれるルネサンスが実はオカルト文化の花開いた時代であったことなどは、いまや常識だといってもいいだろう。

では、こんなふうに問いかけてはどうだろうか。

もし、プトレマイオスがあなたの出生天宮図を見て占ってくれたら、何というだろうか。

あるいは、ケプラーが今の星の動きをもとにして、時代の趨勢を予言したら?

がぜん、高尚な文化史が身近に感じられることだろう。これまでのアカデミックな書物では、近代科学やキリスト教との相関、拮抗関係とのからみで占星術の歴史が語られることはあっても、彼らがどんなスタイルの占星術を実践していかたについては踏み込んで語られることは少なかったように思う。


しかし、それでいいのだろうか。たとえば、中世やルネサンスの音楽を語るときに、それを音として再現して演奏することなしにすませることができようか。占星術という「術」を味わうときには、彼らの手つきをトレースしてみることも必要なのではないだろうか。

幸いにして、最近になって、古代や中世、ルネサンスから近代に至るまでの占星術の「古典」が次々に発掘され、翻訳されてきた。本来占星術の歴史を語ろうとすると、ギリシア語、ラテン語、アラビア語ができなくては話にもならないのだが、ここ二〇年ほどの間に、欧米の占星家たちの尽力によってそうした占星術の「古典」たちが、僕たちの手のすぐに届くところに姿を現して来たのだ。

そうした翻訳作業（まさにそれは占星術のルネサンスである！）は驚くべきことを明らかにした。二〇世紀になって僕たちが「伝統ある占星術」と考えてきたものは、プトレマイオスやケプラー、あるいは一七世紀の成功した占星術家たちが実践していた占星術とはずいぶんと異なった、新しいものだったのだ。これが、欧米で多くの人々を熱狂させている「古典占星術」復興の背景である。

いや、だから古い占星術のほうが「正統的」で「当たる」などというのは止めよう。どちらが当たるかなどという不毛な論争をしてもつまらない。肝心なのは、そうした古い占星術の営みの生の姿が徐々に浮上してきた、ということだ。そしてそれは、実に豊かで面白い世界観を提示してくれているのである。

日食や月食のシンボリズム。病と薬草と星の緊密なつながり。時代精神の転換を告げる星の大時計。体質と容貌と星。現代の僕たちからは、まったくもって「奇想」というべき、壮大な星と地上の錯綜した関係のありようが浮かび上がってくる。

もちろん、そうした占星術の伝統と流れを一貫して語ることなどは、僕の手にはあまる。そこで、僕は興味のおもむくままに、古い占星術のテクストを拾い読みして、現代占星術からはこぼれ落ちたさまざまな技術や解釈をコレクションし、ささやかなエッセイとしてまとめてみた。これは、僕自身の能力のなさによるところのものだが、結果的にはそうしたスタイルが正解だったのではないかという気がする。占星術は疑似科学ではないのだから、一見体系的に見えるライナーな書き方などしてしまうと、占星術のもっている豊饒なる連想関係やシンボルのたわむれが壊れてしまって、一義的なドグマがあるかのような誤解を与えてしまう恐れがあるからだ。

だから、このエッセイ集はどこから読んでいただいてもいい。お好きなところを、ゆったりとお茶でも飲みながら楽しんでいただきたいのである。もしよければ、お手元に自分の出生天宮図など広げながら……。

古代の目で自分の運命を見直してみる。そんな贅沢な時間があってもいいのではないか。

きっと本書は、そんな奇妙で豊かな時間をあなたに贈ってくれるはずである。

黒い太陽

僕はその日、友人たちとイギリス南西部の軍港町プリマスの、小高い丘で空を見上げていた。ふだんは人気もないであろう、さびれた丘に、何人ものバックパッカーたちが押しかけている。いや、ここなどはまだましなほうだ。丘から見下ろせる小さな湾には、いたるところに小さな船が走り回り、岸辺にはまるで駐車場のように車がぎっしりと並んでいるのが見える。

そうだ。この丘の上の人も、眼下に見下ろす湾の人も、その瞬間をずっと待っているのだ。

その「瞬間」は、刻一刻と近づいてきた。微妙に空気の雰囲気が変わる。薄暗い曇り空の下を、低く鳥たちが編隊を組んで飛び始めた。虫たちも、その瞬間を待っていたかのように、鳴き始める。犬たちの遠吠えが、どこからともなく聞こえ始めた。

そして……「ズシン」。

辺りがまるで夜のように真っ暗になったその瞬間、僕の腹の下のほうで、そんな音が響いた。

いや、もちろん、音というのはふさわしくないかもしれないが、その瞬間は、間違いなく、何か大きな質量と衝撃波を伴って、僕のこの体をヒットしたのだ。

周囲から巻き起こる歓声と拍手。僕も同じように拍手しながら、その「ズシン」を感じていた。

これは、一九九九年八月一一日に僕が経験した皆既日食の様子である。

二〇世紀最後の、そして久しぶりの大都市で見られる皆既日食とあって、日食が見られるヨーロッパに世界中の注目が集まったことはご記憶だろうか。

日本ではさほどではなかったけれど、皆既日食が見られるイギリス南西部では一大日食フィーヴァーが起こっており、ロンドンの各駅のキオスクでは簡単な日食観測用の遮光メガネが売られ、また各地で日食記念のビールやタバコまで売られる始末。当然、皆既日食が見られる、イギリス西部のコーンウォールに向かう列車は、何カ月も前から予約で一杯という状況であった。真偽のほどは確かではないが、コーンウォールに詰め掛ける人々の整理と治安保全のために、軍隊まで出動するという噂もあった。実際、イギリスの各新聞は日食とそれにともなう人々の大移動、大渋滞をとりあげて、見出しに「エクソドス」（出エジプト）と大きく掲載したくらいだ。毎年盆暮れの「民族大移動」を見ている僕たち日本人にとっては、案外見慣れた風景なのだが、ヨーロッパ人にしてみれば、これは全く異様な光景としかいいようがないのだろう。

いわば、日食は世紀末を彩る一大イベントであった。そしてそれをあてこんでの収入も大いに期待されていたわけだ。現に僕も、毎年九月のイギリス詣でをわざわざ一カ月繰り上げて、一番旅費が高い時期に渡英したわけだから、そのイベントにのってしまったクチではある。

ただ、僕自身は、日食そのものにはさほど期待していなかった。

それもそうだろう。日食、月食のメカニズムは、現代ではちょっとまじめに理科の時間で話を聞いたものには全く自明のもの。日食の場合であれば、月が太陽の真正面を通過して、太陽の光を遮るだけの話だし、月食であれば、地球の影が月に当たって、月を暗くする、というだけのことではないか。日食・月食は、今では全く正確に予報することができる。そこには神秘性は全くない。

だからこそ、イギリスではこの日食は一つのお祭りとして盛り上がったわけだし、わざわざ日食を「見に」でかけようとした人も多かったのだ。

日食は、だから、僕にとっては一応「見ました」という報告ができる程度にしておけばいいだろうと思っていたのだ。朝から曇りで、人々が日食の瞬間まで、空が晴れることを祈っていたときも、僕はのんきなもので、「まあ、別に見れなくてもあとでテレビでみればいいや」くらいのつもりだったのだ。

けれど、そんな不埒な思いは日食が始まるとふきとんでしまった。

空には相変わらず厚い灰色の雲がかかっている。太陽の姿は全く見えない。しかし、太陽が欠け始めたと推定される時間に、気温がみるみる下がり始めるのだ。そして前述のように、生き物たちがまるで夕暮れのように（現地では昼前の時間だった）騒ぎ始める。だんだんと辺りの空気が異様に濃厚なかんじになって、ついに完全に太陽の光が隠されるとき、つまり、皆既の瞬間に、腹に「ズシン」という衝撃が走ったのだ。

こればかりは、本で読んでいたり、あるいはテレビで映像だけ見ていたのではわからない感覚だろう。僕はそのとき、太陽や月、そして天体の力をまざまざと感じた。曇っていてもあの調子

歴史の女神クリオと日食。
ヘリオドトスの『歴史』への挿画（1935）より。
日食は古くから歴史と関係があると考えられて来た。

だったのだから、もしこれが快晴ならどんなに衝撃的だったか、想像するだにすごい気がするのである。

僕たちは、「未開人」たちが日食や月食を恐れているといって笑うときがある。マンガや映画で、「未開」人に捕らわれた探検家が、その地方で見られる日食を利用して、現地の人々を驚かせ、解放されるという話がある。この逸話のもとになったのは、恐らくコロンブスがアメリカ先住民と出会ったときのエピソードで、第四回の航海のときに、先住民に捕らわれていたところを、占星術家／天文学者レジオモンタヌスが作成した暦をつかって、日食を予報し、一行の身柄を自由にさせたという話が伝わっている。

この話が本当かどうかは、知らない。先住民の自然観測の力というのは、一般に「近代」人が思うよりも、優れていることが多いから、これはあくまでも白人側からの記述と考えるべきなのかもしれない。

しかし、今でもインドでは、日食を見るのは不吉なので、日食の間は家に閉じこもって聖典を詠唱している、という話を実際にかの地を旅行した友人から聞いた。少し前なら、僕も「何をばかなことを」と思っていただろう。

しかし、あの「ズシン」を体験したからには、僕もそういう人々をそうそうバカにはできないのだ。花火かなにかと間違えて、日食を見てうかれている人よりも、この壮大な天体現象（いや皆既日食は天体現象というだけではない。気温が下がり、動植物が反応する。それは天体―地球の現象なのである）に何か畏敬の念を感じている人々のほうが、僕にはずっと人間的で、感受性が豊かなように思えるのである。

日食・月食、とりわけ皆既日食は人々のイマジネーションをかき立てる現象だ。

それは、日食や月食のメカニズムが解明されたからといっても、変わるものではない。

ヨーロッパの歴史をたどってゆくと、観測された上に、記録された最古の日食は紀元前七二一年、バビロンにまでさかのぼることができる。もちろん、これ以前からも人々は日食を経験していたわけで、神話などには、たくさん日食・月食の話がある。我が国の神話の「天の岩戸」も、さまざまな意味合いをふくんでいるとはいえ、あきらかに日食の描写を嗅ぎ取ることができる。北欧では、日食・月食は、フェンリルという名前の狼の魔物が日輪や月を飲み込むために発生する現象だと言われていた（彼らもそれをメタファーとして用いていた可能性は高い）。

初めて日食の予報をしたと伝えられるのは、哲学の祖ともされるタレスである。紀元前五八五年の日食を彼は予言したのだという。この伝承が正しいとすれば、すでにタレスは日食・月食のメカニズムを知っていたことになる。

いや、それ自体は驚くべきことではないだろう。一部の天文学者によれば、かのストーンヘンジは、それ自体が巨大なコンピュータ（とまでいえばいいすぎか。より正確にはカレンダー）であり、ストーンヘンジのなかでも最も古い構造の一つをなす、五六個の穴のサークルは、日食・月食の予報をするためのものだったのだ。ストーンヘンジは、紀元前一九〇〇年頃から建設されたというから、このころの人はすでに日食と月食の周期を正確に知っていたということになる。

しかし、「メカニズムがわかる」ということと、その現象が引き起こす一種宗教的な感覚がなくなることとは、別なことだ。

実際、一六五二年三月二九日に「ブラックマンデー」と呼ばれる日食がイギリスで起こったのだが、そのときには、予報がされていたのにもかかわらず、人々がパニックになったことが伝えられている。当時の日記作者たちの記録では、貧しい人々は持ち物を投げだし、空を見上げては太陽が再び顔を出してくれるようにとキリストに祈ったという。

時おりしも清教徒革命からチャールズ一世の処刑という大事件が起こってわずか三年後のこと。イギリスの社会は激しい動乱に見舞われていた。社会不安が人々の恐怖を増幅させたことは想像に難くない。

しかも、一七世紀は占星術の黄金時代であり、この日食をめぐって数々の予言、解釈をしたためたパンフレットが発行された。

人気占星術家だったジョン・ブッカーは、「数百年のうちでも最も重大な日食」とこの現象を

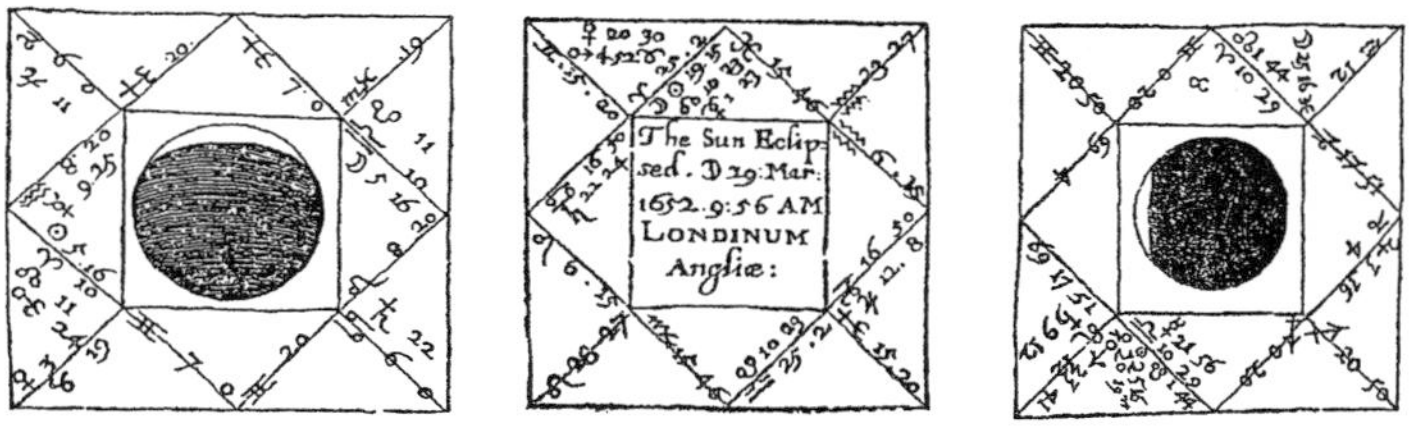

ウィリアム・リリーの著書より

呼び、本草学、ハーブ医療の元祖でもあるニコラス・カルペパーは、この日食の支配星《ロード》は火星であるとして、乾燥や熱波による作物への被害、国家間の戦争、王と家臣たちとの対立、火災、殺人などの事件が起こるだろうと予言している。

さらに、一七世紀を代表する占星術家ウィリアム・リリーは、この日食に関してパンフレットを発行し、さまざまな予言をしている。実際、一六五二年から五三年にかけては、イギリスで立て続けに日食・月食が三度も起こり、当時の占星術家に予言と解釈の素材を与えたのだ。

リリーは、日食がイギリスを支配する牡羊座で起こることからイギリスに災いが起こること、また、蟹座で起こった月食から、蟹座に支配される国であるとされたオランダ、スコットランドの危機を予言している。

「何かの不幸が我が国に、そしてオランダとスコットランドに起こるだろう……私は、戦争を非常に危惧している。

あるいは、海、陸での戦いが続くことを……」

世界史に詳しい方なら、クロムウェルが発布した航海条例によって、オランダの制海権が脅かされ、これが英国とオランダの戦争を招いたことを思い出されるだろう。ときは、まさに一六五二年。

リリーが、全くこの日食・月食だけから予言したのか、あるいは社会情勢に詳しかっただけなのか、判断することは難しいが、しかし、少なくとも、リリーの占いは、今からみるとよく当たっているわけだ。

僕が今回、英国に赴いたのは、もちろん日食を拝むためもあったが、それと同時に、英国占星術協会の年次大会に出席するためであった。

占星術家が日食に大きな関心を示すのは、何も昔だけの話ではなく、現代でも同じこと。例年、英国占星術協会は年次大会を九月の最初の週末に行っているのだが、一九九九年に限っては、二〇世紀最後の皆既日食ということもあって、わざわざ会期を一カ月早め、さらに期間も通常の三日間から一週間に延長して開催された。会場として選ばれたのは、皆既日食帯が通過するイギリス西部の、プリマス大学である。プリマス大学はまた天文学でも有名で、この大学の天文学部教授パーシイ・シーモア博士は、天文学者であると同時に、占星術を支持するという希有で奇特な人材である。

大会には、五〇〇名以上の占星術家がイギリスはもとより、ヨーロッパ、アメリカ、カナダ、オーストラリアなどから集まった。彼らが発表するテーマも、やはり日食や月食にまつわるものが多かった。

ダイアナ妃の不幸な死と日食・月食のタイミングの一致に始まって、日食・月食のサイクルと人生の大きな事件との関連性など、多くの現代占星術のテクニックが開陳された。

僕が出席した講座で印象的だったのは、現代のアメリカのカリスマ占星術家ロバート・ハンドが「有名な話」として紹介した逸話で、カール・マルクスが生まれた日に起こった日食が見られたゾーンは、旧ソビエト連邦の端から端までをぴったりと覆っている、とか、英国の占星術家ジェフリー・コーネリアスが紹介した逸話、すなわちチンギス・ハーンが見上げた日食のゾーンは、最盛期のモンゴル帝国が獲得した領土と一致する、といった話だ。

もし日食帯とモンゴル帝国の大きさが関連があったというのなら、もし、あのときの日食が見えた場所がすこしズレていたら、日本には神風が吹かなかったかもしれないのだろうか。奇妙な想像は膨らむ一方である。

このような壮大な天と地の符合は、まさしく占星術という綺想の醍醐味であろう。

現代の占星術家は、しかし、日食の解釈については、かなり恣意的なところがあって、それぞれに意見が別れている。

例えば、九九年の八月の日食は、ちょうどノストラダムスの例の「九九年七の月」の予言と時期的に近いこともあり、多くの占星術家が話題にした。しかも、この日食にたいして、ほかの惑星が占星術でいうところの凶悪な角度をとりあい、「グランドクロス」を形成していたことから、大災害を予告するものも多かった。

ある日本の占星術家は、「グランドクロスと日食は、不動星座で起こるので、その影響は長期間、数年にわたって続く」という。

不動星座とは、占星術で用いる星座のなかで、牡牛座、獅子座、蠍座、水瓶座の四つの星座のことで、これらの星座はいずれも四つの季節の盛りの期間に相当することから、ものごとがピークに達すること、あるいは何かを持続させることを暗示しているのだ。

しかし、この「長期間」というのは、どれくらいのことを指すのだろうか。数年、というふうに現代の占星術家はいうようだが、どうもその根拠ははっきりしない。

当たるか当たらないかはともかく、占星術の伝統のなかでは、どんなふうに日食、あるいは月食の影響の期間をカウントしていたのだろうか。

よく占星術は数千年の歴史がある、というけれども、このような現代の占星術家の言葉を聞くと、これは一面の真実でしかないことがよくわかる。

例えば、一三四五年、三月一八日にヨーロッパで月食があった。

この月食は多くの占星術家によって、このころからヨーロッパを席巻し、当時の人口の三分の一の命を奪ったあの黒死病の広がりを予告したものだと考えられている。パリ郊外モー MEAUX のジェフリーという占星術家は、この月食のホロスコープを作成しており、このホロスコープはオックスフォード大学の図書館に現存している。ジェフリーは、この日食の効果は、五年と五カ月続く、と予言している。

この計算の方法の根拠はよくわからないが、しかし、少なくとも中世の占星術家は、食の影響がいつまで続くのか、これを計算する方法を独自に考案していたということがわかるだろう。

中世の占星術家は、では、どんなふうに日食の影響を図るようにしていたのだろうか。いくつかのテクストをひもといて、彼らの考えをたどってみよう。

まず最初に僕たちが目にしなければならないのは、クラディオス・プトレマイオスの『テトラビブロス』であろう。

この二世紀のアレクサンドリアの天文学者・占星術家が著したこの本は、それまでの占星術の知識を集大成したものとして知られている。

手元には、ハーヴァード大学出版から出ているギリシア語と英語の対訳版があるので、それをひもといてみる（F・E・ロビンズ訳）。『テトラビブロス』は、その名のとおり、四つの巻からなりたっている（テトラとは四、ビブロスとは書物、である）。

第一部は占星術の一般原理、第二部で自然現象や国家のことを占う方法、第三、第四部で個人のことを占う方法が述べられている。

日食・月食について集中的に述べられているのは、第二部である。

食は個人のことにももちろん影響するけれども、もっとマクロなレベルで地上に影響すると考えられたのだ。

『テトラビブロス』第二部ではまず、国々や地方に割り当てられる星座のことが述べられる。前に、一七世紀を代表する占星術家ウィリアム・リリーが、イギリスは牡羊座に支配され、またオランダは蟹座が支配すると考えていたことをご紹介したが、これはプトレマイオスの書にすでにその原型が出ているものだ。

そして、それぞれの星座で起こる星の異変が、その国の運命とかかわる、というのがプトレマイオスの考えだったのだ。

プトレマイオスによれば、そのような予言のためにかかわる方法論では、「まず、第一の、そしてもっとも重大な事件の原因になるのは、食のときにおける太陽と月の合であり、そのときの星の配置」なのであった。

プトレマイオスは、そこで、順次、どんなふうに食の影響を読み解いてゆけばよいのか語っていく。

最初に彼が問題にするのは、どこで食の影響が現れるか、だ。もちろん、真っ先に考えるべきは、日食がよく見られるところだ。これは当然だといえるだろう。日食が起こっていても、それが夜の時間にあたっていて、見えないところよりも、天の真上で太陽や月が欠けるのを見たほうが、インパクトは大きいに違いない。

さらに、食が起こるときの星座の支配する地域、その星座にたいして正三角形をつくる星座、あるいは、ある国家、都市が作られたときに、東の地平線から上昇していた星座が重要、ということだという。

これは国家ばかりではなく、国家の長のホロスコープにも適用された。ある国家の長が生まれたときの、東の地平線、あるいは太陽の位置、天頂の位置が食の起こった位置と重なっていれば、それが大きなインパクトをもつ、というのである。

次に、プトレマイオスは、その食の影響がどのくらい続くかということを問題にする。

彼によれば、太陽、あるいは月が欠け始めてから最後に光が完全に戻るまでの時間が、そのカギになるという。例えば、ある日食が二時間と三〇分続いたとしよう。日食の場合、一時間は一年にあたるという。つまり、その日食の影響は、二年半に及ぶ、というわけである。月食の場合には、一時間は一カ月に相当すると、計算される。

さきのジェフリーは、月食が続いた時間を三時間二九分五四秒という、とても中世のころとは思えない単位で（どれほど正確であったかはさておき）計測して記録しているが、これは、当時の占星術においては食の継続時間が判断、解釈の上で決定的に重要な役割を果たしていたことを示している。ジェフリーの計算の方法は、プトレマイオスの計算方法とは別だけれども、何らかのかたちで、食の継続時間が重要だったのは間違いない。これは、現代の占星術ではあまり用いられていない方法だ。

さらに、プトレマイオスは、いつから食の影響が始まるか、あるいは食の影響が顕著にいつ現れるかを判断する方法も述べる。

それは、食がどれほどの高さで起こっていたのか、ということが重要なのだ。

これは日食が見られる地域によって変わっていくのだけれども、ある地域では日食は日の出直後に、またある地域では昼間に、さらに別な地域では夕刻にみられる。時差があるためだ。

これらの地域の差によって、食の影響がいつ現れるか、が変化してくるのである。

最も早く影響が現れるのは、東の地平線で食が見られた地域である。プトレマイオスの推算では、その影響は、日食直後から四カ月の間に現れてくる。

一方、食が中天にある場合（すなわち真昼に日食が見られた場合）には、食が起こってから五カ月めから八カ月めの間にその影響が鮮明に現れるはずだという。

さらにすすんで、西の地平線近くで日食が見られた場合には、その影響は九カ月めから一年めまでの間にはっきりと現れてくることになる。

また、日食は、一日のうちの時刻にかかわるだけではなく、一年のうちのいつ起こったかによっても、その影響が変わる。

春分のころの日食は、果実、ブドウやイチジクなどの出来にかかわり、夏至のころの食は、収穫全般、およびエジプトではナイル川の氾濫を、秋分では、干し草の出来、冬至では野菜やその季節とかかわる動植物に関することをつかさどるようになるという。

また、食が起こった星座、あるいはそれと近い星座も重要だ。

双子座、乙女座、水瓶座など人間の姿をした星座（人象宮という）で起こった食は人間にかかわる災いをもたらし、牡羊座や牡牛座など動物の星座でおこった食は、地をはう動物たちに影響を及ぼす。

また白鳥座や天使のように翼をつけた女性の姿で描かれる乙女座のように翼をつけた星座では、主に食用の鳥たちに影響をもたらすのだというのだ。

では、このような食の力が実際にどんな効果をもつのか、その判断は、食の「支配星」を見いだすことでなされる。

食の瞬間（食がピークを迎えた瞬間）のホロスコープが、重要なカギを握る。

プトレマイオスの書き方だけではその判断法はよくわからない部分があるが、ヒントになるのは、食のときに、地平線、あるいは子午線近くにあった惑星やそのときに動きを止（留）めていて力を増していた惑星が、食の「支配星《ロード》」となるということらしい。

この支配星が、日食の影響のクオリテイを決定するのである。

もしその星が、土星であれば、きわめて不吉である。土星は寒さや冷たさを示す星とされており、冷害全般、長期の疫病、洪水、植物が枯れてしまうこと、幽閉、死、とりわけ老人の死を意味するのだという。

また、火星もかなり不吉である。その働きは、プトレマイオスの記述をみるかぎり、土星とは正反対のようで、「熱」による災いが起こるとされている。乾燥による災い、戦争、占領、隷属、指導者の激憤、それによる横死、火災などが起こるだろう。

その一方で木星や金星であれば、食はむしろよい影響を及ぼすと考えられた。

木星はものごとの増大、名声、健康、豊作などを暗示する。金星は木星の影響と似ているけれども、天候としては心地よい風を吹かせ、また人事では幸福な結婚をもたらすことになるのだ。

面白いのは水星だ。水星が食の支配星であれば、地震や雷を起こすことがあり、もし水星が地平線から上りつつあると、海や川の水位を上げることに、また沈みつつあると水位が下がるという暗示になってしまうのだ。

また水星のほかの角度が悪いと、航海の失敗がある、という暗示である。現代の占星術では水星は、コミュニケーションや知性を暗示するというので、古代の解釈とはかなり趣きが異なっている。

現代の占星術家は、実際の天体ではなく、紙の上に描かれた天体図か、あるいはパソコンのスクリーンに映し出されるチャートばかりを見ていることが多いのだが、プトレマイオスは抽象化された天体図ばかりを見ていたわけではない。

実際に天を見上げてその解釈をしていたことがわかるのは、日食・月食がどんな色をしていたのか、あるいはそのときに彗星が現れなかったのか、ということをずいぶん気にしているためである。

食の光に黒い色が目立てば、それは土星に似た影響をもつだろうし、赤であれば火星、白っぽい光が見えれば、それは木星の力をもつだろうと考えられたのだ。

ずいぶんと手の込んだ日食・月食の判断法だが、占星術の伝統のなかには、このような方法論が存在していた。

占星術という綺想の伝統は、驚くべき生命力をもっている。

一五世紀イタリアでのルネサンスの占星術家ヤニクスのテキストも、プトレマイオスの方法論とそっくりな食の判断法があった。これは、現代イギリスの占星術家グレアム・トービン氏がその一部をラテン語から英語へと翻訳して僕たちに、九九年の日食の学会で報告してくれたことだ。

さらに、何度も名前が登場する一七世紀の占星術家ウィリアム・リリーが著した書物も、完全にプトレマイオスの伝統を踏んでいる。

一六五二年に出版された、『日食・月食の効果を判断するやさしい方法』では、食の解釈方法を詳述している。プトレマイオスの解釈方法と見比べてみると、この二つは構成まで瓜二つ。それもそのはずで、リリーはプトレマイオスのテクストの注釈のようなかたちをとって食の解釈法を述べているのである。

しかも、リリーは実際に人々を多く占っており、また暦を出していたこともあって、プトレマイオスのものをより実際的に応用しやすいように、分かりやすく例を引きながら紹介しているのが特徴的だ。実際、プトレマイオスの記述だけをみていると、現実にはどのように解釈していたのか、再現するのが難しいことが多い。しかし、リリーのテクストを参照すると、実例までが入っていて、なるほどと思わせられるのだ。

例えば一六四八年の月食が、チャールズ一世の出生時の太陽のちょうど向き合う位置で起こり、かつ、土星もその位置を刺激していたことを記している。これが、チャールズの処刑を予告していた、というわけである。

さらに、リリーはプトレマイオスよりもずっと詳しく、それぞれの星座で食が起こったときの解釈までを詳述している。面白いのは、同じ星座でも、その星座の前半、中盤、後半では、その解釈が変わることだ。

例えば、一六五二年のときの「ブラックマンデー」のときの日食は牡羊座の中盤で起こっているのだが、これは、王や皇太子に死の危険が迫ること、果樹に何らかの災いがあることなどを示す。同じ日食でも、牡羊座の後半で起こっていると、人間への災いばかりではなく、羊、子馬など小さめの家畜への災いが起こりがちだ、というのだ。

リリーの最大の貢献は、ラテン語ではなく英語で、しかもこのようなわかりやすいかたちで占

太陽を食らう獅子

死の象徴としての「黒い太陽」

星術の知識を公開したことだろう。このころから、占星術は、裕福な上層階級の独占物ではなく、より広く公衆のものへと変貌していったのだといえる。

最近の占星術家が、古典占星術を復興する上でリリーを高く評価しているのは、このあたりに理由があるのだろう。リリーは、古代の占星術の文献を踏破したうえで、実用者のための手引きとしてまとめることに、まがりなりにも成功しているためだ。

では、そのような古代の占星術の伝統にしたがって、今回の日食（一九九九年八月一一日）を解釈してみるとどうなるだろうか。プトレマイオスになったつもりで、あるいはリリーになったつもりで解釈してみよう。

プトレマイオスによれば、もちろん、日食はそれが見られたところで最も大きな影響が現れる。そういえば、トルコ、ギリシアなど立て続けに大地震に見舞われたところは、日食帯の下だったではないか。

が、古代から一七世紀の占星術の伝統に従えば、日食は、その継続時間に相当する年数だけ、影響力が続く。今回の日食はおよそ二時間半続いていたから、これは少なくとも二年半は影響力をもち続けるということになる。

イギリスでは、日食はほぼ天頂で見られたが、中天の日食は、日食が起こったときから四カ月後から七カ月後までの間に最も顕著に影響を示し始める。ということは、九九年一二月ごろからその影響が出てくるということなのだろうか。

では、日食がどんな影響をもつのか。獅子座の中盤の日食は、国王や身分の高いものの危険を示すという。獅子座が支配する国は、プトレマイオスによれば、イタリア、ゴール、シシリーであるからこれらの国の身分あるものは、とくに注意しなければならない。

さらに、この日食の「支配星」を決めるのは、難しいけれども、リリーの言うとおりやってみよう。日食が起こっているところから反時計回りにホロスコープを数えていったところの、天球図の軸（地平線、子午線）にある惑星で、しかも、「ディグニティ」をもつ惑星がその候補となるのだという。ディグニティとは、星座やハウスとの関係で、星がとくに力をもつ状態のことをいう。

ロンドンを基準に作成した日食図では、日食は第一〇ハウスにあるので、反時計回りに数えて行くと、東の地平線である。ここは天秤座があるが、その付近を探すと、蠍座の火星がある。蠍座の守護星は、火星。火星は強力で「ディグニティ」を得ている。

ほかの見方もあるのかもしれないが、ここでは「火星」が日食の支配星になるのだろう。とすれば、乾燥による被害、戦争、暴力、若者の死、などが予想されることになる。

ちなみに、ノストラダムスは、九九年七の月の「前後に火星が支配する」というが、もし、ノストラダムスがなんらかのかたちで九九年八月の日食を予測出来たのだとしたら、その予言は、古典的な占星術の法則をふまえて、「火星の支配の日食」のことを言っていたことになるのかもしれない。

もちろん、僕自身は、古典的な占星術の信奉者ではないから、このような予言が当たるとは思ってはいないのだが、しかし、長い占星術の歴史のなかに身をおいて、彼らがどんなふうに思考していたのか、トレースしてみるのも面白いと思うのである。

それにしても、日食はどうも不吉なことと結び付けられることが多い。

暗くなる太陽は、どうしても人々の破滅願望をくすぐるところがある。そして、占星術家は、そのような願望をどこかで感じ取って、その暗い予感を増幅する方向で、ホロスコープを読んでしまう傾向があるようにも思う。

ノストラダムスにちなんで、この日食を恐ろしいかたちで読む人々が後を絶たなかったのは、そのことをあらわしているだろう。

リリーは、成功した占星術家の常として、そのなかでもある種健全な精神をもっていた。日食の解釈法を述べている一方で、彼らは農民や大衆に、日食の正確な予報を出し、そしていたずらに不安がる必要はないことを同時に訴えかけている。

一方で、日食のシンボリズムに積極的な救いがあるのは、錬金術のほうである。錬金術では、

「黒い太陽」がしばしば描かれる。あるいは太陽を食らう獅子などが描かれることが多い。
錬金術は、ユング以来、物質変成になぞらえて、人々の精神の変化を表現したものだと考えられるようになっている。

そのプロセスでは、まず、卑金属はなんらかの形で「死に」、そしてそのなかに内包されている対立する原理（男と女、火と水、塩と硫黄など）が結び付くことで完全な物質である黄金へと救済される。いわば、錬金術的なプロセスとは死と再生のプロセスなのである。

「黒い太陽」は、そのときの物質の「死」を象徴して描かれる。これは苦しい状態ではあるのだ

ウィリアム・ブレイクの
ストーンヘンジと食。

が、新しい再生に向けての生まれ変わりの準備なのだ。

そういえば、ヘルメス思想などでは、食のときには、この世とあの世をつなぐ、霊界の門が開くとされてきた。プルタルコスによれば、日食は、エジプトの王の神オシリスが、悪神セトに倒されてひつぎのなかに入れられる状態を表しているという。ここでバラバラにされたオシリスは、今度は女神イシスの手で集められ、再生される。ここでも、死と再生のドラマが描かれているというわけである。

時代はぐっと下っても、このようなシンボリズムはまた現れる。ウィリアム・ブレイクが、ストーンヘンジと並べて描く食も、恐らくはヘルメス思想的な、「霊界の門」としての食とつながっているようにも考えられる。

ユング心理学を援用して元型的に考えれば、日食が表す「王の死」とは、何か、自分のなかの自我がいったん死んで、また新しく生まれ変わるきっかけを表すのかもしれない。

食をめぐるさまざまな綺想をたどってきたわけだが、ここで感じるのは、人が日食や月食を見たときの、あのなんともいえない体感……そう、あの「ズシン」が、これらの解釈のベースにあるのでは、ということだ。

いかに合理の精神を身につけていても、天の壮大なドラマを目の前にしたときに、その合理の思考から、星の綺想がこぼれ出す。じわじわとあふれだす。

そう、ちょうど、太陽が隠れるときに、その周囲にふだんは見えないコロナが輝き、星が見え始めるのと同じように。

僕はまた、あの「ズシン」をめぐる綺想をどこかでおいかけてゆくに違いないのだ。

参考文献

Derec Appleby and Maruric Mccann, *Eclipse*, Aquarian, 1989.（現代の占星術家による、日食の解釈の書物。リリーのテクストは、本書の巻末に資料として付されている）。
David Ovason, *The Book of the Eclipse*, Arrow Books, 1999.（一九九九年の日食に併せて出版された本。日食がどのように個々人に影響するかを実例をまじえて詳しく紹介している。本稿の歴史上の事例の多くもこの本を参照した）。

病の時刻

クローン羊が登場し、ヒトゲノムが解読された、二〇世紀末。医学の強力な力は、次々に病に勝利し続けているように思える。ほんの三、四〇〇年前までれっきとした医療法として瀉血などという荒々しい方法が用いられていたことを考えると、いかにその変化が大きなものだったか、まったく驚くべきことだ。僕自身、現代医学の力で何度救われてきたことだろうか。幸い今ではほとんど完治しているものの、幼いころ、持病として喘息があった。発作が起こったときのあの苦しさといったら！　本格的な発作が起きたときには、息ができなくて、咳をすることすらできないのだ。当然、酸素不足になって、爪が真っ青に変色するチアノーゼ状態が起こる。

しかし、注射一本、あるいは、点滴一発で激しい発作がウソのように収まってゆくのである。もちろん、その薬（血管拡張剤だろう）は、かなりの劇薬のはずで、心臓には大きな負担をかけることになるのはわかっているが、しかし、全く、このような劇的な効果があると、医者や看護婦が神々しくすら思えてくるから不思議だ（もちろん、かかりつけのお医者様は、そんな劇薬を処方しなくてもすむように、生活態度全般にわたるアドバイスをくださっていたのだけれども）。

そんなわけで、僕は全くの西洋医学信者である。ワープロの画面を見すぎて疲れたときには、鍼灸やマッサージのお世話にもなるし、気分をすっきりとさせるためにアロマセラピーを使ったりすることもあるけれども、ハーブティで病気を治療する、なんてまどろっこしいことにはあまり期待していない。ましてや「気」の力で、なんてのは……。

そんな僕なのだが、占星術や神秘思想に関心を寄せて実践までしているせいか、世間のイメージとしては、いわゆる「代替医療」を信頼していると思われているようだ。つい先日も、代替医療に関心をもっていらっしゃる医師や看護婦、鍼灸師、薬剤師の方が中心になって組織されているある私的な研究会に招いていただき、講演を依頼された。占星術と医学との関連について話してほしい、とおっしゃるのだ。伝統的な知恵のなかには、何か有効なものがあるから、と。

僕なら、自分が病気になったら、ホロスコープを作るより先に血液検査をしてもらいますけど……と前置きをしつつ、乏しい知識を頼りに精一杯話をしたのだった。占星術を実践している僕よりも、医師たちのほうが占星術に期待しているというこの奇妙な構図。なんだか赤面しながら、話をしたことを覚えている。

占星術が医学と歴史の上では分かち難く結び付いているのは、事実である。一七世紀までは、占星術は医師たちにとって必須の知識であった。出典は怪しいのだが、かの医学の父ヒポクラテスも、「占星術の知識のない医師は医者とはいえない」といったそうで、実際、ヨーロッパの大学では、占星術は医学部で教えられていることも多かった。

一六〇一年から英国医師会の会長を務めたリチャード・フォスターは、自ら占星術の暦を作成していた人物だったし、一七世紀英国の成功した占星術家リチャード・ネイピアは、一六六四年に医師会のオナラリー・フェロー（名誉特別会員）に選ばれている（キース・トマス『宗教と魔術の衰退』）。

その一方で、一七世紀には医学と占星術は次第にその別離をはじめており、一八世紀には完全に決別する。

この占星術の衰退と医学の勝利には、当然、ダーウィニズム的な原理が働いているのだろう。つまり、再現性のある技術を磨いてきた医学があてにならない占星術を打ち破ってゆくという、当然の帰結。強者が勝つのは目に見えている。

ただ、本当は一七世紀半ばあたりまでの医学と占星術の共存期あたりについては、もう少していねいに見るべきではないかという意見もあるようだ。当時、病人から悪い血を抜くと称して、大量に瀉血を行うというような荒っぽい治療を医学はしていたわけだが、そんなことをすれば、多くの患者は体力を失うことは目に見えている。それに比べれば、占星術に基づいてハーブを処

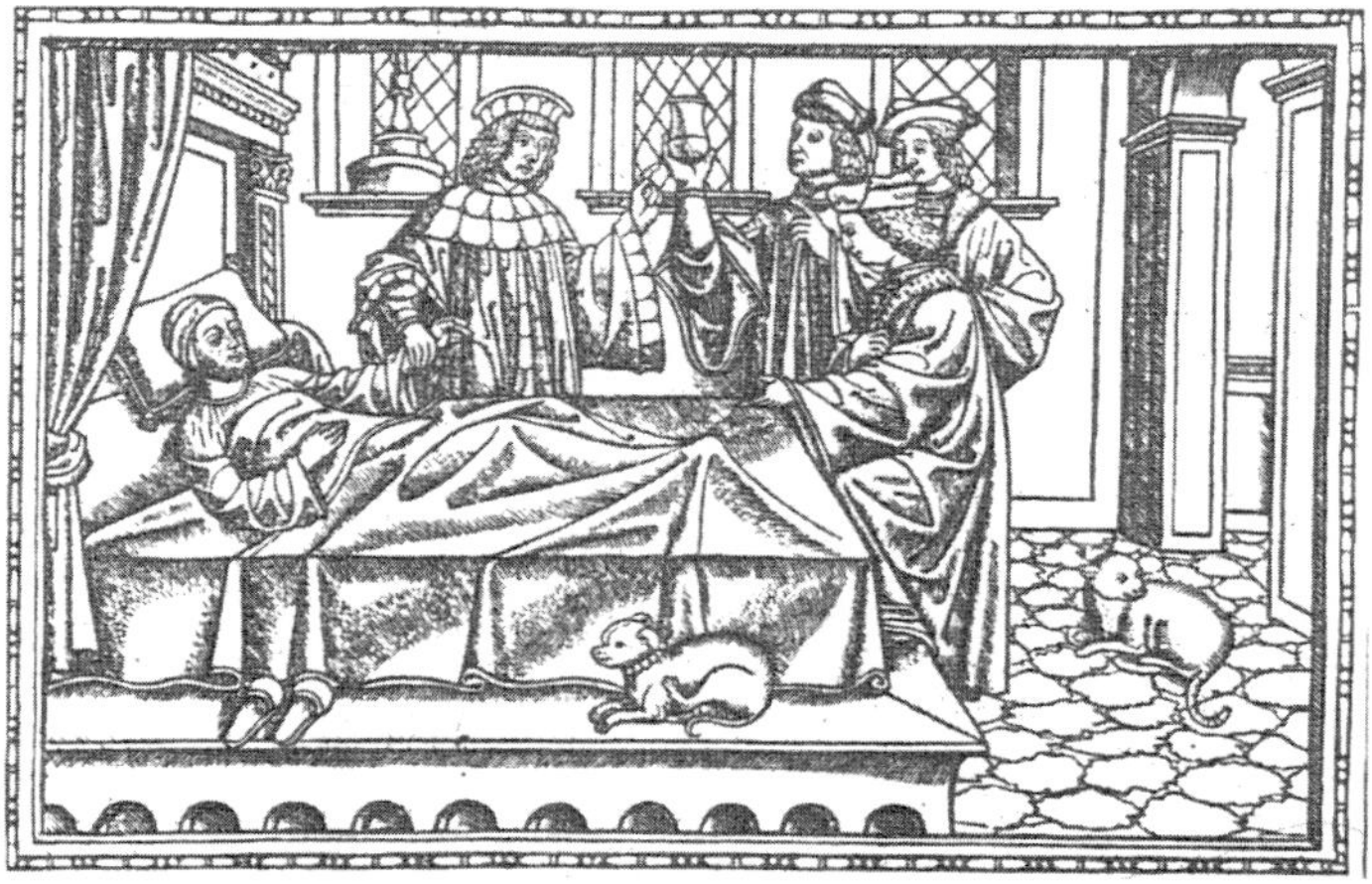

16世紀の医療の様子

方するという穏やかな方法であれば、少なくとも害は少なかっただろう。このあたりの時期においては、勝敗の要因として専門職の組織のありようといった社会学的な力学がより重要な問題として働いていた可能性をみるべきではないだろうか、というのだ。

病の行く末については、今も昔も占いの主要なテーマである。多くの患者やその家族が、病の診断と治療法の示唆をもとめて、占星術家のところに赴いた。

当然、占星術でも、それに応えるための医学的な判断をするための技術を発達させてきたのだ。その方法は、現代の我々には想像するのが難しいほど奇妙なものだ。もしあなたが一七世紀のイギリスに生きていて、家族の病の診断を仰ぐために、占星術家に手紙を書いたとしよう（当時、多くの判断は手紙のやりとりによって行われていた）。

あなたは何を占星術家に送るべきだろうか。患者の生年月日と生まれた時刻？　よろしい。それも、重要だ。

しかしながら、それ以上に重要なのは、その患者が病に倒れ、床に伏したときの日時と時刻、それに加えへ患者の尿なのである。

現代の占星術では、出生のときの星の配置図（出生図、ネイティヴィティ）が判断の元として使われることがほとんどだ。が、一七世紀占星術、あるいはそれ以前の占星術では、具体的な病の行く末は、デカンビチュア（Decumbiture）と呼ばれる、患者が病のために床に伏した時刻の星位図、あるいはこれが不明のときには相談者が占星術家に依頼して来たときの星の配置が用いられた。そしてこの図には、患者が苦しんでいるのはどんな病なのか、治癒の見込みはあるのか、治療法はどんなものなのか、死の危険はあるか、あるいは、病が癒えるのはいつなのか、といったことまでも具体的に示されているとされた。

アロマセラピーの元祖、あるいは一七世紀の医学占星術の大家であるニコラス・カルペパーは、こんなふうにいっている。

「尿を見たときの時刻のホロスコープも大いに参照するし、二次的な参考として出生図も用いるが、もっとも確実なのは、デカンビチュアにもとづいて判断を下すことである」（*Culpeper's Astrological Judgement of Diseases from the Decumbiture much Enlarged*, 1655）。

占星術家たちは、せっせと症例を集めては、伝統的な占星術の法則を証明しようとしていた。ごく最近になって、一部の占星術家の間ではそうした資料を用いて、当時の技法を再現しようとする動きも出て来ているが、しかし、近代にはこのようなデカンビチュアを用いる占星術は、ほぼ完全にすたれていた。なお、デカンビチュアとは、ラテン語で「横たわる」という意味だそうだ。

生年月日を用いて占うのはなんとなく理解できる。しかし、なぜ病に伏したときのチャートが、病気の行く末を暗示するのだろうか。あるいは、もっとよくわからないのは、相談者が占星術家のもとを訪れたとき、あるいは相談の手紙や尿が届いた時刻の星の配置が診断に用いられる、ということだろう。

現代の英国の占星術家ジェフリー・コーネリアスは、ここに占星術の二つの思想的伝統の混在を見ている。

ひとつは、アリストテレス主義的な、「因果論」にもとづくもの。現代の占星術にいたる占星術の主要な潮流は、二世紀のプトレマイオスのテクストに基づいているが、プトレマイオスが何よりも重視したのは、出生図であり、さらによいのは、受胎時のホロスコープであった。物事の始まりのときに、宇宙の力が、その新しく始まったときのものに運命を刻印する。この始まりの一点によって、その後の運命が確定されるのである。ちょうど、ニュートン力学で運動の初期値さえ分かれば、その後の物体の運動が予測できるというのと同じである。

もう一方は、プラトニズムの伝統につらなるもの。これは、星が、ものごとの「兆し」となると考えるもので、宇宙の秩序が、あらゆる時点でシンボリックにこの世界に鏡写しのようになって現れてくる。占星術は、その「兆し」を読む技術のことだというわけである。

デカンビチュアは、あきらかに、後者の伝統にたっているというのがわかるだろう。

現代の占星術では、前者のほうが優勢なようだが、一七世紀までは「因果論」と「兆し説」とが、入り乱れて占星術のなかでは生きながらえてきたのである。

幸い、手元には一七世紀の占星術家たちが実際にどんなふうにデカンビチュアを判断したのか、そのケースがあるので、少し参照してみよう。ホロスコープの構造を御存じないかたには少し難しく感じられるかもしれないが、できるだけかみ砕いて注釈をつけてみることにする。

ここに紹介するのは、やはりニコラス・カルペパーの著書からだ。

カルペパーの名前は、ひょっとすると、みなさんも、イギリスに本店があるハーブ・ショップに冠されてもいるのでご存じかもしれない。一七世紀に生きたイギリスの薬草学者であり、占星術家である。

わずか三六年にすぎないが、カルペパーの人生は、ドラマティックなものであり、医学史における影響力は相当なものがあったというべきであろう。ケンブリッジでラテン語、ギリシア語の知識を身につけるも、婚約者を落雷で失うという悲劇に出会い、そこから野に下って、薬屋に務めるようになる。

当時、医療は薬屋と医師、また床屋でもある外科医、さらに産婆たちによって行われそれぞれ

ニコラス・カルペパー

ライバル関係にあったわけたが、とくに大きな産業となりつつあった薬屋と制度化、組織化が進められていた医師たちの間には、相当の軋轢があった。国王によってお墨付きを得ていた医師たちは、薬屋には医師の処方箋にしたがって薬を売ることのみを許し、ほかの医療行為を禁じていたのだ。一方薬屋たちもそれに甘んじているばかりではなかった。この二つの職業団体の間にはかなりの緊張が走っていた。

カルペパーは、「庶民の味方」であり、王や制度化された教会には常に疑念を抱いていた。当時ラテン語で書かれていた医学書を次々に英語に翻訳して、その知識を一般に広め、大学の医学者たちの反感をかったりもしている。

比較的最近まで、カルペパーは、正当な医学史のなかでは奇矯な異端という扱いを受けていたが、このごろではホリスティック医学の先駆者、あるいは、すでに再評価の進んでいる漢方の西洋版の大成者としても新しく評価を受けるようになっているようだ。先にも述べたように、ファッショナブルなハーブ専門店の名前にカルペパーの名前が冠されていることを考えても、そのことがわかるというものだろう。

では、カルペパーはどのように判断を下し、そして治療の助言をしていたのだろうか。

彼の症例記録は、幸いなことに復刻されているので、その様子を窺い知ることができる。一例として、『英国の医師』に掲載されている、カルペパーのデカンビチュアの判断を見てみることにしよう。

一六五一年七月二五日、一通の手紙がカルペパーのもとに届いた。差出人は、ベッドフォード州に住む、若き占星術家。両者は直接の面識はなかったが、しかし、手紙の差出人は、当然、占星術と医学の大家であるカルペパーの名前を知っていた（一六四九年には、カルペパーは医学の教科書を英訳している）。

手紙には、彼の隣人の夫人が、下半身からだんだんと病が進行して来ていて、それについて判断を下そうとしたのだが、しかし、完全にデカンビチュアのチャートを読み切ることができないので、先達であるカルペパーの意見、助言を聞きたい、としたためてあった。手紙には、彼の作成したデカンビチュアのチャートも同封されていた。

図は、カルペパーの著書に掲載されている、そのチャートである。

占星術の図は円形ではなく方形で描かれるが、これは当時の慣例である。この図のなかには、地平線、子午線、さらに惑星や黄道一二星座宮などが詳細に書き込まれているのがわかるだろう。では、一体どんなふうにしてこのチャートが患者の状態を語っているのであろうか。

カルペパーの判断は、（1）予備的考察、（2）診断、（3）今後の病状の予測、（4）治療方針、（5）具体的な治療方法、の五つの部分からなる。これらの手続きは、医学占星術に期待される標準的な要素であった。

これらが一体、どのような内容になっているのか、順次見て行こう。

まずこのデカンビチュアの図が本当に有効なのかどうかを判断することから始まる。それは、この図が正しく患者の状態を表しているかどうかをチェックするということでもある。

患者を表すのは、占星図では常に、東の地平線から上昇している星座（アセンダント）の支配星であるとされている。

この場合には天秤座が上昇してきているが、その支配星は金星である。金星はヴィーナス、つまり女神の星、女性の星であり、患者が女性であることを示している。

また、病を示すのは第六ハウスと呼ばれるホロスコープの部位であり、このハウスには牡羊座が入っている。牡羊座の支配星は火星。病の特質、症状を表すのは火星である。そして、天球のなかでもっとも動きの速い星である月が、チャートの上では、火星に一二〇度の角度を形成したのちに、患者を表す金星にたいして一二〇度の角度をとってゆく。これは、月が「病」を「女性の患者」へと運んでいる様子とみられるのだ。このようなことから、このチャートは有効なものだと判断できるという。

さらに、カルペパーは分析を進めて行く。手紙の主は、患者がどのような病で苦しんでいるのか、その原因や詳細を語ってはいないが、そんなことは必要ない。正しいチャートさえあれば、占星医学者はきちんと正しい診断を下すことができるのである。

さて、患者を表すのは金星であった。金星は、蟹座にある。一方で、一般論として患者を表す月も魚座。蟹座も魚座も、ギリシア以来の伝統に従えば、水の星座であり、アリストテレスによれば、水の元素は「冷にして湿」の性質をもっている。

ギリシア以来の医学では、人間の体質や気質、状態は、熱・冷・乾・湿の四つの性質のバランスにかかっているとされる。これらのうちいずれかが足りなくても、あるいは過剰になっても健康は保てない。この場合には、「冷・湿」の過剰である。

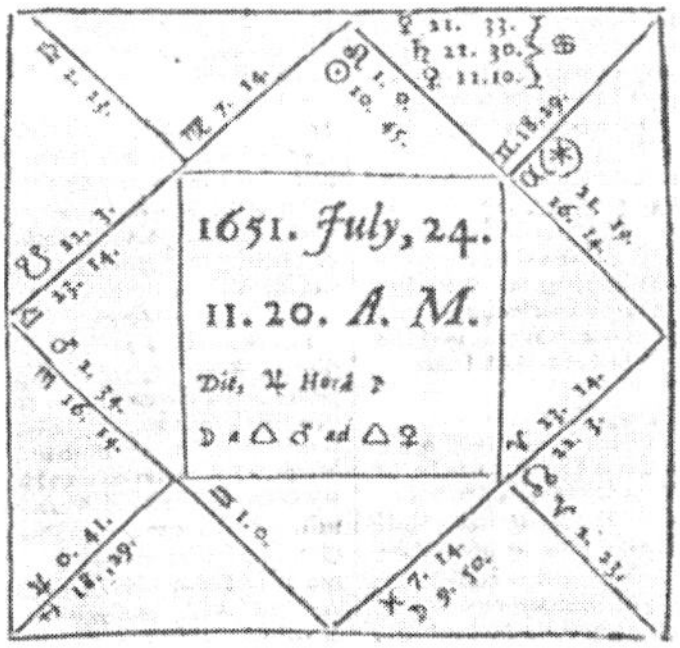

カルペパーの用いた
「デカンピチュア」チャートの一例。

カルペパーの見立てによれば、この女性は湿の性質をもつ果物を食べ過ぎたか、あるいは旅先で雨にでも打たれたのが、今の病の原因になっているのではないか、という。七月といえば、夏のさなかである。暑さのあまり、冷たいものをとりすぎたのが原因、と判断したのだろうか。

しかし、冷にして湿を原因とする病が、いつでも「冷え」を生み出すわけではないようである。実際の症状は、火星によって象徴されているからだ。

占星術では、太陽系の見取り図であるチャート（占星図）を、地平線、子午線を基準に一二のブロックに区切る。これをハウスと呼び、具体的な事象を判断し、占うのには不可欠なものだ。占星術で用いる星座も一二あるので、星座とハウスを混同しやすいが、これは別のものであるから注意されたい。

そして、先にも述べたように、病を象徴するのは第六番目のハウス。そのハウスにかかっている星座の支配星が、病を象徴するのである。第六番目のハウスには、牡羊座が入り、その支配星は、火星、燃える火の星である。火星はこのデカンビチュア図では、東の地平線から上りつつあって強力になっている。しかも、火星は、もう一方の自分が支配する星座である蠍座にあって、その力をさらに強めているのである。

この女性の症状は、具体的には「熱」であろう。では、とくにどこが熱くなっているのだろうか。カルペパーは、それは「子宮」であり、やがては、その熱が喉、舌、口唇にまで上ってくると診断する。

これを理解するには、少し説明がいるだろう。二世紀のプトレマイオスの時代からすでに、占星術では、宇宙のそれぞれの部分が人体のそれぞれの部位と対応関係をもつと主張してきた。有名な『ベリー公の時祷書』にみられる、「黄道一二星座人間」などをみれば、それは一目瞭然である。マンダラ様に人体を取り囲む一二星座があり、その中央の人体には、一二の星座が張り付いているのがわかるだろう。頭には牡羊がのっており、喉の部分には、牡牛がいる、といった具合だ。これは、伝統的な占星術の一二星座と人体の部位との対応関係なのである。ほかにも、七つの惑星、一二のハウスそれぞれに対応関係がある。

火星が入っている蠍座は陰部や子宮を支配する。そこでカルペパーのみたてでは、この女性の問題は子宮にこもった熱だということになるのだ。さらに火星は第二ハウスに近い。そこで、その熱は第二ハウスが表す喉などにも伝播してくることになるだろう。ただ、同時に、月が子供を表す位置にあることからも、この女性が妊娠している可能性をもカルペパーは示唆している。

それぞれの星の支配する部位については、表にしてあげておくが、さらに手の込んだ人体との対応も生み出されて行く。やはり一七世紀の成功した占星術家ウィリアム・リリーの教科書『クリスチャン・アストロロジー』をひもとくと、七つの惑星がどの星座に入ったかによって、それぞれ支配する部位が変わることになっている。同じ蠍座でも土星なら膝や脚、太陽なら心臓の病の可能性がある。

さらに、二〇世紀にはドイツのラインホルド・エバーティンらが、三六〇度のホロスコープ・チャートの一度一度にさらに細かい人体との対応をつけている。一つの星座は三〇度あるのだが、その一度一度に人体対応を見いだしているのだ。この患者の場合には、火星は蠍座の二度にある。この部位が支配するのは尿道なので、エバーティンなら尿道が問題だというかも知れない(J.RIDDER-PATRICK, *A Handbook of Medical Astrology*, ARKANA より)。

ここまでで病因、症状が診断できた。占星医学では、さらにその後の病状の変化を読み取ることができることになっている。

この患者は果たして回復することができるだろうか。

幸い、カルペパーは、イエスと答えている。「実際、わたしには死の予兆を見て取ることはできない」というのだ。

その根拠となるのは、こうした占いではカギを握ることが多い月だ。月は、患者を表す金星にたいして、一二〇度という吉兆の角度をとりつつある。これは患者が確実に回復することを示している。

しかし、ただただ楽観していることはできない。患者を象徴している金星は、惑星のなかでも大凶を表す土星へと接近し、数日後の八月一日には金星と土星が重なる。

このときには、病状が重くなり、土星が支配する黒胆汁の過多による、メランコリーが患者を

PLATE 6
Zodiac man, showing the correlation of the signs of the zodiac with the parts of the human body. From cod lat 14414.

〈人体と黄道12宮の照応〉

牡羊座／頭部
牡牛座／喉、声
双子座／肩、肩甲骨、腕、手指
蟹座／胸、あばら、肺、胃、肝臓、乳房
獅子座／心臓、背中、脊椎
乙女座／下腹部、腸
天秤座／腎臓、陰嚢
蠍座／性器、肛門
射手座／尻、臀部
山羊座／膝
水瓶座／脚
魚座／足先、脚。

襲う可能性が高いのである。

ただ、この図で太陽が天頂にあることに注意しよう。医学占星術の図では、太陽は生命力を表す星でもあり、また、天頂は治療法を示すものでもある。この配置は、なんらかの治療が有効であることを示しており、それは太陽の働きをもつものによってなし得ることができる、というのである。

このケースではカルペパーは用いていないが、こうした病状の推移を判断するときに、古典的な医学占星術では、とくに急性の病の場合には月の動きによる「クライシス」（危機）の日の算出を重視している。

デカンビチュア、つまり、患者が病床に伏した瞬間、あるいは、占星術家のところに相談がもちこまれた瞬間の月の位置にたいして、日々動いてゆく月が四五度、九〇度、一三五度、一八〇度、さらに二二五度、二七〇度、三一五度の角度をつくってゆくタイミング（ほぼ三日半ごと）のときに、病は重大な転機を迎えることになる。このときに月がほかの星にたいしてよい状態にあれば、患者は快方に向かってゆくが、しかし、逆に悪い状態をつくることになれば、生命の危機が訪れるというのである。カルペパーの著書のなかには、そういう「危機の日」における患者の推移を細かく記録したものも残っている。

先の女性の患者のほうに戻ろう。幸い、星の動きは患者が快方に向かうであろうことを示していたが、だからといって医療に携わるものとしては、苦しむ患者を放置しておいてよいというわけにはいかない。

適切な薬を処方し、回復の過程を促進させるべきであろう。

さあ、ここからが本草学者カルペパーの面目躍如たるところである。

カルペパーのお手並みを拝見してみよう。

先にも述べたように、カルペパーを初めとする西洋の伝統的な医療では、熱・冷・乾・湿のバランスをとり、それによって体のなかの四つの体液の均衡を図ることが第一である。また、働きの弱っているそれぞれの臓器を強めることも必要だ。食事や生活習慣の改善などによってそうしたことは可能だが、カルペパーがもっとも得意としたのは、ハーブを用いる方法である。

まず、この患者は子宮のなかの熱気を帯びた蒸気を静めなければならない。したがって、熱を発するようなハーブを処方するのは、まずい。逆に冷の性格をもつもの、そして子宮に関連するものを選ぶ。

惑星でいえば、患者そのものを強めるため金星（何度もいうようだが、患者はこの図では金星によって示される）、あるいは天頂に輝く太陽を支援すべきなのだ。また、金星にたいしてよい角度をとる月のハーブもよい。

これらの性質をもつハーブが処方されるべきなのである。

候補としてあげられているのが、STINKING ARRACH なるハーブ。このハーブがどんなものなのか、植物にうとい僕にはわからないのだが（ご存じの方がいたらぜひご教授願います）、同じくカルペパーの『コンプリート・ハーバル』（一六五三）を参照すると、肥やしの山のそばに多くみることができる、細く高い茎に、小さく丸い葉のついたハーブで、婦人病全般によく聞き、匂いを嗅いだり、内服したりして効果を期待できるらしい。金星、蠍座の支配をうけるハーブで、安価であり、とくに子宮を清める効果があるともカルペパーは謳っているから、まさしくこのケースにはぴったりだといえよう。

蟹座の太陽を表す Ros Solis という草もいいし、また、火星の力を弱めるために、湿った星である月の力と関係のある、レタスなどを処方することもよいという。

カルペパーによれば、それぞれのハーブには、熱や冷、乾、湿の性質があるが、その働きの強さには四つの段階がある。カモミールもニンニクも、熱にして乾の性質をもつハーブではあるが、少し想像してわかるように、その強さはまったく違う。

彼は、ハーブの効力を四つの段階に分けて評価しているのだが、カモミールは熱も乾もそれぞれ一の強度。それにたいしてニンニクは、熱度が四、乾度も四にあたる。

治療者は、そのハーブの状態を上手に見極めながら、処方していかなければならないのである。

いかがだろうか。このような判断方法の、いかに現代の医学とは異なることか。現代でも医学占星術を実践している人もいるのだが、このような判断方法にばかり頼れるような人は少ないだろう。

これにくらべれば、あまりにも現代の医学は強力である。それは、僕自身も感じるところであり、体調をおかしくしたらまずは、占星術のチャートをたてるよりも医者のもとを訪れる。

しかし、同時に、伝統的な世界観もまた、僕にはきわめて魅力的に思えるのだ。

いや、それは、何も今の漢方がそうであるように、「こんなに古い時代の知恵のなかに、現代の科学も驚くような効果のあるものがあった」というような論法によってその価値を認めようというのではない。当然、ハーブのなかには著しい効果をもつものがあるだろうし（実際、薬草による漢方薬がじわじわと慢性病にきいてゆく、などというのはウソで、なかには劇的な効果を発揮するものも多い。だからこそ、漢方には副作用がないなどという迷信が広まるのは危険なのだ）、それらの可能性の再発見もまた大いに価値があるとは思う。

しかしながら、このような考え方でみてゆけば、それは、「くずのなかにも黄金があった」というものいいにすぎず、しかもあくまでもくずと黄金を線引きするのはこちらの側であるという、あまりにも自文化中心主義の視点から抜け出せない。いや、そもそも、このところの栄養学の変化を見ていても、明日には医学のほうが体によい食べ物について何か別のことを言い出しかねないことでもあるし。

むしろ、その世界観をまるごと味わうほうがずっとよいのではないかと思うのだ。考えてもみよう。人間の体を閉じられた系としての機械とみるのではなく、宇宙に向かって開かれているとする占星術的な世界観は、それだけで何か心に健やかさをもたらしてくれるような気がするのだ。

植物、人体、宇宙、そして病。これらが一つに結ばれる占星術の地平は、せせこましい近代の「健康」観に大きな力をもたらしてくれるような気がする。

参考文献

キース・トマス、『魔術と宗教の衰退』上　法政大学出版局。
Graeme Tobyn, *Culpeper's Medicine*, Element
Culpeper, "*Astrological Judgement of Diseases*", ACSLLA

大会合の三角形

若い連中と遊ぶことが最近多いのだが、いろいろ驚かされることが多い。

なかでも、驚いたのは、彼らの間では腕時計やらペンやらはほとんど姿を消している、ということ。いやヒマだから時間を気にしていない、というのではない。またスケジュール帳なんかいらないほどのんびり生活しているのでもない。

学校にいったり、バイトをしたり、デートに出かけたりとそれぞれ忙しい。ではどうしているか。彼らはそうしたことを全部、携帯電話ですませているのだ。

そういえば、携帯にはもちろん時計機能もメモ機能もスケジュール機能もついている。そうした機能のついた電話は僕も持ち歩いているが、やっぱりなんとなく僕は腕時計もスケジュール帳もないと不安なのだ。これってかなりアナクロな人間の証拠なのだろうか。

よくいわれていることだが、「時間」の観念は、使っている時計でずいぶんと変わる。アナログの時計で時間をイメージするときには、時間は切れ目のない連続的な変化となるだろうし、携帯の画面に表示されるような、デジタルな時刻表示では、時間はどこか断続的なものだとイメージされるだろう。それが微妙に人の意識や生活態度にかかわってきていたとしても不思議はない。ましてや、異なる種類の時計、全く別な種類の時計を使っているとしたらどうだろうか。例えば、我らが占星術では、実に希有壮大、太陽系をめぐる惑星の動きを時計として使っているのである。

占星術というと、「星座占い」だと考えられることが多い。しかし、それは誤りだ。占星術では、もちろん、スピカだのレグルスだといった恒星をも含めて占うこともあるのだが、何と言っても一番の重要なカギを握っているのは、惑星たちの動きなのだ。ホロスコープを用いる占星術は、「星座占い」というよりも、むしろ「惑星占い」とでもいったほうが正しいだろう。

惑星、プラネットという言葉はもともと「さまよえる星」という意味であった。

初歩的な天文学の授業をここで思い出してほしいのだが、夜空に輝く星の多くは、恒星と惑星の二つに大別される。

恒星とは、オリオン座とか北斗七星といった、星座を形作っている星。天文学の視点からいえば、自分で核融合反応を起こして燃え盛っている星だ。

これらの星は、あまりにも遠くにあるので、実際はそれぞれがものすごい速度で動いているにもかかわらず、地球上からみると、その相対的な位置関係はほとんどかわらないようにみえる。だから、北斗七星は、昨日も今日も、同じようにそのヒシャクのような姿を僕たちに見せているわけだ。

一方、惑星とは太陽系での地球の兄弟星たちのことをいう。火星とか金星、木星といった星々である。これらの惑星は、太陽の周囲をそれぞれの速度で巡っている。木星は約一二年、土星は約三〇年、といった具合である。

地球から見ると、惑星たちは恒星からなる星座の間を縫って、いきつもどりつしながら、不規則な動きをしているように見えるのだ。このように、恒星の間を縫って動くという点では、太陽も月も、占星術のなかでは惑星とカウントされている。厳密にいえば太陽は恒星だし、月は地球の回りを巡る衛星なのだが、しかし、かつては、太陽も月も、地球の回りをめぐる惑星だと考えられていたのだ（もちろん、コペルニクス以前では、地球が宇宙の中心を占めていた）。古代の人々は、こうした不規則な惑星の動きに何か神の意志のようなものを感じて、そこから天の意図を読み取ろうとして占星術が始まったのだといえる。

そこで、何かを占うときには、黄道一二星座宮に対する惑星の位置を書き込んで、その配置から事象を占う、ということになる。

こんなふうにイメージしてみよう。僕たちは、今、秒針、長針、短針の三つの針をもつ時計を使っている。この時計は、純粋に計量的な時間を刻んでいる。

けれども、占星術では、巨大な宇宙の時計を見上げるのだ。この宇宙時計では、何本もの針があり、それぞれのサイクルの時を刻んでいる。しかも、この時計は、ただの計量的な時間ばかりではなく、何か時間の特質を表している、と占星術では考えているわけである。

月の針は約二八日で一周する。この月の針は、ホロスコープ時計のなかでは一番動きが早く、日々のムードの変化などを刻々と告げている。

太陽はもちろん一年で一周し、季節の変化を告げる。

火星は不規則な動きをしながらも、ほぼ二年半で天球を一周するし、木星は先にも述べたように一二年、土星は三〇年かかる。

この宇宙時計は、複雑なパターンを描きながら、地上の「時」を刻んでいくのだ。

こうした惑星の周期のなかで、最も重視されたのは、木星と土星の会合周期だ。

天王星や海王星が発見される以前には、太陽系のなかでもっとも動きの遅い星は、木星と土星だった。そこでこれらの二つが接近するのは、大きな出来事の予兆だと考えられて来たのだった。木星と土星の会合を、占星術では大会合「グレート・コンジャンクション」と呼ぶ。

このグレート・コンジャンクションは、ほぼ二〇年に一度起こり、そのときは、時代のひとつの変わり目となるわけだ。

よく「十年一昔」などというけれども、この大会合周期を考えると、「二十年一昔」というのが、占星術的にはピンとくる表現だということになる。

そして、奇しくも、二〇〇〇年五月には牡牛座宮で木星と土星が会合した。この星の配置は、どんなことを表しているのだろうか。しかも、この五月の会合は、木星と土星だけではなく、太陽、月、水星、金星、火星までがそろって牡牛座方向に集中することもあり、現代の占星術家たちは、その星の動きをかたずを飲んで見守っていたのだ。

では二〇〇〇年のこの星の配置は何を予言していたのか。

まあ、あれこれさまざまな占星術家の方が解釈をされたが、僕自身は、何かを予言する気はあまりない。それよりも、かつての占星術家が、この偉大な天の会合をどんなふうに眺めてきたのかのほうにずっと興味がある。

幸い、占星術の黄金時代であった一七世紀中頃に出版されたパンフレットに、木星と土星の会合をどんなふうに解釈しているのか、事細かに示唆したものがあるので、それを拾い読みしてみたい。

一七世紀の中頃の英国といえば、実におびただしい量の占星術の暦やパンフレットが発行された時代である。人々はおりからのイギリス内乱などの社会不安もあって、むさぼるようにしてそうした予言の書を読んでいたのだった。なかでも人気が高かったのは、占星術家ウィリアム・リリーが発行した暦やパンフレットだ。

一六四四年、リリーは何種類かのパンフレットを続けざまに発行しているけれども、そのなかで大会合に触れているのは、『イングランドの予言者マーリン』（*England's Prophetical Merlin*）である。このパンフレットは、今ではファクシミリ版が出ており、しかもごていねいなことに読みづらい当時の活字から、現代のフォントにタイプしなおしたものをそこに添えてあるので、簡単に読むことができる（スピカ出版）。

『イングランドの予言者マーリン』のタイトルページには、こんなふうにある。

イングランドの予言者マーリン

一六六三年までのヨーロッパのすべての国についての予見。一六四二年、四三年の木星と土星の会合の影響による出来事。……

一三七ページからなるこのパンフレットには、その扉のごとくに、木星と土星の会合やら一六一八年に出現した彗星の動きとその解釈、さらには、ルターをはじめさまざまな人物の出生天宮図、くわえて、即時占星術（ホラリー占星術）による、いくつかの質問に対する回答などが収められていた。

このパンフレットが発行された一六四四年の前年には、木星と土星の会合がみられたわけで、これは多くの占星術家、あるいは占星術を信じる人々の心を強くひきつけたに違いない。この配置を、リリーはどんなふうに読んでいるのだろうか。

リリーは、一六四二年から四三年にかけての、木星と土星の会合をとりわけ重要なものだと考えていた。リリーによれば、この会合は、「神の摂理のごとき、自然の一貫した秩序」からはみ出すものであり、激しい動乱を引き起こすもの、さらには、君主を打ち倒す神威の現れだと考えたのだった。この予言は、年表を見ればわかるように、王党派に対する議会派の優位、さらに一六四九年のチャールズ一世の斬首というかたちで成就してゆくのである。

リリーは、一六四二年から三年にかけての大会合を特別なものとしてみていた。それは、さきにも述べたように「自然の一貫した秩序からはみだす」ものだったのだ。

その意味を知るには、もう少し惑星時計のうち、木星と土星の動きについて子細にみてゆく必要がある。

先にも述べたように、太陽系のなかでももっとも大きな惑星である木星と土星（一七世紀の占星術では、「スーペリアー、外惑星、優位な星」と称される）の会合周期は約二〇年である。この二〇年は、占星術では、一つの重要な時代区分を示すものであった。

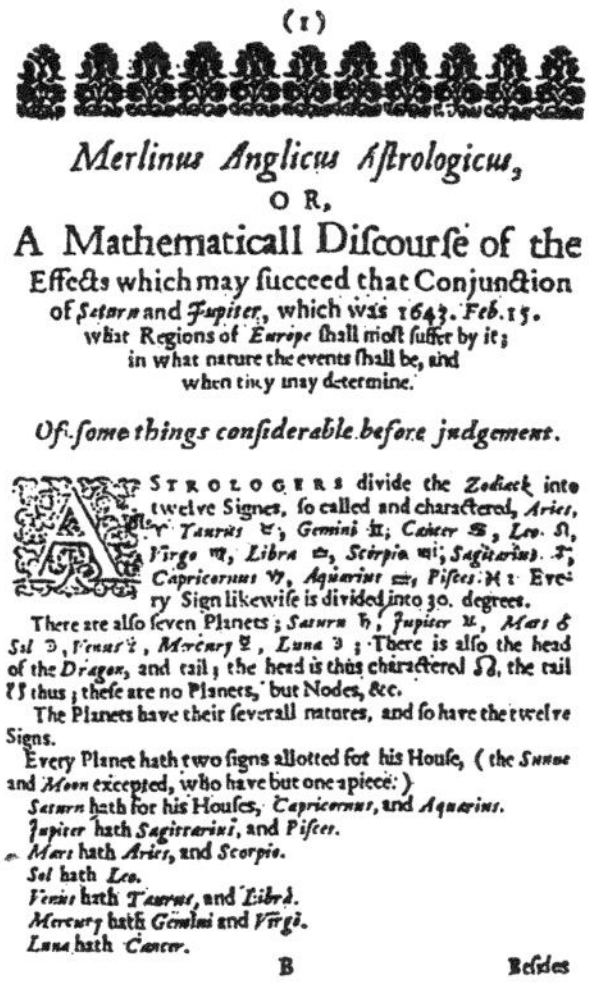

(1)

Merlinus Anglicus Astrologicus,

OR,

A Mathematicall Discourse of the Effects which may succeed that Conjunction of *Saturn* and *Jupiter*, which was 1643. *Feb.* 15. what Regions of *Europe* shall most suffer by it; in what nature the events shall be, and when they may determine.

Of some things considerable before judgement.

ASTROLOGERS divide the *Zodiack* into twelve Signes, so called and charactered, *Aries* ♈, *Taurus* ♉, *Gemini* ♊, *Cancer* ♋, *Leo* ♌, *Virgo* ♍, *Libra* ♎, *Scorpio* ♏, *Sagittarius* ♐, *Capricornus* ♑, *Aquarius* ♒, *Pisces* ♓: Every Sign likewise is divided into 30. degrees.

There are also seven Planets; *Saturn* ♄, *Jupiter* ♃, *Mars* ♂, *Sol* ☉, *Venus* ♀, *Mercury* ☿, *Luna* ☽; There is also the head of the *Dragon*, and tail; the head is thus charactered ☊, the tail ☋ thus; these are no Planets, but Nodes, &c.

The Planets have their severall natures, and so have the twelve Signs.

Every Planet hath two signs allotted for his House, (the *Sunne* and *Moon* excepted, who have but one apiece.)

Saturn hath for his Houses, *Capricornus*, and *Aquarius*.
Jupiter hath *Sagittarius*, and *Pisces*.
Mars hath *Aries*, and *Scorpio*.
Sol hath *Leo*.
Venus hath *Taurus*, and *Libra*.
Mercury hath *Gemini* and *Virgo*.
Luna hath *Cancer*.

B　　Besides

『イングランドの予言者マーリン』
タイトルページ。

しかし、この二〇年というのが、太陽系の木星／土星時計が示すことができる、最長のサイクルではないのだ。

ここで、ちょっとしたエクササイズをしてみよう。

円形の図を書いてみる。円は一二のブロックに別れている。これは、ブランクのホロスコープである。ここに星の動きを書き入れて行くことにする。

木星のほうから考えてみよう。何度も繰り返しになるけれども、木星は一年で一つの星座、一二年でホロスコープを一周する。もちろん、厳密にはそんなにうまくはいかないのだが、便宜上、そう考えてみる。

どこでもいいのだが、木星がある星座で土星と会合したとする。その星座に〇と印をつけてみよう。次に木星が土星と会合するのはどこだろうか。その算出は簡単だ。木星と土星の会合周期は二〇年だから、二〇年の間に、木星がどこまで進むかを考えればよいわけである。星は基本的には天宮図の上を、反時計回りに動く。一年で一つの星座、ということで、ブランクに1、2、3……と20までナンバーをふる。もし、あなたが蟹座からスタートしていれば、二〇番目の星座は魚座になるだろう。では、その次の大会合はどこで起こるか。同じ手続きで、今度は蠍座になるはずだ。で、そこからさらに二〇年経つと、今度は蟹座に戻ってくる。

もうおわかりだろう。二〇年という会合周期は、計算通りにゆけば、天宮図の上では正三角形を作る星座の間でぐるぐると反復してゆくことになる。

ここで、もしあなたが雑誌などでの星占いを読むのが好きな方なら、ピンとこられたのではないだろうか。天宮図で、正三角形を形成する星座は、同じ「グループ」に属する。一二の星座宮は、古代ギリシアの四つの元素にしたがって、火地風水の四元素に分類されているのだが、それらの四つの元素は天宮図の上では、正三角形を形成するように配列されている。

ちなみにそれを列挙しておくと、

火　牡羊、獅子、射手
地　牡牛、乙女、山羊
風　双子、天秤、水瓶
水　蟹、蠍、魚

である。

大会合が必ずきっかりと二〇年ごとに起こるのであれば、その会合は永遠に、どこかの元素のグループの星座内で起こり続けることになるわけである。

しかし、実際の天体運行は、そんなにうまくはできていない。現行のカレンダーと天体運行との間には必ず、ずれがある。そのために、一定の期間は、木星と土星は同じ元素のグループの星座で会合を続けるのだが、その位置はだんだんとずれてゆき、ついには別の元素のグループへと入って行くのだ。

ざっと算出すると、大会合がある星座から次の星座へと移行するのにかかる時間は約二四〇年。これを「ミューテーション」という。そして、ミューテーションが四回繰り返されて、ミューテーションのサイクルが一周することを「グランド・ミューテーション」といって、それこそ大きな歴史変化があると考えるのである。

ミューテーション、グランド・ミューテーションによる時代変化の占星術的年代学は、聖書に基づくキリスト教年代学と結び付いて、歴史観や黙示録的な時代感覚に大きな影響を及ぼした。例えば、一五世紀（一四二〇年頃生まれ）のフィレンツェ大学の神学部部長フランシスクス・フロレンティヌス Franciscus Florentinus は、木星と土星の会合が九六〇年ごとに一二星座の最初を飾る牡羊座で起こるたびに、重大な宗教上の出来事が起こっていると考えたのだった（Nick Campion, *The Great Year*, p.357）。

世界の歴史は、神の七日間の世界創造の相似形であると考えられる伝統があるが、七回のグランド・ミューテーションは、そっくり、世界の歴史の「神の一週間」に対応すると考えられたの

であった。その歴史分節を列挙すると、
1 木星と土星の会合。土星が支配。人々は野蛮人であり、農耕によって生活していた。
2 木星と土星の会合。木星の支配。ユダヤ教と倫理の発展。
3 木星が土星と火星と会合。戦争の時代。
4 木星が土星と太陽に会合。エジプトの勃興。太陽の宗教と偉大な文明。
5 木星が土星と水星と会合。科学、ギリシア哲学、キリスト教の勃興。
6 木星が土星と金星に会合。その当時。イスラム教、豪華さ、デカダンス。

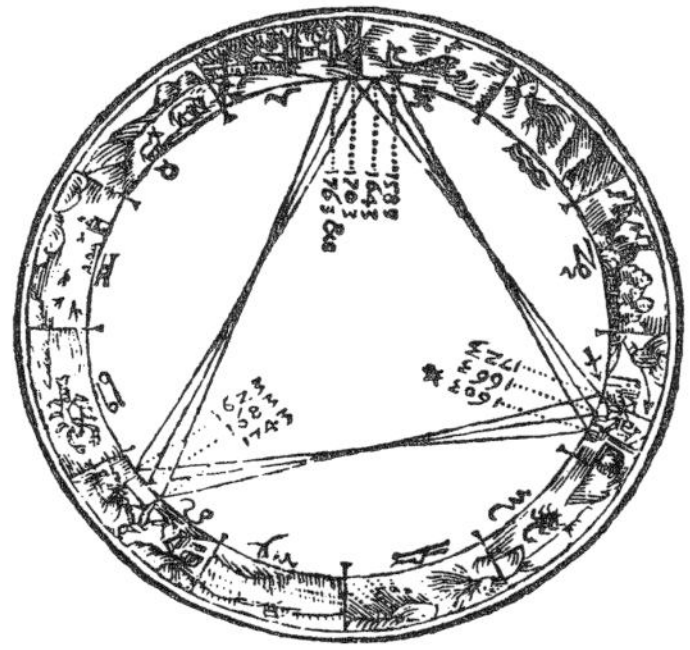

ケプラーが著書の中で図解した第会合の三角形の移行。1603年から1763年にかけての木星と土星の会合の、黄道上での位置を記している。

7　木星が土星と月に会合。未来の時代。反キリスト。

ということになる。

さらに時代が進んで、かのヨハネス・ケプラーも、そのようなミューテーションを重視してパンフレットを残している。

一六〇三年の、『火の三角形《トリプリシティ》の判断』がそれだ。残念ながら、僕はその内容を確認していないのだが、タイトルからも分かるように、これは一六〇三年に起こった射手座での木星と土星の会合（これは火の元素の三角形への最初のもの）についての判断であるようだ。

以上のことでわかるように、単なる木星と土星の会合周期のみならず、その会合が起こるエレメントの解釈が、より大きな時代の変化を告げると占星術の伝統では考えているわけである。

リリーのパンフレットに戻ろう。『イングランドの予言者マーリン』は、その第一部を水のエレメントでの大会合の解釈にあてている。

過去に水のエレメントでの大会合がどんなことと合致していたのか、見ていくのだ。

リリーによれば、一六四二／三年の大会合は世界の歴史のなかで八度目の会合である。

最初の水の大会合は「世界の年」THE YEAR OF THE WORLD 五一九年に蟹座で起こったという。

この「世界の年」（ANNO MUNDI ともリリーは表記する）は、アラビア占星術、神学から借用された用語である。キリスト紀元よりずっと前の世界の始まりを起点とする暦なのだろう。以後、同じ暦法で一三三三年、二一四四年、二四九二年、三七五六年、そのあとはキリスト紀元の五九〇年に木星と土星の水の星座での大会合が起こる。その次には、一四二五年に木星と土星の会合が蠍座で起こっており、以後、水のエレメントの時代がリリーの時代まで続いていることになるのである。

が、これはよい兆しではなかった。水の星座の最初の会合が蠍座で起こっているのは、不吉である。蠍座は、「火星が支配する星座」であり、「邪悪で不誠実」な星座だからだ。

水の星座での木星と土星の会合の期間は、したがって、「数多くの戦争」を引き起こす。さらには多くの異端をも生み出すのである。リリーがいうには、この会合はイギリスの貴族、王族たちの間に内紛をもたらし、英仏の戦争を誘発し、イスラムの発展をもたらした。当然、リリーの頭には、イギリスの薔薇戦争、コンスタンチノープルの陥落、英仏の百年戦争などがあった。

実際、この年には、木星と土星の会合が二度起こっているが、その瞬間のホロスコープをリリーは立てており、「もしわたしなら、王にイギリスが大きな危険に陥ることを告げることができたであろう」といっている。

さらに、リリーは、ルターの生誕とあわせて一四八四年の蠍座での木星と土星の会合を扱っている。一五〇四年の大会合はヘンリー八世の生誕図に大きな影響をもたらした。一五二四年の大会合は、宗教改革のただ中の動乱期に符合しているなどなど。

このように、リリーは二〇年ごとの木星と土星の会合図と、それに関連する人物のホロスコープを対応させながら、世界史年表と照らし合わせていく。

興味深いことに、イギリスの王朝が誕生するノルマン・コンクエスト（一〇六六年）は、木星と土星の会合は地の星座で起こっていたが、イギリスの君主たちは、エリザベス女王の山羊座をはじめ、ほとんどすべて、そのアセンダント（東の地平線から上る星座）を地の星座にもっていることをリリーは指摘している。イギリスの王たちは、宇宙の大計画にのっとって選ばれていたのだった。

この宇宙時計は、一六〇三年に、歴史に新しいフェーズが始まることを告げる。一六〇三年、大会合は火の三角形へと移行するからだ。つまり「ミューテーション」が起こるわけで、占星術の伝統のなかでは、これは当然、大きな時代変化を告げるものだとされる。リリーは過去の権威をひきながら、それを解釈してゆく。

この三角形は、プトレマイオスによれば、獣帯の第一のものといわれる。アラビア人は、火の三角形《トリゴン》と呼ぶ。わたしたちは、この三角形への回帰は、教会、あるいは人々《コモンウエルス》に記憶に残る大きな変化をもって神に祝福されることを知るべきである。

火の三角形のなかでもとりわけ一二星座のトップを走る牡羊座での会合、それもミューテーションの始まりの会合は、重大である。

リリーは、一五世紀の神学者のごとく、聖書年代学にこの三角形の会合を配当して行く。神が世界を創造したエノクの時代に最初の火の大会合が起こり、続いて、大洪水、モーセによる出エジプト、キリストの誕生、シャルル大帝の治世などはすべてこの会合と合致するのである。そして、今の火のエレメントでの会合は、聖なる数でもある七番目の大会合であり、歴史のなかでも実に重大な転換期にあたる。

いずれにせよ、火のエレメントでの会合は、「偉大な君主が生まれる」ことのしるしなのであった。

一六〇三年、イギリスではスコットランド王ジェイムス六世が、ジェイムス一世として即位し、スチュアート朝が成立。王権神授説を唱えるこの王によって、その後のピューリタン革命の下地が形成されてゆくのであった。

その次には、一六二三年に土星と木星は会合する。このときは、エリザベス女王とジェイムス王の死、疫病が立て続いた。

さて、問題はこの次の会合である。これが一六四二／三年の、リリーが最も問題にする大会合。自然の秩序に反する会合である。

順当にゆけば、大会合のサイクルは、火の星座で起こり始めたわけだから、あと二〇〇年以上は火の星座で繰り返されなければならない。しかし、何の因果か、ここで、木星と土星の会合位置は逆行し、一二星座の最後の星座である、魚座で起こってしまうのである。これが、リリーが、「自然の秩序からはみ出した」ものだという理由なのである。

リリーが過去の権威を引きながらいうには、「水あるいは地にミューテーションが起こったときには、一般の人々が王、王子に等しくなる」。

この占星術上の格言を、リリーは、議会派の勝利、あるいは議会派の擡頭と結び付けて読んだ。さらに彗星の出現なども、政変を示すものとしてこのパンフレットでは扱われている。

リリーの政治的な立場といえばあきらかに、議会派（とはいえかなり穏健な）であったから、この星の配置は、リリーには好ましいものでもあっただろう（その星の予言が、チャールズ一世の処刑、クロムウェルの独裁といった血なまぐさいものになることまで知っていたのだろうか）。

後にリリーは、天に現れた、蜃気楼による三つの太陽や日食などと併せて、チャールズ一世の斬首が天に予告されていたことを述べるようになる。

同じように、当時の占星術家ジョン・ガドベリーも、同じように、チャールズの命運を、後付けで星の配置から読み取っている。

ここでタイム・スリップ。リリーの時代から今度は現在へと戻ってきてみよう。冒頭でも述べたように、西暦二〇〇〇年に木星と土星が会合した。今回は、木星・土星は牡牛座での会合だったが、これは過去二〇〇年ほどの地の三角形での会合の時代の最終回である。

以後、二〇二〇年あたりから、木星と土星は風の三角形で会合し始めるのである。いわば、ミューテーションの境目の二〇年に、我々は突入したわけである。

リリーが述べるところでは、地の三角形の時代は、不誠実な副王や軍の指導者の裏切りなどがあいつぐという。そしてアセンダントを蟹、蠍、魚の星座にもつものが、その被害をもっとも受けることになるのだ。

では、風のエレメントへの移行は何を表すのか。

「非常に優れた学識、判断および科学においての学識あるものが輩出される」。とくにその最初の合が水瓶座の場合（二〇二〇／二一年がこれにあたる）は、優秀な学者、数学者、占星学者が生まれるという。そして、こうした人が世界に大きな益をもたらす、というのである。

さて、これらの予言は、当たるのだろうか。

今日も、天の巨大な時計は、歴史を刻んでいる。惑星時計は、時の流れに壮大な波を作り出し、「歴史」に濃淡をつけているのである。少なくとも、占星術という綺想では、そう考えている。

伝統的占星術のレンズを通してみれば、現在は確かに大きな時代の裂け目にあたっているのである。

参考文献

William Lily, "*England's Prophetical Merlin*", Spica.
Ann Geneva, "*Astrology and the Seventeenth Century Mind*", Manchester University Press.

髪なびかせたる星

構造か歴史か、周期か偶発か、それが問題だ……哲学の話題ではない。占星術の実践において、この問いはいつも問題になる。占いは未来の予測であるとするなら、未来はなんらかの形で確定していることが前提である。しかし、占うという行為は、また同時に不幸を回避し、吉兆を呼び込みたいという気持ちから発している。とすれば、未来の歴史はどの程度きまっていて、どんなふうに変更可能なのであるか、というのは、常に占いの営みのクルーシャルな点として存在しているわけである。

占星術の歴史は、ごくおおまかにとらえるなら、天の運行の規則性を地上の出来事と照らし合わせてゆく試みであるといえる。

はじめは、占星術はバビロニアで、オーメン（予兆）を読み取る技術として始まった。火星が蠍座に入ったら、王に危険が迫るとか、あるいは、日食や月食は、何かの災いのしるしである、といったものだ。

観測の運行の精度がまだ低く、また天体の位置計算予測が難しかったころには、星々の動きを日々変わって行く神意の現れとして見ることが可能であっただろう。夢や鳥の飛び方は予測することができず、そうした偶発性のなかに運命の予兆を読み取るということであれば、運命はどこかで変化して行く可能性が残されている。

しかし、天文学の発達によって、一見複雑に見えた惑星運行が予測可能になり、天体の暦が作られて行くようになってくると、正確な占星図が作成され、また未来の星の動きまでが計算できるようになってくる。こうなると、運命は、未来まで決まっているものだという宿命論的な占星術が生まれざるをえない。

とくにストア派の哲学と結び付いた占星術には、きわめて宿命論的なものとなる流れがでてきた。こうした占星術は、宇宙を一種の運命、宿命の機械とみなす傾向がある。

中世を支配したアリストテレスの宇宙論の影響も大きい。

よく知られているように、アリストテレスの宇宙論では、世界は二つに別れている。その世界の境界線を定めているのは、月の軌道だ。月よりも下の世界と、月よりも上の世界では根本的に世界のなりたちが違っている。

月よりも下の世界は、滅んだり変化したりする火と水と風と地の元素からなりたっている世界であり、その上で人間は生活している。

一方、月よりも上の世界を構成しているのは、第五元素であり、この元素は、永遠不変、変化することはない。天体は、不滅であり、また完璧な軌道を描いて動いているはずなのだった。

したがって、正確なモデルをつくって計算をすることができれば、未来の宇宙の状態を予測することができるはずなのだった。未来の宇宙の状態が予測できれば、地上の出来事は、その天上の配列に従うはずであるから、当然、地上の運命も定められている、ということになってしまうのである。

実際、惑星の運行は、ある程度の予測ができた。地球中心のモデルであっても、しばしば誤差を調整して行けば、天体暦をつくることはできたのだった。占星術家は、そうした天体の規則的な運行を中心にして占いを進めていったのである。

こうした世界観は、天文学の革命が起こるまで続いた。ティコ・ブラーエが超新星を発見して、永遠不変なはずの星々の世界に変化があることを見いだしたときの衝撃は、こうした月下・月上の世界の相違が崩れたことに由来する。同時にニュートンは、月の動きが地上のリンゴの落下と同じ法則で説明できることを証明し、これによって、月の下も上も、その世界の相違はなくなってしまったのだ。

ホロスコープ占星術は、惑星の動きを中心にしてできているから、どうしても宿命論的になってゆくことが多い。ケプラーが惑星運動の法則を発見してからというもの、惑星の位置計算の精度は飛躍的に高まる。今、手元には、二一世紀分すべての天文暦があるし、パソコンのソフトは、二〇〇〇年にわたる惑星の位置計算の高い精度を保証している。

こうした、惑星運動を主役とする占星術を用いれば、少なくとも、理論上は、いくらでも予測ができるようになる、というわけだ。

神々の意志のきまぐれなあらわれとして星の動きがみられていたころとはいかに違うことだろうか。

しかし、問題がないわけではない。天は、アリストテレスがいうようにいつまでも不変なわけではないのである。

例えば、ときおり、尾をなびかせて夜空をよぎるようになる彗星。彗星は、突如として現れる。その動きを予測することは、今ならほぼ完全に可能だが昔はむずかしかっただろう。まさに天変である。

妖異なる彗星は、かつての人々を大いに驚かせた。一五二八年一〇月九日には、彗星がウエストリアに現れたと、フランスの外科医アンブロース・パレは、その有名な怪物誌のなかで書いているが、その彗星があまりに恐ろしかったので、恐怖のあまりに絶命した人もいたという。

パレが示す彗星は、いかにも恐ろしく、そのなかには人の顔が見えたり、血に濡れた剣やナイフなどまでみえたというから尋常ではない。一体、これは何の兆しだったのだろう。人の顔やナイフなどが見えるなどというのは、考えられないが、これが一種、人々の無意識を映し出すものだとするならば、それは大きな集合的な恐怖感を表していたことも考えられなくはない。人は、彗星に恐怖を投影したのだ。

中国や日本でも、彗星が政変を示すものとして解釈されてきた伝統がある。洋の東西をとわず、彗星はまがまがしい星だったのだ。

バビロニア以来、彗星は占星術の伝統のなかではやはり不吉なものとして扱われて来た。彗星をどのように解釈するか、ほかの天体とどんなふうにかかわりをもたせて解釈して行くか、その方法論も打ち立てられてきた。いうなれば、彗星解釈学（コメトロジー）とでもいうべき伝統が生まれているのである。

そして、その伝統は、一七世紀までは確かに生きていたのだ。

歴史をさかのぼると、紀元前一六四年の彗星（ハレー彗星だと思われる）の記録には、その彗星の出現から一カ月後のセレウコス王朝の王の死とあわせてしるされている。これは、彗星の出現が王の死と結び付けられていたことの証拠であろう。

シェイクスピアも、『ジュリアス・シーザー』のなかで、天は物乞いの死はそのしるしを見せないが、皇帝の死は、星によってしるしを見せる、というようなことをいっているけれども、まさに、これは彗星解釈学の伝統にのっとっているわけである。
ローマのスエトニウスも、『ローマ皇帝伝』の、シーザー（カエサル）の項目の最後を、このように綴っている。

カエサルは神々の列に加えられた。そのように元老院が議決しただけでなく、一般市民もそう

パレによる異様な彗星の出現を示す図。

信じたのである。というのも、神にあがめられたカエサルのため、相続人オクタウィウスが、初めて見世物をしたとき、彗星が毎日一一時に現れて、七日間立て続けに輝いた。それでカエサルの魂が天上に迎え入れられたと人々は信じた（国原吉之助訳・岩波文庫）。

ここでは、偉大な皇帝の魂が星になって上って行ったと解釈されたのであろうか。この伝統は、一七世紀まで生き残ることになる。

彗星解釈学の系譜を見て行くと、国王の死と彗星の出現を結び付けた記録を探すのにことかかない。

典型的な例をあげるとするなら、ルネサンス時代の記録である。ハンガリーのブレスブルグ大学教授マルティン・フォン・イルクスズは一四六八年の彗星にかんして文書を表している。彗星は王の死を示すというのである。この彗星は、教皇パウロ二世、フレドリック三世、フランスのルイ一一世の生命を危険にさらすことになるだろうと予言する。

一六世紀になっても、このスタイルの予言は続き、一五五八年の彗星は、チューダー朝のメアリーやチャールズ一世の死と関連づけられているのである。そして、あとで見るように、この彗星による王の死の予言の伝統は、一七世紀にまで生き延びるようになる。

アリストテレスは、もう少し今の自然科学よりの考え方で彗星の効果を説明する。彗星は気象現象の一つとして考えていた。月の天球の下で大気が何らかのかたちで燃えるものだというのだ。このように考えることで、月より上の天の不変性を守ったわけである。彗星が宇宙の天体であることを証明したのも、ティコ・ブラーエだった。いわば、ティコは、不変宇宙の天蓋を破壊したわけである。彗星は大気中の熱が原因で起こる現象だから、彗星が頻繁に見られるようなときは、大気が乾燥する上に、また、風が強くなるというふうにもいっている。長い尾をなびかせた彗星を「髪なびかせたるもの」、短い尾の彗星を「髭のもの」という彗星の分類は、中世を通じて用いられてきたけれども、これもまたアリストテレスの観察からきているのである。

彗星の出現は、気象の異常や王の死を暗示するものばかりではなかった。この不気味な天変が、いかに広範な恐ろしい結果を生むと考えられたか、ローマのマニリウスの占星詩『アストロノミカ』を参照すると、一目瞭然である。

少し長くなるが、引用してみよう。

光り輝く彗星は、かくのごとき不幸を私たちに警告していることが多い。彗星が出現すれば疫病が流行する、というわけだ。地球は死者を焼く薪で一杯になるおそれがある。大空は、いや、自然全体が憔悴し、彗星の火を自分のために準備された墓場とみているかのようだ。彗星が先触れするのは、このほか戦争と動乱と、裏切り・欺瞞に支持された外敵の不法な進攻。たとえばゲルマン人が条約の信頼関係を蹂躙し、ワールス将軍を殺害して、ローマを三年の鮮血で戦場を赤く染めたのがそれだ。このとき、空一杯に気味悪い矩火があちらこちらにさまようのが見えた。あたかも、自然が自ら宣戦布告し、全力をあげて私たちに攻撃し、今にも破壊しさろうと脅かしているようである（『占星術または天の聖なる学』マニリウス著、有田四郎訳）。

一五三一年ザンクト・ガレンで彗星が見られたとき、放浪の医師であるパラケルススは、この彗星についてパンフレットを出している。そのなかで、パラケルススは、その彗星出現の少し前の疫病の流行を見れば、彗星の出現を予測することができたであろう、という。逆に疫病の流行から彗星の出現を予測可能だ、というのである（『パラケルススからニュートンへ』チャールズ・ウエブスター著、金子務監訳）。

彗星－疫病という想像上のリンクは、二〇世紀の現代でも再出現している。ウィックラマシンジら、一部の天文学者は、彗星が実際にインフルエンザの流行などと関係があるのではないかと考えている。

アリストテレスの時代と違って、今では彗星は、太陽系をかすめてうごく天体であることがわかっている。彗星の核になるのは「汚れた雪だるま」と絶妙な表現で呼ばれる氷の塊で、ガスや塵がかたまったものだ。この塊が太陽に接近すると、熱で溶けだして、しかも太陽の光があたって輝き、彗星の尾を形成するというわけである。彗星がまきちらす塵のなかには、ごく原始的なウィルスやその原型のようなものが含まれていることがあり、これが、インフルエンザの流行を引き起こしているのではないかというのである。この説は、ライアル・ワトソンがその著作のなかで紹介したこともあって、広く知られるようになり、大衆のイマジネーションをかきたてたのであった。

彗星がウィルスを撒き散らすという説の真偽はわからないし、僕などはそうそう簡単に受け入れることはできないのだが、しかし、ローマ時代と同じような、彗星 - 疫病の関連が、ある種のインパクトをもって人々の想像力を刺激したというのはおもしろい。

疫病、国王の死とそれに続く政変、さらに、戦争と、彗星はほとんどあらゆる災いに関係しているようにみえる。パレのいうように、「彗星が現れて、それにあわせて、災いが起こらないことはない」のである。

彗星がまがまがしい星であることはわかった。しかし、ならば、もう少し、彗星が意味することははっきりさせられるのではないだろうか。彗星は漠然とした凶意の星である以上に、もう少しその災いの種類を特定するヒントはないのだろうか。そして、その災いは、いつ現れるか、という判断のしかたはないのであろうか。彗星解釈学には、そうしたものにたいする答えがある程度用意されている。

まずは、二世紀の、プトレマイオスの著した占星術の古典『テトラビブロス』を見てみよう。この書によれば、彗星は、天空のどこに現れるかによって、害を受ける国が特定できるという。プトレマイオスは、黄道一二星座を、それぞれさまざまな国に割り当てている。個人に生まれの星座があるように、国や都市にも星座があると、この古代の占星術の大成者はいうのである。例えば、牡羊座はイギリスだとか、フランスが獅子座だといった割り当てがあるわけである。ある星座での兆しは、その国で起こる吉凶禍福を示すことになる、というわけだ。

彗星の場合でもしかり。彗星の頭（核）がはいっている星座は、まずは、彗星が直接及ぼす災いが下る国を示す。ただし、彗星は軌道面が黄道からずいぶん離れることが多いから、実際には、黄道星座に入ることは少ない。恐らくは、彗星の頭がある点の黄道座標をみるということになるのだと思う。

さらに、プトレマイオスの教えでは、東の方向に見える彗星は、すぐにその影響力が現れ、西の彗星は、影響力がじわじわ現れるのだという。

こうした彗星解釈学、コメトロジーは、アラブなどでも発達したようである。そうしたコメトロジーの発達の道筋を網羅することははるかに僕の力を越えているが、幸いなことに、ここでもまた導きの糸として、僕たちはウィリアム・リリーの書き物を参照することができるのである。

リリーは、一七世紀中葉に活躍した、イギリス最大の占星術師であった。リリーはプトレマイオス、アルブマサル、カルダンら占星術の伝統的な古典を踏破し、また、それを実践していた。暦ばかりではなく、個人鑑定のケースブックやさまざまな社会的な予言のパンフレットを残しているので、そうしたものから、当時の占星術のみならず、古代の占星術テクストを読み解くヒン

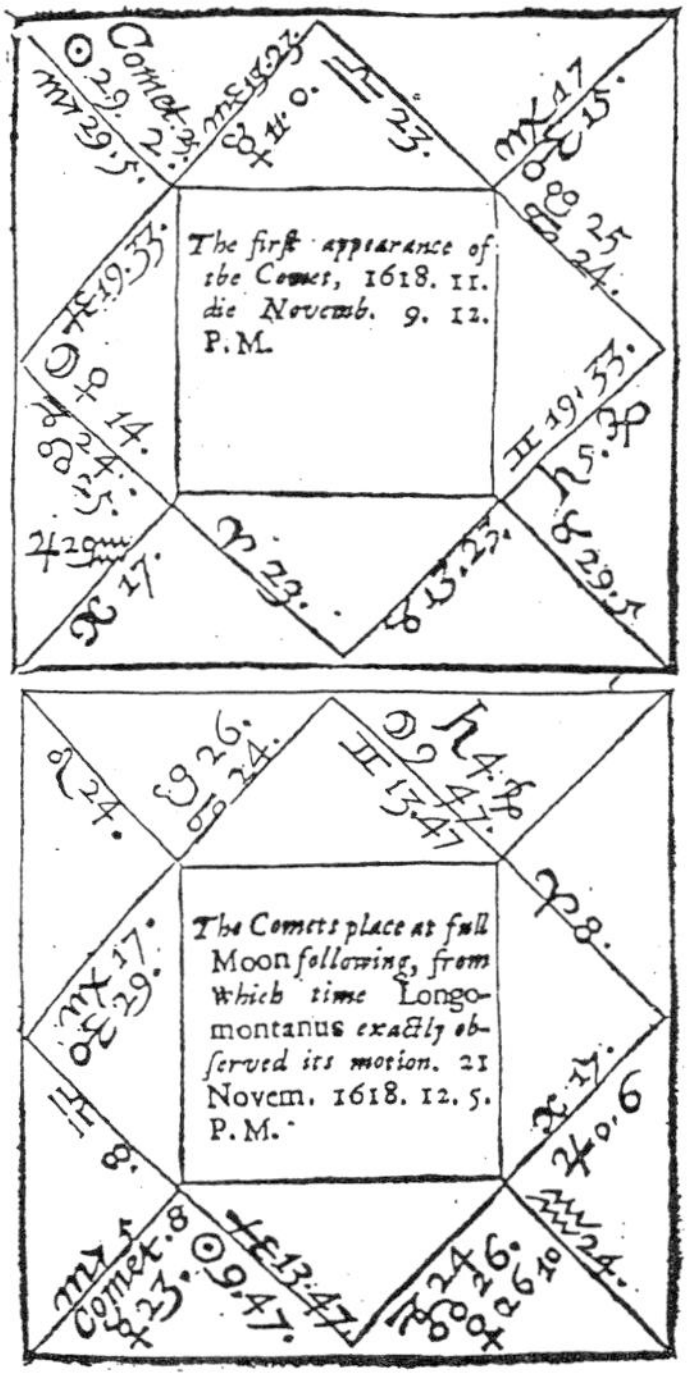
The first appearance of the Comet, 1618. 11. die Novemb. 9. 12. P.M.
The Comets place at full Moon following, from which time Longomontanus exactly observed its motion. 21 Novem. 1618. 12. 5. P.M.

彗星が初めて現れたときの瞬間のホロスコープ。
リリーのパンフレット『英国の予言者マーリン』より。

トを得ることも少なからずできるのである。

前章でもかなり詳しく引用したが、リリーが一六四四年に発行したパンフレットに『イングランドの予言者マーリン』というものがある。

これは、主に木星と土星の会合が表すとされた大きな歴史の転換の解釈をめぐるものである。木星・土星の大会合は、いつも占星術家にとっては、歴史の大きな変動を示すものとして注目されてきたわけであるが、その歴史変動の兆しを補強するものとして、リリーは彗星の出現を扱う。主たる予言の材料は木星と土星の会合であるが、それでも、彗星も重要な判断の鍵を与えると考えるのである。

リリーは、彗星を太陽や月、惑星に加えてホロスコープの図に書き入れている。これは現代の占星術ではほとんど異例のことである。リリーのパンフレットのホロスコープに彗星が書き込まれているのを見て、驚いた。一九八六年にハレー彗星が接近したときに、戯れに彗星の天文暦を入手して、黄道座標に換算し（ホロスコープは黄道の座標をもとに作成される）、ホロスコープに書き込んで「ハレー彗星占い」をしたこともあったが、やはりだれでも考えることなのだなあとも思う。ただし、ほんの思いつきで「彗星占い」を試した僕とは違って、リリーは、過去の権威たちを引きながら、あくまでも、正当な占星術、彗星解釈学の系譜のなかに自分を位置づけながらコメントを残していっているのである。

リリーは、一六一八年に出現した彗星を重視して、その天文暦を掲載し、かつ、その動きから詳細な解釈を施している。

一六一八年といえば、リリーのこのパンフレット出版よりも二六年も先立つものではあるのだが、この彗星こそが、ヨーロッパで観測された最後のものだったからだ。

この彗星は、同年の一一月二一日からデンマークのロンゴモンタヌスによって観測されはじめ、以後、二八日間見ることができたという。初めて観測されたときの彗星の黄道上の座標は、蠍座の九度二五分であった。彗星は、見えている間、その位置をどんどん逆行していって、蠍座か

Ephimeris Cometæ.

Moneth.	Dayes of the Moneth.	Its dayly Motion. G.	M.	Its Motion in Longitude. G.	M.	Sig.	Declination. G.	M.	Anno Dom.	
Novemb.	21	3	20	9	25	♏	3	20. Mer.	1618	
	22	3	17	7	55	♏	0	35. Mer.	1619	1
	23	3	14	6	25	♏	2	20. Bor.	1610	2
	24	3	11	4	55	♏	5	30. Bor.	1621	3
	25	3	9	3	7	♏	9	0	1622	4
	26	3	6	1	20	♏	12	0	1623	5
	27	3	3	29	30	♎	15	20	1624	6
	28	3	1	27	45	♎	18	10	1625	7
	29	3	0	26	10	♎	20	40	1626	8
	30	2	57	24	10	♎	23	15	1627	9
Decemb.	1	2	47	22	0	♎	26	10	1628	10
	2	2	38	20	0	♎	29	10	1629	11
	3	2	24	18	0	♎	32	0	1630	12
	4	2	19	16	20	♎	34	20	1631	13
	5	2	16	14	40	♎	36	30	1632	14
	6	2	14	12	30	♎	38	40	1633	15
	7	2	12	10	20	♎	40	50	1634	16
	8	2	10	7	40	♎	43	0	1635	17
	9	2	8	5	0	♎	45	0	1636	18
	10	2	6	2	20	♎	47	0	1637	19
	11	2	3	29	30	♍	49	0	1638	20
	12	1	59	26	40	♍	51	0	1639	21
	13	1	55	23	40	♍	53	0	1640	22
	14	1	50	20	50	♍	55	0	1641	23
	15	1	43	18	0	♍	56	40	1642	24
	16	1	33	14	40	♍	58	10	1643	25
	17	1	18	11	10	♍	59	35	1644	26
	18	1	8	7	45	♍	61	0	1645	27

リリーのパンフレットにみられる彗星の天文暦。

ら天秤座、乙女座へと尾をたなびかせながらすすみ、ついに乙女座標の七度四五分の位置で消えていったという。

彗星が初めて現れたときの星座、あるいは、彗星が通過するときの星座は、彗星がどんな事件を及ぼすかを暗示する鍵となる。

リリーが権威をひきつついうところでは、今回のように蠍座で現れたときには、「首長や偉大な人の死」「戦争の恐怖」「王子たちの怒り」を表すことになる。また天秤座を彗星が通過するときには、「世界の西の部分の王子が死ぬ、そして隠されたところでの災いが起こり知らぬうちに土地が失われる」。彗星が乙女座を通過すると、「宗教と法」にかかわることで災いが起きる。

イギリスの内乱を考えると、その解釈は恐ろしいほど合致しているようにも思える（もっとも、世界の大きな変化といえば、いつでも宗教の闘争と指導者の死がかかわっているともいえなくはないのだけれど）。

リリーは、彗星の黄経のみならず、赤緯もあげているが、これもまたリリーの占星術判断の上ではきわめて重要なものとなっている。一九四四年のパンフレットに、二六年も前の彗星を重大事としてとりあげるのは、僕たちの目には奇異に見える。しかし、リリーはほかの要素の何よりも先に、何日間、彗星が観測できたかをあげているのである。それは、彗星が見えていた期間は、それからどれだけの間、彗星の影響力が続くかを示すと考えられていたからだ。

第1章の「黒い太陽」では、日食や月食が古典的な占星術において、どれほど長く影響力を発揮すると考えられているかについては、述べておいた。日食の場合には、欠け始めから欠け終わりまでの時間、つまり食の継続時間が鍵となる。食の一時間は、それから一年の間に相当すると考えられるので、たとえば二時間三〇分の日食は、日食のときから数えて二年半有効だとみなされる。同様に月食の場合には、一時間は一カ月にあたる。

彗星の場合には、コメトロジーの伝統では、どうやら一日が一年に相当するらしい。リリーがいうには、「彗星の効果は二八年見られることになるだろう」ということになる。パンフレットが発行されるタイミングは、彗星の出現から二六年目であるわけだから、まさに、このパンフレットの発布時期は、前回の彗星の効果が時効になる直前、そう、いわば彗星によって示された神の意志が、成就されるぎりぎりのタイミングであるというわけである。

さらに、リリーはカルダノス、ディーといった過去の権威をひきながら、彗星の速度、運行の向きを問題にする。

彗星は、動いているので、これは外国からの戦争を意味する。また、彗星が位置するハウスも問題であり、第一〇ハウスにある彗星は王の死を、九ハウスなら宗教での災い、教会への災厄、一一ハウスなら、とくに尊いものたちの死をあらわす。そして早い速度の彗星は、今度は、国家の転覆を暗示する、というのである。

さらに、逆行する天体は、社会の構造が変わることを意味している。「それは法の変化を示すのである」とリリーは、過去の権威を引用する。一六一八年以降、自然の秩序に反する動きがあるために、既得権をもっている王族や貴族などは、ずっとその生命を脅かされている、というわけである。リリーは、もちろん、こうした血なまぐさい事態を好んではいなかった。が、王党派と議会派が争っていた内乱時代のイギリスにあって、穏健ながらも議会派の立場に与していたリリーにとっては、そうした既存の権力の変動を示す天の予兆は、けしてひたすらに忌むべきものばかりではなかったに違いない。木星・土星の大会合とあわさって、彗星の出現は、彼自身の政治的な立場への天からの支持とも読めたに違いないのである。

彗星は、刻々とその天の上での位置を変えてゆく。彗星が一日分進むごとに、一年後のヨーロッパでの運命の変化が現れてくるのである。とくにリリーの住むイギリスにとっては、彗星が現れてから二一日目が運命的に重要なときになっていた。その根拠としては、リリーのあげる彗星の赤緯と黄経に注目してほしい。

リリーが、彗星は、その土地にたいして垂直の位置になるときに影響力を最も強く発揮する、というのである。これを考えるには、彗星の赤緯に注目すればよい。

赤緯というのは、赤道を基準とした地球の緯度をそのまま、天に投影したものである。リリー流のコメトロジーで考えれば、ある土地の緯度は、そのまま、彗星の赤緯と鏡映しになって影響力を及ぼす、というわけである。

リリーの考えでは、彗星の赤緯が四九度あたりに達したころから、彗星は英国に直接影響力を発揮しはじめる。そして、そのときの黄道上での彗星の座標をみてほしい。まさにそのタイミングで、彗星は、天秤座から乙女座へと入って行く。

乙女座は、英国にとってはとりわけ重要な星座だ。というのは、イギリスの歴代の王や女王は、エリザベス一世、ジェイムズ王、ヘンリー八世、エドワード六世などをはじめとして、乙女座と同じ地の星座を、そのアセンダント（出生時に東の地平線から上昇していた星座。占星術では、

神話の中のケロイン。ケロインは半人半馬の姿でみられた。

きわめて重要なものとされる）にもっているのである。つまり、イギリスの王朝はリリーの視座では、地の星座宮に属するものだとされるのである。

彗星がイギリスに対応する赤緯へと移動し、かつ、イギリスの王室を示す地の星座へと、同じタイミングで移っているのである。これが、イギリスの大きな変動を示すものでなくて、ほかの何であるといえるのだろう。

彗星がこの位置に達したのは、彗星出現より二一日目、予兆としてはつまり二一年後の事件を示すものである。彗星出現の年一六一八年に二一年を足せば、一六三九年。「そのときに到来しつつあった悲劇を知らぬものがあろうか」とリリーは読者に訴えかける。歴史年表をみれば、この年は、国教会の導入に反対するスコットランドにたいして、国王がスコットランドに遠征していることがわかる。

そして彗星がぐんぐんと占星術上のイマジナルなイギリスの時空の上を通過する四〇年には国王が議会を召集。これをきっかけに、ピューリタン革命の機運が高まるのは、周知の通りである。次いで、彗星は一二月一二日には乙女座の二六度四〇分、赤緯五一分に達する。赤緯五一分は、ロンドンに相当する度数であり、イギリスにもっとも大きな影響を与えることになる。リリーは、ここで予言というよりも、議会と国王側の妥協を祈る言葉をのべている。

さらに、彼の彗星予言は続き、彗星が北緯に上ってゆくにつれて、その影響が及ぶのは、北方の国々に移ってゆく、という。このような予言をどのように僕たちは考えるべきなのだろうか。たわいもない迷妄だ、というものもいるだろう。

リリーは、それにたいしてはっきりとこのようにいっている。

彗星の出現が何も意味しないといって、その影響を無視するものもいる。しかし、そういう輩には思い起こさせるといいのだ。神は人間にたいして、いつも言葉や語句でばかり語りかけるのではないということを。そして、多くの場合には天体の動き、現れで我々を諭すのだ、ということを。

彗星は、自然の営みを越えている。それは直接的な神による、歴史の流れへの「ものいい」なのだともいえるだろう。神は歴史を惑星の周期によって定めておられたが、それを変えることもできる。そうした意志変更が彗星で示されるのではないのだろうか。

占星術の歴史のなかでは、このような彗星の出現は、散発的な神の歴史介入と思われてきた。そして占星術家は、自分の占星術的な予言が外れるたびに、それは占星術や自然の法則を越えた神の意図であったという言い方をする。

惑星の運行が相当厳密に予測できる以上、地上のあらゆるものが天界に現れると考える占星術では、惑星運行のみを考えているのでは、宿命論の外には立てない。そのときに、予測できぬかたちで出現する彗星は、運命のなかの、偶発性を予告できる、きわめて重要な要素となっているのである。

彗星は、現在の天文学では冥王星よりもはるかに遠い、カイパーベルト、およびオールトの雲と呼ばれる、原始の太陽系のもととなった塵の集積からやってくるのだという。

イメージで言えば、それは、太陽系という子宮のなかに、遠く離れたところからつっきってやってくる精子のようなものではないだろうか。空に輝く彗星は不吉に見えるけれども、それは予測可能な機械的な宇宙に風穴をあけ、新しい遺伝子をもたらしてくれるもののように見える。彗星は、既存の周期の外にあり、偶発性を占星術宇宙へともたらす。

永劫回帰の世界と、それを混乱させる髪なびかせたる星の出現は、人が運命にたいして抱く、あのあい矛盾した感情をそのまま象徴しているように見える。

追記

彗星は、一般的に占星術ではホロスコープに書き込まれることはまれだと書いた。しかし、この言い方は正確ではない。一九八〇年代後半以降、彗星はきわめて広く占星術の判断に用いられるようになっている。それは小天体「キロン」（Chiron。英語読みではカイロン）が、主に心理学的な占星術家にとりいれられるようになったためだ。この天体は、土星と天王星の間の軌道を約五〇年かかって動いているもので、一種の小惑星と考えられ、一九七七年に発見されて以来、すぐに占星術のための天文暦が作られて占星術にとりいれられた。キロン（カイロン、ケイロン）は神話では、ケンタウロス族の王であり、優れた教師であり医師であった。占星術では「心のなかの傷と癒し」を表すものとされる。心理学的占星術では、コンプレックスの位置を示す重要な指標とされたために、広く用いられるようになった。今ではイギリスでは、キロンは大惑星並の扱いを受けるようになり、太陽・月・水星から冥王星までの八つの惑星、月のノード、さらにキロンを書き込むのが標準的な作図法となっているほどである。が最近尾が発見されるに及んで、キロンは彗星であることが判明した。となると、ホロスコープには、太陽という恒星、月という衛星、水星以下の惑星、そしてキロンという彗星が描きこまれていることになる。

参考文献

William Lily, "*England's Prophetical Merlin*", Spica.
Ann Geneva, "*Astrology and the Seventeenth Century Mind*", Manchester University Press.
Ambrose Parè, "*On Monsters and Marvels*", Chicago University Press.
Liz Greene and Juliet Sharman: Burke, "*The Mythic Journey*", Fireside.

盗人探しの星図

「ほら、これが証拠」。

その女性占い師は、得意満面に地方新聞の切り抜きを広げて見せてくれた。

紙面に大きな文字で印刷された「予言的中」という見出しが飛び込んできた。

記事は、とある犯罪の容疑者が潜伏している場所をその女性占い師が占い、見事的中させたことを報じていた。彼女がいうには、警察も捜査の段階でひそかに彼女にお伺いを立てに来ていたのだという。彼女がいうには、占いの「プロ」として身を立ててゆくためには、そうした「実績」を積み重ねてゆくしかないのだそうだ。

残念ながら、その新聞記事だけで彼女の霊能力や予言の力を信用するにはあまりにも僕は保守的で常識的すぎる。そもそも占いの当たり外れにはあまり関心のない僕は、このときずっと、「本当は、こんな派手な記事なんか見せないほうが信用されるんじゃないかなあ」とか、「守秘義務はどうなるのかなあ」とか余計なことばかりを考えてしまったのだった。

　ＦＢＩや警察が占い師や超能力者にスパイの居場所や犯罪者の潜伏場所を探させている、という話はよく耳にする。その真偽は、一介の市民たる僕には知る由もないが、迷宮入りする事件が多いことを考えると、残念ながら捜査機関は、百発百中の占い師を見いだして協力を仰ぐことはまだできていないのだろう。

　占いの歴史のなかでは「犯人捜し」の例には事欠かない。日本や中国でも一種の神示裁判として、容疑者の手を煮え湯のなかに入れさせ、そこで火傷をしなかったら無罪、とした盟神探湯《くがたち》などが行われていたことを思い出される方も多いだろう。

　占星術とて例外ではない。西洋の占星術の伝統においても、実に古い時代から、犯人捜しが行われていたし、実用占星術の黄金期である一七世紀半ばのイギリスのテクストを見れば、まさしく占星術が「犯人捜し」に用いられた記録を豊富に見いだすことができるのである。

　星だけが知っている泥棒の行方。今宵は、それを聞き出すための摩訶不思議な技術の痕跡をたどってゆくことにしよう。

　星による犯人推理がいつに始まったのか、その起源となると知る由もないのだが、記録を散見してゆくと、少なくとも、一世紀にはそうした技法が実践されていたことがわかる。シドンのドロテウスという占星術家が著した、『カルメン・アストロジクム』（*Carmen Astrogicum*、占星術の歌）

という占星術書を取り上げて見よう。この書は、邦訳もあるローマの詩的な占星術の書『アストロノミカ』よりは後、占星術史で最も重要な書であるといってよいプトレマイオスの『テトラビブロス』より前に書かれたもので、全五巻からなる。幸いこの書はデイビッド・ピングリーによって英訳されているので、たやすくその全貌を知ることができる（ただし、英訳に用いられたテクストは八〇〇年ごろのもので、後代のペルシアの占星術からの影響を受けている可能性があるという）。

ドロテウスのテクストで犯人捜しの秘術について述べているのは、五巻のうち最終巻である。一巻から四巻までは、いわゆる「出生占星術」論であり、ある人物が生まれた瞬間の星の配置について、その人物の性格や運命を占い方法を詳述しているのであるが、第五巻では、現在「ホラリー」と呼ばれる占星判断法（ギリシアでは「カタルケー」と称していた）が詳しく述べられている。恐らく現存する最古のホラリー占星術の教科書であるといえる。

ホラリーという言葉については、聞きなじみのない読者の方がほとんどだと思う。日本語では、「質問占星術」「即時占星術」などと訳されているようだが、早い話、何か占いたいことを問いかけた瞬間の星の配置が、その質問の答えを示している、という前提にのっとって占いを進める方法のことだ。例えば、あなたが今、恋人との未来を占ってほしいと考えたとする。具体的な質問が頭に浮かび、それを占星術家にたずねたとしたら、ホラリー占星術の実践者は、あなたの生年月日でも相手の生年月日でもなく、あなたが質問して来た、まさにその瞬間の星の配置を計算して答えを推理するのである。

占星術といえば、生年月日による占いを連想される方がほとんどだろうが、これは「ネイタル」（出生）占星術と呼ばれるもの。この占いは本人の一般的な運勢やよい時期、悪い時期を占うことはできても、例えば、「この家を買ってもよいか」とか「商談は成立するか」という具体的な質問にイエス／ノーという判断を下すことは難しい。そこでホラリーの伝統が下火になっている今は、占いの館などでは、全般的な質問に対してはホロスコープで、個別的な質問に対してはタロットやら易やらで占うという二刀流の占い師が圧倒的に多い。多くの占い師は、占星術で一生の大まかな流れを占い、具体的なことはタロットや易によってエイヤと判断する、というわけである。

しかし、伝統的な占星術の世界では、細かな質問にも星の図が答えていると考える。判断の方法は極めて複雑だが、明確に星は個人の質問に答えているというのである。

ここで、「では、競馬場で何千人もの人が同時に〝俺は勝てるか〟と考えているような場合にはどうなのか。同じ星の配置なのに、負ける人と勝つ人がいるではないか」などと意地悪なことを考えるのはやめよう。それこそ無粋というものである。星のメッセージは、聖杯探求の騎士パルシファルの物語の教訓にあるとおり、正しいときに正しい問いをするときに初めて、適切に得られるものかもしれないからだ。

ドロテウスが解説する、ホラリーのさまざまな質問への回答法のなかでも、泥棒の扱いは極めて重要な位置を占めている。その判断法は実に英訳にして九ページにわたって述べられているのである。

どんな人物が犯人なのかを知るためには、まず、質問をした時間の星の配置図を作らねばならない。その作成方法は、出生ホロスコープと同じ。黄道一二星座宮を背景にして、太陽・月、五つの惑星がどこの位置にあるかを記し、かつ、地平線と子午線を基準に一二の「ハウス」を定めるのである。重要なのは、個人の出生時刻ではなく、質問の瞬間のホロスコープを作るということ。

盗品が戻ってくるかどうかを判断するには、ドロテウスは、その時刻の太陽と月の位置を見よという。太陽と月が一二〇度の角度を作っていれば、盗品は問題なく手元に戻るだろうし、九〇度や一八〇度であれば、捜し出すのに困難を伴う。

肝心の「犯人」の描写であるが、それを示す星は、西の地平線にある星が最大のヒントになるという。

もしここに星がなければ、第九ハウス（ホロスコープの図で天頂より少し西側の部分）、第一二ハウス（東の地平線から少し上った部分）のなかに入った星が、さらにここにも星がなければ、今度は月と接近している星が泥棒の様子を示すというのである。その星、つまり泥棒を指し示す星が木星であれば、犯人は色白で太っており、しかも平均に比べて白目の部分が大きく、またその髭はカールしているだろう。土星であれば、色黒であり、斜視の傾向があるだろうし、また病弱であろう。金星であればハンサムだし、黒目がちなはずである。

泥棒の指示星が入っている星座宮も重要であり、その星座宮の性質がそこに加わる。魚座なら、頭・顔が小さいだろうし、蟹座なら、骨が強くて髪がないだろう。

また泥棒の指示星は盗人の性別や年齢までも示す。金星の場合なら女性であろうし、水星なら若者のはずだ、というのである。

問いかけの瞬間の星の配置をじっくりと見ることによって、盗人の姿までもが透視できるというのであるから、おそるべし、である。

何と紀元一世紀には、すでに盗人探しの占星法の基礎は固まっていたわけだ。現存する最古のホラリー占星術の教科書は、そのことを雄弁に語っているが、こうした占星術は、実際にはどのように用いられていたのだろうか。

ここで、かのノストラダムスが残した記録を参照して見ることにしよう。エドガー・レオーニのノストラダムス本に記載されている資料からである。

一五六二年二月、フランスはオーランジュの教会の神父がノストラダムスに相談を持ちかけた。教会から盗まれた貴重な銀製品のありかはどこで犯人は誰かを占ってくれというのである。うわさでは、盗品はアヴィニヨンにあるのではないかと伝えられている。

ノストラダムスは、今では超能力者として考えられることが多いが、本人は医師であり、またアストロフィル（占星術の学徒）でもあった。ノストラダムスの蔵書にはアラビアの占星術書なども含まれていたから、当然、ホラリー占星術の知識ももっていたはずであり、それに基づいて、質問を受けた時刻の天宮図を作成している。

基準となる時刻は、一五六二年二月三日の午後六時三九分、場所はサロン・ド・クラウ SALON-DE-CRAU であった。

ノストラダムスの惑星位置の計算は、彼の有名なアルマナック（占星年鑑）を見てもそうなのだが、ずいぶんと鷹揚であり、現在の精度の高いコンピュータによる惑星位置の計算結果とはかなりのズレがでる。

この場合も例外ではなく、ノストラダムスは月は魚座の三度にあるとしているが、コンピュータは水瓶座の二五度にあると推算している。水星の位置なども大幅に狂っているので、彼を天才的な占星術家だと期待していると、なんだか拍子抜けしてしまう。

ともあれ、ノストラダムスは、その質問に答えている。「荒々しい気性の持ち主の信徒」が犯人であり、しかも、それは単独犯ではなく、共犯者がおり、彼らの家に盗品を隠しているという。盗品がアヴィニヨンにあるというのは、犯人が情報を撹乱するために意図的に流されたものにすぎず、しかも、その銀製品は、換金される前に溶かされようとしている、と星を読んでいるのである。

残念ながら、ノストラダムスはその解釈の占星術上の根拠を述べていない。

現代のアメリカの人気占星術家であり、ホラリーの専門家であるアンソニー・ルイスは、その著書のなかで伝統的な占星術の技法を使ってノストラダムスの解釈を跡付けようとしているが、ルイスは現代のコンピュータで計算されたチャートをもとに解釈を行っているので、ノストラダムスが見ていた星の忠実な読みの再現ではなく、説得力に欠けるのが悔やまれる。実践家としては、どんな方法であれ、ノストラダムスと同じ結論に達することができるということは興味深いだろうが、ノストラダムスの思考法そのものに接近するためには、何とも材料がたりないわけである。

この銀製品が戻って来たのか否か、あるいは、この占いの結果が正しかったのかどうかさえも、ノストラダムスの記録にはないようだ。星はどこまで正確に、盗人の行方を告げていたのか、気になるところである。

実際に手に取りやすく、詳細な記録ということになれば、やはり、一七世紀イギリスの占星術ということになる。

ここでまたしても占星術の歴史の大スター、ウィリアム・リリーにご登場願おう。リリーの著した『キリスト教占星術』という著書こそ、ホラリー占星術の聖書であり、一七世紀までの占星術の伝統のエッセンスを実際的にまとめた集大成である。現代のイギリスの占星術家であり、リリー流のホラリー占星術の復興者であるオリビア・バークレー女史などは、占星術の世界におけるリリーを文学の世界におけるシェイクスピアに比しているが、あながち、言い過ぎでもないだろう。

リリーは、その著書『キリスト教占星術』のなかで、自身のホラリーの判断の実例を述べている。

ときは、一六三八年二月十日のこと。リリーは自分の食料として魚を買い付けるのだが、届けられるはずの魚は手元にこない。どうしたことかと思っていると、魚が盗まれた、と告げられるのである。さあ、これは困った。そこで早速、リリーは自らホラリーの星図を作成して、一体犯人は誰で、魚はどこにあるのかを占っている。

占いの結果では、犯人はテムズ川岸に住む漁師であり、体格がよくて赤―黄の髪をしている。そして、犯人は近々引っ越しの予定があるというのである。

リリーは当局へ出向き、令状をとりつけ、その条件にあたる人物の家宅を捜索、一部は食べられてしまっていたものの、なんとか自分の魚を取り返すことに成功した、と記述している。星は、盗人を正しく表示していたわけなのである。

一体、リリーはどのようにしてこうした判断を下したのであろうか。

『キリスト教占星術』は実に事細かに盗みに関する星の読み方を教示している。そのすべてを示

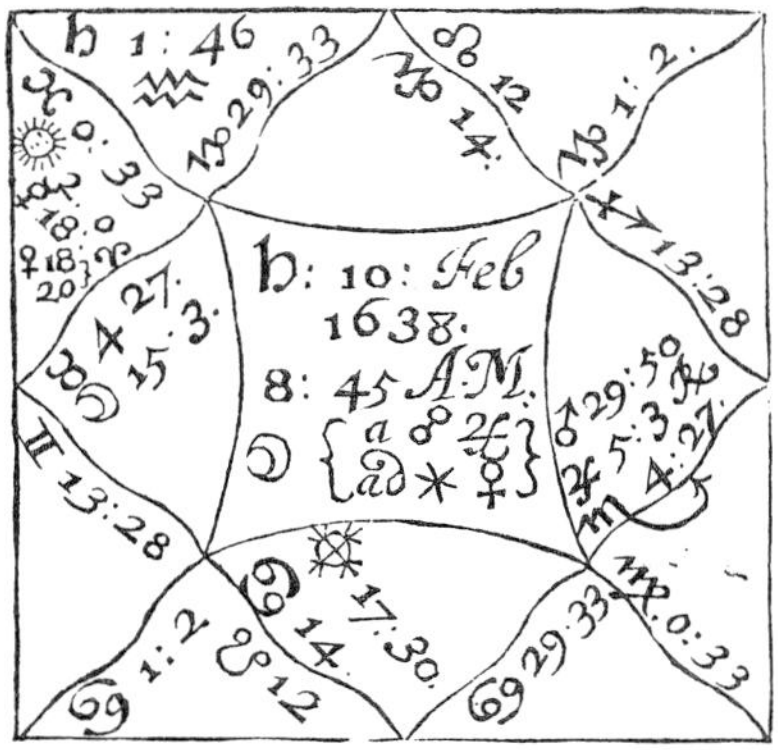

「盗まれた魚」のありかを占う星図。

すことはむろんできないのだが、ここではそこから興味をひく部分を拾い出していってみよう。

伝統的なホラリー占星術では、現代の占星術の星の読み方と違って、明確に「指示星《シグニフィケーター》」を決定することが重要になる。

指示星とは、例えば、質問者本人であるとか、占いたい対象を表す惑星のことだ。

犯人捜しの場合には、当然、犯人を指し示す星を特定することが重要になる。

リリーの教科書によれば、「アングルにあるペリグリンの惑星」が、犯人の指示星の第一の候補となる。

用語の説明がここで必要になるだろう。まず、アングルという言葉だが、これは、地平線と子午線というホロスコープの軸を形成するライン、あるいはそこから始まるハウスのことを指す。うんとかみ砕いていえば、東の地平線、西の地平線、天頂、天底付近のエリアを指すといってもいいだろう。これは理解するのにさほど苦労はいらない。

ややこしいのは、ペリグリンという用語だ。これは、「ディグニティをもたぬ惑星」のことである。

またここで面倒な用語が出て来てしまった。現代の占星術ではほとんど用いられなくなっているのだが、伝統的な占星術では惑星が「ディグニティ」（威光、品格）をもつかどうか、というのがきわめて大きな判断材料になっていたのである。

ある星がディグニティをもつかどうかは、主にその惑星がどの星座宮にあるかどうかによって決定される。これを「エッセンシャル・ディグニティ」と呼ぶ。

今の占星術で比較的よく知られているのは、「ルーラー」すなわち支配星、あるいは守護星と呼ばれるもの。例えば、獅子座の守護星は太陽、蟹座の守護星は月、乙女座の守護星は水星、というふうになっている。もし、太陽が獅子座にあれば、この太陽は高いディグニティをもつというわけである。

さらに、同じような意味で「エギザルテーション」（高揚）というのがある。自分が支配する星座宮のほかにも、惑星の威光が増し、その力をスムーズに発揮できるようになる位置があるのだ。例えば、太陽は牡羊座で、月は牡牛座でエギザルテーションとなる。太陽が牡羊座にある場合には、やはり太陽はディグニティをもつようになるわけだ。

ルーラーとエギザルテーションは、かろうじて現代の占星術でも残っているが、ほとんど失われてしまった「ディグニティ」があと三種類ある。

それは「トリプリシティ」「ターム」「フェイス」の三つである。

これらをそれぞれ詳述するととても紙幅が足りないので、ごく簡単に述べておく。「トリプリシティ」とは、ホロスコープの上で正三角形を描くように並ぶ三つの星座のグループをいう。例えば、牡羊座、獅子座、射手座がそう。これら三星座はすべて「火」のグループに属するので、火のトリプリシティという。

同じトリプリシティに属する星座は、共通の相性のよい惑星をもつ。火の場合には太陽と木星である。しかし、ここで注意しなければならないのは、そのホロスコープが昼の場合か夜の場合か、である。もしホロスコープが昼の場合には太陽がトリプリシティの支配星となる。そこで、昼のホロスコープで太陽が射手座にある場合には、太陽はディグニティを得るわけであるが、夜のケースではとくにトリプリシティに関していえば、ディグニティはないということになる。

タームは、さらに複雑だ。三〇度ある一つの星座が不均等な五つの区画に分割され、そのひとつひとつに支配星が与えられるのである。この区画をタームというのだが、タームを支配する星とそこに存在する惑星が一致すれば、その場合には、タームによってこの惑星はディグニティを得ることになる。牡羊座の一度から六度までは木星のタームに当たるが、ここに木星があれば、木星はディグニティを得ることになる。

さらに、「フェイス」とは一つの星座の三〇度を三つに等分したエリアのこと。そのひとつひとつにもやはり関連する惑星が定められており、その惑星に合致する星があれば、ディグニティが与えられるわけである。

「ディグニティ」とは逆に「デビリティ」というのもある。自分の支配する星座、あるいは、エギザルテーションの星座の反対側に位置する星座に星が入れば、その惑星の力は減殺されてしま

A Table of the Eſſentiall Dignities of the PLANETS according to *Ptolomy*.

Signes.	Houſes of the Planets.		Exaltation		Triplicity of ſ Plan. Di.	Noc.	The Termes of the Planets.										The faces of the Planets.						Detriment	Fall.
♈	♂	D	☉	19	☉	♃	♃	6	♀	14	☿	21	♂	26	♄	30	♂	10	☉	20	♀	30	♀	♄
♉	♀	N	☽	3	♀	☽	♀	8	☿	15	♃	22	♄	20	♂	30	☿	10	☽	20	♄	30	♂	
♊	☿	D	☊	3	♄	☿	☿	7	♃	14	♀	21	♄	25	♂	30	♃	10	♂	20	☉	30	♃	
♋	☽	N D	♃	15	♂	♂	♂	6	♃	13	☿	20	♀	27	♄	30	♀	10	☿	20	☽	30	♄	♂
♌	☉	N D			☉	♃	♄	6	☿	13	♀	19	♃	25	♂	30	♄	10	♃	20	♂	30	♄	
♍	☿	N	☿	15	♀	☽	☿	7	♀	13	♃	18	♄	24	♂	30	☉	10	♀	20	☿	30	♃	♀
♎	♀	D	♄	21	♄	☿	♄	6	♀	11	♃	19	☿	24	♂	30	☽	10	♄	20	♃	30	♂	☉
♏	♂	N			♂	♂	♂	6	♃	14	♀	21	☿	27	♄	30	♂	10	☉	20	♀	30	♀	☽
♐	♃	D	☋	3	☉	♃	♃	8	♀	14	☿	19	♄	25	♂	30	☿	10	☽	20	♄	30	☿	
♑	♄	N	♂	28	♀	☽	♀	6	☿	12	♃	19	♂	25	♄	30	♃	10	♂	20	☉	30	☽	♃
♒	♄	D			♄	☿	♄	6	☿	12	♀	20	♃	25	♂	30	♀	10	☿	20	☽	30	☉	
♓	♃	N	♀	27	♂	♂	♀	8	♃	14	☿	20	♂	26	♄	30	♄	10	♃	20	♂	30	♀	☿

「ディグニティ」の表。リリーの著から。

う。これをデビリティという。

リリーは、ディグニティ、デビリティを一覧でチェックできるように表にまとめているので、これを転載しておこう。この表と見比べれば、惑星がディグニティを有するか、あるいはデビリティとして力を減殺されているかどうかがわかるだろう。

やっと、ここで「ペリグリン」の解説に戻ることができる。ペリグリンとは、何のディグニティも有していない惑星のことを指している。例えば、牡羊座一〇度の土星はペリグリンであるが、牡羊座の二七度に土星が進んでくれば、これは土星の「ターム」の中なので、ペリグリンではない、ということになる。

犯人を指す惑星を特定する場合、ペリグ

リンであり、かつアングルに近い惑星が、それを示すことになるという。

リリーの作成した天宮図を見ると、木星が西の地平線（アングルの一つ）に沈みつつあり、しかも、この位置の木星はペリグリンである。木星は、水の星座である蠍座にあるので、「魚」の盗みとも関係が深い。

さらに第七ハウス、木星のそばには火星もいる。ドロテウスもリリーのはるか千数百年前にも言っているが、西の地平線のそばにある惑星は、盗人の指示星となる可能性がある。この火星は、蠍座の終わりのほうにあり（よってペリグリンではないのだが、木星の入っている星座の支配星でもあり、かつ第七ハウスにあるということから盗人の指示星の候補にはなるようだ）、次の星座の射手座へと移ろうとしている。ホラリーで人物を示す惑星が星座を変えようとしている場合には、その人物が移動しつつあることを示すという。リリーは、そこで、この犯人が土地を売ろうとしていること、また、木星、火星がともに水の星座にあること、そして常識的な判断から、犯人が水に関係した仕事をしている人物であると見たわけである。

さらにそれぞれの惑星が示す人物のイメージを、リリーは『キリスト教占星術』の早い部分で記しているけれども、これが、リリーが解釈した人物イメージの根拠となっている。木星が示すのは、「背が高く」「下腹部の膨らんだ」人物であり、火星が示すのは「赤い体毛」の人物なのである。

はたして、星は盗人の特徴をずばり言い当てていたというわけだ。

リリーの教科書を見ると、さらに興味深い記述を見ることができる。

例えば、犯人の年齢。単純に犯人の指示星が土星なら老いていて水星なら若い、という単純な判断法のほかに（伝統的に時間をつかさどる神、土星は老年期を、また動きの早い水星は少年を意味するという）、太陽との距離によってそれをはかるという見方がある。

土星、木星、火星が指示星の場合には、これらの惑星が太陽にたいして〇度から九〇度離れている場合には、一八歳前後であろう。さらに太陽が進んで九〇度から一八〇度の間なら三六歳前後ということになる。一八〇度から次に進んで九〇度（二七〇度）の場合には、これは、四五歳、さらにそこから太陽が惑星に接近して行くケースには七二歳、ということになる。

指示星が水星、金星の場合には、これらの星は太陽からあまり離れないので、その進行が太陽に順行で接近してゆくのか、逆行で接近してゆくのか、あるいは離れて行くのか、ということが判断基準となる。

また、単独犯か複数犯かということもわかる。これも判断基準はいくつもあるのだが、指示星が不動星座（牡牛座、獅子座、蠍座、水瓶座）にあれば単独犯、逆に、多くの惑星がペリグリンの状態にあれば、複数の犯人がいることを指しているという。

さらには犯人の服の色までもこの一枚のホラリー天宮図は示すことができる。指示星そのもの、それが入っている星座やハウスが犯人の服装を示すというのである。土星なら黒、木星なら緑、火星なら赤、太陽はサフラン色である。

また先のように、指示星が同一人物を示す場合でも、二つ（あるいは指示星をさらに補強する星といってもいいかもしれない）あることもあるが、その場合には、色が混じりあう。土星と木星が組合わされればダークグリーンになる、といった具合だ。

リリーのテクストを見ていて驚かされたのが、なんとホラリーの星は犯人の名前までも指し示す、という記述である。

リリーは、「名前」という項目でこのように言っている。

木星、太陽、あるいは火星がアングルにある場合には、短い名前、あるいはシラブルが少ない名前を示す。天頂にあれば、AあるいはEから始まる名前である。土星、金星が指示星である場合にはシラブルの多い名前、リチャード、ウィリアムなどを示す。

名前は、また第七ハウスに入った星座の支配星、あるいは第七ハウスに入っている惑星によって示される。そしてそこにかかわっている第二の星も強く影響してくるという。

水星―火星の場合にはマシュー、月―水星の場合にはサイモン、太陽―木星の場合にはローレンス、女性の場合には水星―火星でキャサリン、金星―土星でイザベル、などといった具合になるわけなのだ。

リリーが整理している表を、ここに転載しておくので、ぜひ見てみてほしい。

この根拠はどこから来ているのか、リリーは説明していないが、綺想というほかない。日本人が犯人なら、この方法は適用できないと思うのだが、一体どうするのだろうか。

Mens names.

The principall *Significator.*	The Planet joyned.	
☿	♂	*Matthew.*
☽	☿	*Simon.*
☉	♃	*Laurence.*
☿	☉	*Clement.*
☿	♄	*Edmund.*
♃	☉	*John.*
♄	♀	*William.*
♂	☉	*Robert.*
♂	☉	*Peter.*
♂		*Anthony.*
☉	☿	*Benjamin.*
♃	♄	*Thomas.*
☉		*Roger.*
☉		*Phillip.*
♄	☉	*George.*
☉	♄	*Andrew.*
☽	☉	*Henry.*
☽	♄	*Nicholas.*
♃	☉	*Richard.*
☉		*James.*
☉		*Stephen.*

Womens Names

The *Significator.*	The Planets	conjoyned.	
♂	☿		*Katherine.*
☿	♂	☉	*Christian.*
♄	☽	♀	*Joane.*
♀	♄		*Isabel.*
♄	☉		*Elizabeth.*
♄	☉		*Julian.*
☽	♂	☉	*Mary.*
☽	♀		*Ellin.*
♀	☿		*Agnes.*
☉	☿		*Margaret.*
☉	♀		*Alice.*
☉	☿		*Edith.*
☉	♀		*Maud.*
☉	♃		*Lucy.*
☉			*Anne.*
♃			*Rachel.*
☽			*Nell, Ellenor.*

リリーの表した、指示量の組み合わせによる犯人の名前のリスト。

星の位置によって、犯人の名前までも占ってしまうという綺想。

あなたは、その方法を嗤うだろうか。あるいは、一部の奇人のように、この方法を文字通りに受け取って、未解決事件を星によって占い、警察に協力しようとでもするのだろうか。あるいは、自らの占いによって犯人の居場所をつきとめたことを看板に掲げて、新たな顧客を得ようとするのだろうか。

いずれも僕は否定しないが、個人的な好みとしてはそのどちらにも与したくない。いずれのアプローチも「正しいかどうか」「迷信か科学か」というスタンスから抜け出すことができていないと思うからである。

ここで思い出すのは、前述の現代のホラリー占星術の権威オリビア・バークレー女史にイギリスで話を伺ったことだ。

彼女こそ、リリーのテクストを現代に復刻し、それを占星術世界に再び広めた功労者であり、リリーの著書をなかば聖なる書物のように考えているフシもあるのだが、彼女のホラリー占星術に対する考えを語ってくださった言葉は、実に美しく、占星術のエッセンスを語っているように思えた。

オリビアさんは犯人捜しならぬ失せ物探しによく占星術を用いている。結婚など人生の重大事はよほどのことがないと占わないという。というのも、もしそこで悪い結果がでたら、クライアントの希望を奪ってしまうことになるからだ。占星術は人をおびえさせるべきものではないと彼女はいう。

「だから、なくしたカギのありかを占う、とか、ネコの居場所を占うのに使うのがいいのよ。大事なのは、小さなカギのありか一つにも、星がかかわっている、ということを感覚で知ることなのね。」

そうなのだ。盗人の名前、そのシラブル、アルファベットの文字までもが、星の世界、そしてあなたが問を発した瞬間とかかわっているとみなす、不思議な世界観、人と星とのつながりの感覚こそが、占星術のエッセンスであろう。

そうなってくると、また僕たちの倫理の感覚もどこかで変わってくるような気がする。「お天道さまが見ているから、だれが見ていても悪いことはできない」などと日本人は少し前まではよく言っていたものだが、こうした「犯人捜し」の占星術の世界を知ると、太陽（天道）ならぬ、「星々が見ているから悪いことはできない」というふうにはなってこないだろうか。

そしてそれが、近代の合理主義とはまた異なる、世界とのかかわりかたを提示してくれるような気がするのである。

さて、みなさん。気をつけましょう。私たちの悪事は、星が昼も夜も、見張っているのです。

参考文献

William Lily, "*Christian Astrology*", Regulus, 1985.

Dorotheus of Sidon, Trans. by David Pingree, "*Carmen Astrologicum*", re-published by Ascella Publications, 1993.

Anthony Louis, "*Horary Astrology Plain And Simple*", Llewellyn, 1998.

始まりの星

まるでブドウ酒が、そのブドウの収穫の年の性質を受け継ぐように、あらゆるものはその始まりのときの時間の性質を受け継ぐ……。

占星術家が好んで引用するカール・ユングの言葉である。

前回少しお話ししたホラリー占星術（質問を発したときのホロスコープを用いる）や日食・月食などのチャートをのぞいては、占星術では、圧倒的に「ネイタル」（出生）チャートを用いることが多い。

もしあなたが、占星術家のところに赴いて、一生を占って欲しいと頼んだとしたら、占星術家は、その解釈の流儀にかかわらず、あなたに正確な生年月日と出生時刻、それに場所のデータを要求してくるだろう。

出生の瞬間の、太陽系の星の配置、そのホロスコープがあなたの性格や運命を示すことになるというのである。

なぜなら、出生というのは、あなたがこの世界に生まれ出た、始まりの瞬間だから――。

出生図が作成されるのは、何も個人に限ったことではない。建国の瞬間のホロスコープも作成されることが多いし、また、会社が登記された瞬間の星の配置図も存在する。そうした、たくさんの「始まり」の図が、占星術家の頭のなかではからみあって、複雑なる運命模様を描きだしているのである。

しかし、ここでときおり問題が生じる。「出生」というのは、何を指すのだろうか。頭が見え始めた瞬間？ 破水の瞬間？ あるいは陣痛が始まった瞬間？ 臍の緒が切れた瞬間なのだろうか。

ごく一般的な占星術の解釈では、新生児が初めて泣き声をあげた瞬間が「出生時刻」だとみなされる。「オギャア」という声は、初めてその子供が自分で呼吸をした瞬間であり、母親から独立した瞬間であると考えられるからだ、というのである。

けれど、うたぐり深い人は、それでは納得しないだろう。

もし赤ん坊が自力で呼吸するまでは独立した個人ではないのだとすれば、それまでその子は一個の生命ではないのだろうか。だとすれば、堕胎論争などは倫理的には全く問題にならないことになる。

まだ生命は「始まって」はいないのだから何をしようがそれはモノにすぎないということにな

る。

僕はもちろん、このデリケートな問題にたいして、いつが生命の始まりだなどということに口を差し挟める立場にはない。

ただ言えるのは、古代の人々も、「出生」が生命の始まりではないと考えていたということなのである。

むしろ、本当の生命の始まりは、「受胎」の瞬間にある、とそう考えていた占星術家が多い、ということを指摘しておきたい。

二世紀のアレクサンドリアで活躍した、占星術史の巨人プトレマイオスの言葉に耳を傾けてみよう。プトレマイオスは、圧倒的な影響力を放つことになる占星術書『テトラビブロス』において、このように述べる。

「気質の一般的特徴は、始まりのときによって決定される」。

「人間にとって時間的な始まりの起点は、あたりまえには、まさに受胎の瞬間なのである」。

しかしながら、受胎の瞬間を記録することは難しい。

受胎の瞬間はもちろん、男女の性交の時刻ではない。精子が女性の体の中を上って行って、卵子と結合する瞬間なのであるから、これは体内で起こることであって、試験管ベイビーの場合でもないかぎり、普通には観測することが不可能である。

そこで、占星術家は、一般的には受胎の瞬間ではなくて、誕生の瞬間を用いることになる。古典世界の占星術家の言葉を借りるならば、受胎の瞬間は「源」Sourceであり、誕生の瞬間は起動Beginningの瞬間を示している、というわけなのである。

プトレマイオスの著書は、誕生時のホロスコープの解釈についてのみ言葉を費していて、受胎時のホロスコープについては触れていない。その理由にたいして、彼はこんなふうにいう。誕生するときには、子宮のなかにいるときには備わっていなかったさまざまな要素が付け加わるので、誕生時の星の配置を用いるのにふさわしいのだ、と。

プトレマイオスの思想は、まことに自然科学的、因果論的である。

占星術というと、象徴的な連環によって支えられているものだと考えられることが多いが、プトレマイオスの占星術論の根幹には、アリストテレス的な因果論があるといってよい。

プトレマイオスは、太陽の運行が地上の天候に影響を及ぼし、マクロな、あるいは集合的なレベルでさまざまな事象を引き起こしていることを述べる。その一方で、個々のレベルでは、誕生のときに、星のエネルギーがその対象の性質に何らかの「刻印」を授け、それが、一種の初期設定となって、その後の運命のコースを導いていくというのである。いずれにしても、星は因果論的に影響を及ぼしている。

そして、個々のケースに限っては誕生の瞬間には、星がその人の生き死にからあらゆることを予告していると考えられた。初期値が設定されれば、その後の人生も予測可能である、と。「源」と「起動」の区別。プトレマイオスのこの言葉には、しかしどこか詭弁の匂いを感じざるをえないのではないか。

事実、プトレマイオスもまた過去の占星術の伝統に照らし合わせて、「受胎」の瞬間を用いる占星術があることをほのめかしている。実際には、その瞬間が分かることはほとんどない。

ならば、どのようにすればよいのか。

カギは、出生の瞬間の時の星の配置にある。出生の瞬間の星の位置が、なんと受胎の瞬間の星の配置を映し出していると、占星術の伝統では考えるのである！

これを、「ヘルメスの天秤」という。現代の占星術の世界ではほとんど顧みられることがなくなっているけれども、古典的な占星術の書物を見ると、多くの場合に出生ホロスコープを解釈したり、あるいは正しいデータであるかどうかをチェックするための技法として、「ヘルメスの天秤」のことが触れられているのである。

『テトラビブロス』を現代英語に訳したロビンズ博士は、このような訳註をつけている。「受胎の時の月の星座が、出生の時の上昇宮（東の地平線に上りつつあった星座）となる、という主張は〝ネチェプソとペトシリス〟に由来する」。

ネチェプソとペトシリスとは伝説的なエジプトの王でありその神官であり、紀元前一五〇年頃の人物だとされる。また、Ｆｒ・ボルらによると、医療神アスクレピオス信仰で有名なコス島では、占星術の学校が存在していたが、ここでは、受胎時のホロスコープが出生時以上に重視されていたという。

このような伝説的な起源をもつ技法が、占星術の伝統のなかでずっと生き続けることになる「ヘルメスの天秤」なのである。

つまり、「ヘルメスの天秤」とはこういうことだ。出生の時の上昇星座の位置は、神秘的なる宇宙の力によって、受胎の瞬間の月の位置と同じ位置になるように設定されている、というわけなのである。

「天秤」というネーミングは、恐らく出生時と受胎の時との星の配置がまるで天秤のように一種の均衡を保っているということからきているのではないだろうか。

残念ながらどこからそのようなルールが生まれたのかは不明だが、勝手に推測するならば、月は古代の占星術においては、魂のこの世への出入りの境界を表す惑星であると考えられたこと（月よりも上の世界が永遠なる世界であり、月よりも下の世界がこの世である。魂は、永遠の惑星宇宙を降下して来て、月を通過して、この世界に受肉する）、さらに、象徴的に日の出の位置である上昇点（アセンダント）は、もちろん、「誕生」を象徴しているということと無関係ではあるまい。

さて、実際には、この方法はどのように発展していったのだろうか。

一気に歴史を飛ばして、一七世紀のイギリスへと目を転じることになる。毎度のことで申し訳ないのだが、実践的な占星術のマニュアルということになれば、一七世紀中葉のテクストをしのぐものはないからだ。

「ヘルメスの天秤」の技法は、一七世紀最大の占星術家ウィリアム・リリーの書『キリスト教占星術』（一六四七）にも、またリリーのライバルであったジョン・ガドベリーの著書『出生図《ネイティヴィティ》の教義《ドクトリン》』（一六五八）にも、ほぼ同じものを見いだすことができる。

手続きはかなり複雑である。

少しややこしいが、リリーやガドベリーのテクストを参照しながら、見てみよう。リリーはプトレマイオスをひきながら、このようにいう。

「受胎の時の月の位置の星座、度数は出生の上昇点と同じである」。

しかし、月は約二八日でホロスコープを一周するので、これだけでは、受胎の時を調べるのは心もとない。そこでどのようにするか、というと、リリーは便利な表をあげて、その子供が母体のなかで何日過ごしていたかを計算する方法を告げるのである。

計算に必要になるのは、出生時刻に基づいたホロスコープである。

まずチェックしなければならないのは、月が地平線よりも上にあるか、下にあるかである。

胎児が母体のなかにいる平均日数は、二七三日であるが、もし月が地平線よりも下にあるときに生まれていれば、その子は、平均的な妊娠期間よりも、長い間子宮のなかに止まっていたことがわかる。

一方、地平線よりも上に月があるときに生まれた子供は、平均の日数よりも短い期間で、母体のなかから出て来たのであろうと読み取れる。

次に計算しなければならないのは、出生の時において、月がアセンダント（東の地平線）もしくはディセンダント（西の地平線）からどのくらい離れているか、だ。

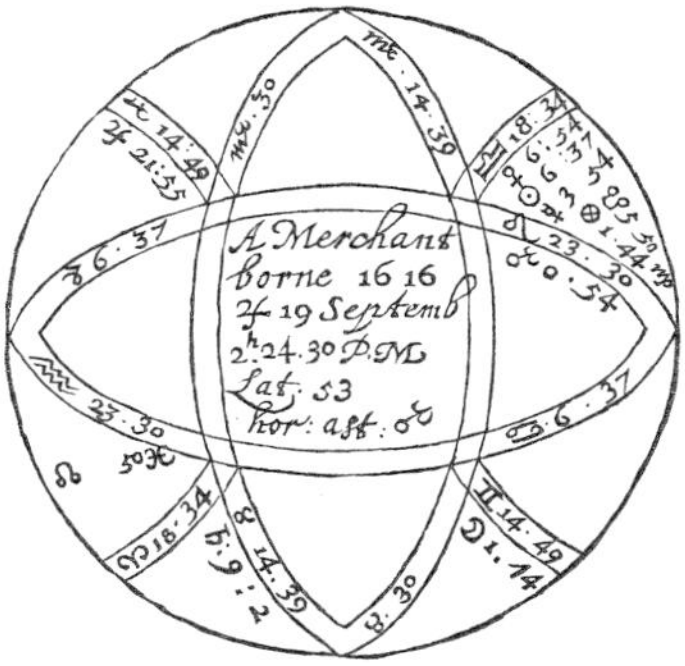

ウィリアム・リリーによる「ヘルメスの天秤」の実際の計算の図。

Signs	Degrees	The moon under the earth frō the ascendant.	The ☽ above the earth frō the 7th. house.	A Table of the moneths.	In a Common yeer.	Bissextill Yeer.
0	0	273	258	January.	31	31
0	12	274	259	February.	59	60
0	24	275	260	March.	90	91
1	6	276	261	April.	120	121
1	18	277	262	May.	151	152
2	0	278	263	June.	181	182
2	12	279	264	July.	212	213
2	24	280	265	August.	243	244
3	6	281	266	September.	273	274
3	18	282	267	October.	304	305
4	0	283	268	November.	334	335
4	12	284	269	December.	365	366
4	24	285	270			
5	6	286	271			
5	18	287	272			
6	0	288	273			

月の位置による妊娠期間の推算。

月が地平線よりも下にあれば、アセンダントから、また地平線よりも上にある場合には、ディセンダントからカウントする。そのときの単位は、星座がいくつぶんか、そして度数である。

リリーのテクストは実例をあげて説明しているのでそれを参照してみよう。

リリーが例としてあげているのは、一六一六年九月一九日午後二時二四分に生まれた商人である。上昇点は山羊座の六度二七分、月は地平線よりも下にあって、双子座の一度一四分であったと計算されている。

月と上昇点との差を計算し、それをリリーの表に照らすと、推測できる妊娠期間は、二八五日と出る（この計算部分は、リリーのテクストからそのまま転載しておくので、参照されたい）。そこで、誕生日からこの推定される妊娠期間をひけば、受胎の日時が算出できるわけである。計算すると、一六一五年の一二月一〇日になる。この日の正午の月の位置は、射手座二八度一三分であり、くだんの商人のアセンダントの位置にかなり近くなっている。月はおよそ二時間で一度動くのであるから、さらに、この日の月の動きを比例計算してゆけば、より正確な受胎の瞬間が割り出せることになるのだ。同時に、そのときのアセンダントが、出生のときの月の位置と等しくなるか、あるいはその正反対の位置にならねばならない。

もちろん、このようにうまくいく例ばかりだとは限らない。推算される月の位置が出生時のアセンダント（上昇点）からはるかに（一三度以上。月は一日で一三度以上は動かない）離れているケースでは、「ヘルメスの天秤」の公式が成立しないことになる。そのときには、「幸運の座のよい角度や悪い角度が出産を遅らせたり速めたりしていたのであろう」(ガドベリー)というから、どこまで頼りになる方法であったか、よくわからない部分もある。

とはいえ、「ヘルメスの天秤」は、宇宙から魂が降りてきて、この世界に受胎するときの瞬間を推測する魅力的な方法として信じられてきたし、また同時に、仮想の受胎時、出生時刻をすり合わせることによって、より正確な出生時刻を推算してゆくための方法としても用いられてきた。仮想の受胎の瞬間が、現実の出生時刻の修正のためにも用いられるわけである。

現代の占星術では、ほとんど「ヘルメスの天秤」は用いられることはないが、しかし、一部のエソテリックな色彩の強い占星術家は「ヘルメスの天秤」を今だに用いている。代表的な例は、イギリスのケント出身の占星術家E・H・ベイリー(一八七六―一九五九)だろう。

彼は独自の方法で、「ヘルメスの天秤」の技法を発展させて、「プレネイタル・エポック」の算出法を作り出している。

ベイリーの方法も、月と上昇点を基準にはするのだが、そこに月が満ちているか欠けているか、という月の位相を考慮するようになっているのが特徴的だ。

つまり、地平線よりも下／満ちる月、地平線よりも上／満ちる月、地平線よりも下／欠ける月、地平線よりも上／欠ける月、の四つの可能性があるわけである。それぞれに応じて、受胎のときの計算法がことなる。

しかも、ベイリーの場合にはその「プレネイタル・エポック」は、物理的な意味ではなく、より象徴的に解釈されるようになっている点を見逃してはならない。

神智学の影響を色濃く受けていたベイリーには、魂の受肉はことに大きなテーマであり、魂の進化を考える上で見逃すことができないものであった。ベイリー自身の言葉を借りるなら、それは、「モナドがアストラル界へと下降する瞬間」を示しているのであり、よって、出生図よりもより顕著にその人物の魂のありようを示すことになるのだというのである。

このような解釈は、もちろん、現代の科学的な占星術研究家によって多くの批判にさらされてきた。占星術を統計科学に乗せようとするジェフリー・ディーンなどは、こうした「プレネイタル」の技法を、「全くもって誤り」だとみなしている。

一九七七年に出版された、占星術全般に対する詳細な統計調査の結果では、プレネイタル・エポック、「ヘルメスの天秤」の技法についてその有効性は全く証明されないことがわかった。

この技法を使って、出生時刻を修正しようとした占星術家は、すべて失敗したし、また理論的にもかなりの無理があることも指摘されている。古典的占星術の技法は、科学のメスの前にコテンパンにやられてしまった格好になっているのである。

しかしながら、受胎の瞬間を使う方法をあきらめない占星術家は少数ながらいる。ニーク・シェップス Niek Scheps というオランダの占星術家は、一九九〇年にイギリスのエレメント出版から、『ヘルメスの天秤』なる本を世に問うている。シェップスは、主にベイリーの方法によりながら、プレネイタルの瞬間図と、出生図とのすり合わせをもとにして、歴史上のさまざまな人物たちの出生時刻の修正にチャレンジしている。シェップスは、さらにホロスコープの三六〇度の円の一つ一つに独特のシンボルを当てはめる技法（サビアン・シンボル）を用いて、そうして修正されたアセンダントが、より美しくその人物を描写していることを示しているのである。

サビアン・シンボルとは、今世紀になってから、アメリカの霊能者の女性が、それぞれの度数を「霊視」して授かった象徴群のことだ。占星術の伝統からすれば、なんとも「勝手に」付け加えられたものであるのは確かだが、一つ一つが面白いのでかなり人気がある。「人間性占星術」の祖であるルディアやマーク・エドモンド・ジョーンズという、主にアメリカ、カナダの大物占星術家が認めて広めたこともあって、今ではかなり支持されている。

さらに、こうした度数のシンボルには、いくつかの種類があって、シェップスは、オランダの占星術家コッペハンが用いているものも同時に使っている。

シェップスの著書では、詳細に一つ一つの計算が詳しく紹介されているが、ここではそれらをあげていっても退屈なだけであろうから、結果のみをご紹介することにする。

例えば、詩人ノヴァーリスの場合。受胎チャートを計算し、さらにそれから出生時刻を修正したところ、獅子座の七度が上昇していることが判明。一般に与えられている時刻では獅子座の四度だから、三度ほどの差が出てくるわけである。

さて、この度数に上げられるシンボルは何か。

オランダ式のシンボルでは、

「ライオンの背に乗る一人の男。その右手には、その先端に星のように輝くまばゆいダイヤのついた杖をもっている」。

アメリカ／カナダのシンボルでは、

「砂漠の暗い空に輝く星々の星座」。

いかにも、魂の暗い夜を照らした詩人にふさわしいものであるといえる。

このようなシンボルが、「どうとでもいえる」ものなのか、あるいは、「魂の本質についての洞察を与える」ものなのかは、あえて触れまい。

ただ、受胎、受肉、そして出生という生命の神秘の流れにたいして、星がある種の連続性を保証しているのだ、という考え方にリアリティをもしあなたが感じたとするのであれば、それこそが数千年の間続いてきた、占星術的感受性をあなた自身が抱いていることの証左だということになるのではないだろうか。

上なるものは下なるものの如し。ヘルメス学の有名な格言である。

もし人間に当てはまることがあれば、世界にもそれは当てはまるはずだ。

「始まり」の瞬間の探求は、各個人ばかりではなく、世界のほうにも向かって行く。

もし、この世界が創造された瞬間の星の配置がわかれば、この世界の運命もわかるのではないか、ということになるわけである。

そのような考えは、プラトンにまでさかのぼることができる。

プラトンは、世界の始まりのとき、つまり、「グレート・イヤー」の始まりのときには、七つの惑星が一カ所にあつまると考えたのであった。

バビロニアの伝統をひくベロッソスは、惑星が山羊座、あるいは蟹座に集合するときに、世界は大火災あるいは洪水によって刷新されると考えた。

一方、ギリシアでは、黄道一二宮の始まりである牡羊座に惑星が集合するときに世界が始まったり、更新されたりすると考えられるようになったのであった。

世界は、星の巡りとともに更新される。長大な年月のなかで、何度も何度も「始まり」を経験する、というのである。

世界の始まりのホロスコープは、いろいろな占星術家ないし神学者によって提唱されるようになってゆく。

最も初期の例を見るのなら、ローマのフィルミカス・マテルヌスのものだろう。彼は、世界のホロスコープの図として、このようなものをあげる。四世紀のこの占星術家は、古代エジプトの記述を引用するといいつつ、象徴的なかたちで、図を掲げるのである。

この図を見ると、月は蟹座、太陽は獅子座、水星は乙女座、金星は天秤座、火星は蠍座、木星は射手座、土星は山羊座の、それぞれ一五度に位置していることがわかる。

もし占星術になじんでいる方ならすぐにわかるだろうが、ここにあげた配置では、それぞれの惑星が自分の支配する位置にある。いわば、世界が動き始めたときには、惑星の神々は自らが支配する宮にあったということなのであろうか。

もちろん、これは、シンボリックな配置であって、現実の星の配置ではあり得ない。というのも、太陽と水星、太陽と金星がこんなに離れることはあり得ないからだ。

水星と金星は、地球よりも太陽に近い軌道をめぐる内惑星である。ということは、地球から見ると、必ずこの二つの星は、太陽に比較的近いところにあることがわかるだろう。金星が夕方か明け方の、地平線近くにのみ見えることを思い出していただきたい。

したがって、フィルミカスも、これが一種の象徴的なチャートであることを理解していたはずである。

一方、一七世紀の占星術師ガドベリーも同じように、世界創造のときの図を掲げている。ガドベリーのチャートは、実に印象深い。それぞれの惑星は、フィルミカスとはかなり違う星座にある。その度数はかなりずれているのだが、これは、占星術の伝統のなかでは、「ディグニティ」を得る度数となっている。それぞれの惑星は、ある星座のある度数で、そのパワーを強力に発揮

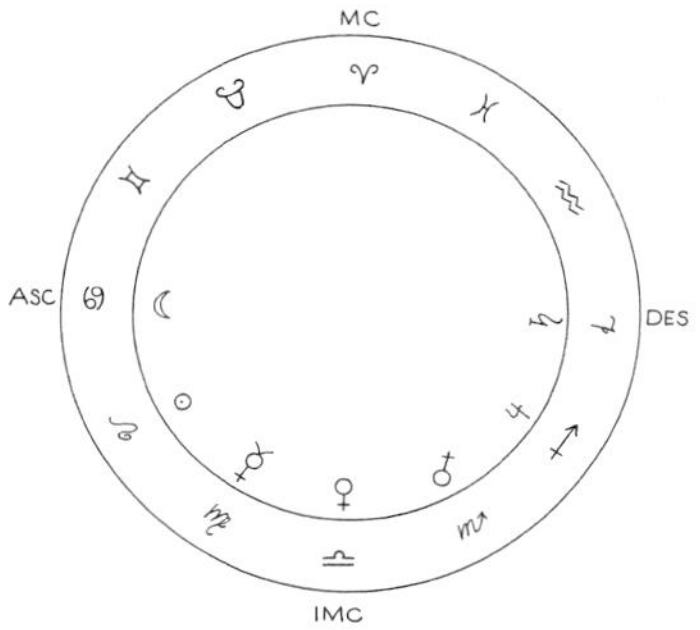

フィルミカスの世界の始まりのホロスコープ

する。これを「ディグニティ」の度数というのだが、ほとんどの惑星が、ディグニティを得る配置におかれている。

ただし、水星のみがここでは例外となっている。水星は牡羊座の一〇度、天頂におかれている。一体、これはどういうことなのであろうか。これはガドベリーの創案であろう。本来宇宙創造の秘密というキリストのみに知り得る、人知を越えた試みそのものを、このチャートは示しているとみなしたのだろう。

知性の星である水星は「乱暴な牡羊座」にある。そして、それは太陽の「光線の下」（アンダー・ザ・サン・ビーム。太陽のそばにある惑星は、その強力な光によって、影響力を発揮できなくなってしまうという）にある。

つまり人間のはかない知性の力を暗示しているというのである。

なお、ガドベリーのこの世界のホロスコープは、もともとササン朝の占星術テクストにあったものを、ルネサンスの占星術家ティベリオ・ロッシリアーノが複写したものから来ていると思われる（ただし、これは最初の人間のホロスコープだと解釈されていた）。

ロッシリアーノの図では、水星は双子座におかれていて、ディグニティを得ている。水星の位置を動かしたのは、ガドベリーの創意なのである。このあたりに、完璧すぎる図を形成することを、ガドベリーが遠慮したのだということが伺えて面白い。

よく考えれば、聖書の伝統にもとづく限り、世界創造の図には矛盾があることになる。

星々の創造は、世界の創造よりもあとになってからのことであるから、世界の創造のときには、星があるはずがない。

ガドベリーは、過去の例をひきながら、世界が創造されたときの季節が夏であったとか（エジプトではナイルの氾濫の季節）、春であったとか秋にあったとか（つまり太陽が蟹座、天秤座、牡羊座にある）、といったことが取り沙汰されている例を紹介している。

しかしながら、本来は、世界の始まりには季節などはなかった、ということになる、とガドベ

17世紀イギリスの占星術家ガドベリー。

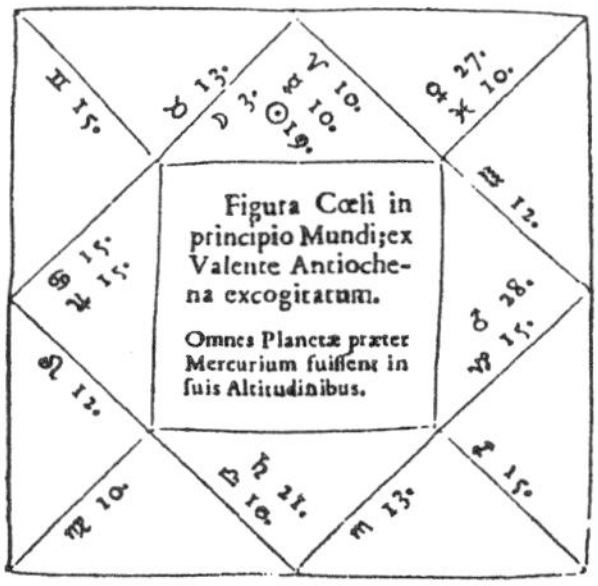

ガドベリーの世界のホロスコープ。

リーも認めている。彼は、世界創造の図は、あくまでも象徴的なものだと考えていたわけだ。「始まり」を求める心は、占星術においては、受胎の瞬間へ、あるいは世界の創造の瞬間への関心を生み出して行く。

それは、独立した存在としての世界、あるいは個人がいかにして可能になったのか、永遠の連続性のなかから、「個」がどんなふうに切り出されてくるのか、という関心ともつながっているのだろう。

そして、人はその始まりのときが、星に祝福されていることを、心のどこかで祈っているに違いないのだ。

あなたの「始まり」のときに、星はどんなふうに祝福してくれていたのだろうか。

参考文献

William Lilly, "*Christian Astrology*", Regulus.
Firmcus Maternus, "*Ancient Astrology Theory and Practice*", Noyes Press.
John Gadbury, "*The Doctrine of Nativities*", Ascella.
Nicholas Campion, "*The Book of World Horoscopes*", Aquarian Press.

占星術の魔術と科学

碩学フランセス・イェイツは、ボッティチェルリの名画「春《プリマヴェーラ》」について、驚くべきことをいっている（『ジョルダーノ・ブルーノとヘルメス主義の伝統』）。

フィチーノの魔術の学の文脈に照らし合わせて見ると、この絵画は複雑な護符、魔術の実践的応用とみなすことができるようになる。それは宇宙の健康な影響力を持ち主にひきよせ、土星に対抗する力を与えるものだ。

学校の美術史の時間に必ずといっていいほど参照される、あの有名な「春《プリマヴェーラ》」。「ヴィーナスの誕生」と並んで有名なあの絵画が、魔術的な力を秘めた「護符」だとイェイツはいうわけである。しかも、それは、「土星の力」に対抗するための、占星術的なものだとフィチーノはいう。

ボッティチェルリ「春《プリマヴエーラ》」

護符といえば、こっそりと魔術師が地下室で人知れず儀式をとりおこない、また人目には触れないようにしておくものだと考えがちだ。けれども、イェイツの考えでは、宮廷の壁にかけられていた、あの巨大な美しい絵画が、それ自体で一つの魔術的な効果をねらったものだというのである。もしこの仮説が正しいとすれば、ボッティチェルリのこの作品は、世界でももっとも美しく、もっとも精巧な魔術的護符だということになる。

一体、どういうことなのか。フィチーノの魔術の文脈とは何なのか。

ルネサンスの魔術思想を解説するには、力不足なのは承知の上なのだが、僕なりにイェイツやウィントのテキストを参照しながら、その意味をご紹介してみたい。

フィレンツェ・ルネサンスを率いた文化的リーダーにマルシリオ・フィチーノという人物がいることはご存じだろう。メディチ家のパトロネージュを受けて、プラトンを翻訳し、ラテン世界に再びプラトニズムを引き入れた人物である。フィチーノは、ルネサンス人らしく、実に多彩な人物であった。哲学者であるばかりでなく、医師でもあり、神学者でもあり、司祭でもあり、音楽家でもあり、そして占星術家でもあって魔術師でもあった。プラトンとならんで、今では、新プラトン主義、ヘルメス主義と呼ばれる、ヘレニズムの神秘思想も彼によって同時にルネサンス社会に紹介され、このような思想が、ルネサンスの芸術に大きな影響を及ぼしたことは、今ではイェイツを初めとするワールブルグ学派の仕事によってよく知られるようになっている。

フィチーノは、占星術に深い関心を寄せ、実践していた。その証拠に、彼は自分自身の出生天宮図に対する土星の悪影響に悩まされていたらしい。

フィチーノは、自分のホロスコープをこんなふうに、友人にあてた書簡で描写している。

「近ごろ私は、いわば自分の望みが何なのかわからない。あるいはおそらく、自分が知っているものを望まず、知らないものを望んでいるのだろう。双魚宮（魚座）に静止している君の木星の善意が君に保証している安定を、獅子宮を逆行している私の土星の悪意が私に拒んでいるのだ」（パノフスキーほか『土星とメランコリー』）。

フィチーノのホロスコープを見ると、土星に支配された水瓶座が東の地平線から上昇しており、かつ土星そのものも地平線のそばにあることがわかる。フィチーノは土星の下に生まれていたのであり、土星の悪影響についてとくに敏感であると彼も考えていたのであろう。土星は、占星術の伝統のなかでは「大凶星」であった。この暗く重苦しい星は、古くは死や病やもろもろの災いを招く星であるとされていて、とくに古い医学の体液論と結び付いてからは、黒胆汁と関連づけられ黒胆汁の過多がもたらすメランコリー（憂鬱）のひきがねになると考えられたのだった。メランコリーは、今で言えば、鬱病のようなものだと考えればよいのであろうが、しかし、プラト

マルシリオ・フィチーノ

ニズムの伝統では、これはただただ暗く悪いものではなく、神的狂気へとつながる哲学者の資質だと考えられるようになる。さきのフィチーノの書簡を受け取った友人も、「プラトンも同じ土星の下に生まれていた」といって、フィチーノを叱咤激励しているのであるが、それに応じるかのように数年後には、フィチーノも土星のもつ肯定的な面を論じるようになっている。とはいえ、土星が重苦しく、メランコリーの病をひきおこす惑星であることには変わりはない。とくに哲学に没頭する思想家は、土星の力を過剰に招き入れやすいことは確かである。魂の医師を自認していたフィチーノは、そこで、土星の力を緩和するための処方箋をいくつも、その著書『三重の生について』のなかで書き残している。

例えば、ワインを飲むこと、明るい音楽を聴くこと、太陽の光を浴びること、などなど。こうした愉しい営みは、土星の暗い力とは正反対の力をもつ、太陽や金星、木星などの力を引き寄せ、土星／メランコリアの力に対抗する働きがあるという。

フィチーノはそれに加えて、土星の力へのワクチンとして、魔術的な図像を描くことを勧める。木星の力を引き寄せるには、木星の神であるユピテル（ジュピター）の像を透明ないし白い石に刻み込む必要がある。この像は、王冠をかぶり、鷲あるいは龍の上に座していて、黄色の服を着用していなければならない。しかも、この護符はいつ作ってもよいというわけではなく、木星の力が最高に高まるように、木星が蟹座の一五度に位置するときに作成するべきである、というのである（星はこの位置で最も良い力を発揮するという）。

面白いので、ほかの惑星の力を引き寄せる護符もご紹介しておくと、太陽の力を呼び起こすのは、玉座に座り、黄色の衣を身につけた王であり、これは病を癒す力をもっている。金星は幸福と肉体の力を招くが、この図像はリンゴと花を手にし、白と黄色の服をきた若いヴィーナスの図像で表される。水星は、ヘルメットを被る、やはり玉座に座った男の姿。脚は鷲のそれであり、左手には鶏か火をもつ。この水星の像を大理石に刻めば、機知と記憶を増進させ、かつ熱にたいしての効果をもつというのである。このような図像は、アラビア占星術のテクストである『ピカ

ルネサンス時期の写本に見られる木星の像。「ピカトリクス」起源の木星の護符の図像（鷲に乗り、炎のような矢を手にする男）が忠実に描かれている。

トリクス』に登場するものであり、フィチーノが長い占星術の伝統の上に立っていたことは間違いがない。さらに、この伝統は続いてゆき、一六世紀に出版された、コルネリウス・アグリッパの『オカルト哲学』にも見ることができる。

アグリッパは、長寿を呼び起こすために木星の図像を描くことを勧める。その図像は、木星がよい星座での位置にあって（エギザルテーション、木星が蟹座に入ってその影響力を「高揚」させていること）しかも地平線から上っているときの、しかも木星の時刻に作らなければならない。

惑星時間《プラネタリー・アワー》とは何か、ここで説明が必要だろう。

占星術の伝統では、曜日は七つの惑星の支配をそれぞれ受けていると考えられる。日曜日はもちろん、太陽の、そして火曜日は火星の影響を受けているわけである。

さらに、一日の時間は、それぞれ順に惑星の影響を受けることになる。一日を昼と夜に二分し、そして、昼と夜の時間を一二に分割して、それぞれが惑星の支配を受けると考えるのである。季節によって昼と夜の長さは変わってくるから、それぞれの「惑星時間」の長さは一様ではなく、計算はやっかいであるが、この惑星時間も、占星術の判断や魔術の操作にとっては重要なものだとされていた。木星の影響力が強くなる時刻を注意深く選んだ魔術師は、フィチーノと同じように、白い石に、王冠をつけていて、サフラン色の衣をまとい、鷲かドラゴンに乗っている男を刻むという。その男は右手に矢をもっていなければならず、その矢は、鷲かドラゴンのほうに向けられている。

このような、石に刻まれた護符の現物ないしその写真は、残念ながら見たことはないけれども、ワールブルグ学派の学者たちは、そうした占星魔術的なイメージをあちこちから拾い集めてくることに成功している。有名なセズネックの『神々は死なず』には、「ピカトリクス」起源、フィチーノ経由の木星の図像が、イタリアの写本のなかに見られることを示している。

また、よく知られているところでは、「ピカトリクス」に登場する、三六のデカンの神々の図

スキファノイア宮の壁画に見られる、デカンの神の肖像。
ここには、牡羊座の第一デカンの神が見られる。

像が、フェラーラのスキファノイア宮の壁画に見られることもあげられる。一二の星座宮は、それぞれ三〇度の幅があるのだが、この三〇度は、さらに一〇度ずつの幅に三等分され、そのひとつひとつをデカンという。

デカンは、エジプトの占星術に由来し、アラビアによって完成された。古代の占星術においては、そのデカンは擬人化されて神々のイメージが与えられていた。

例えば、牡羊座の第一デカンは、「ピカトリクス」によれば、黒人で白い服を着ていて赤い目をしている。アグリッパによれば、これは大胆さや豪胆さを表しているのだという。この描写と合致する図像がイタリア貴族の宮殿の壁画を飾っているのである。これなども、占星術の図像がいかにヴィジュアルなかたちで、ルネサンスの時代に復活し、文化のなかに入り込んでいたかを示すものだといえよう。あるいは、そうした図像が、何かの魔術的な影響力を発揮することを期待されたのだろうか。あるいは、ただただこうした図像は、あくまでも、貴族たちのディレッタント的、衒学的趣味の現れだったのだろうか。

フィチーノが星の影響力を信じ、それと調和して生きることが健康のために役立つと信じていたのはまぎれもない事実である。が、キリスト教の司祭でもあったフィチーノが、占星魔術の記述をすることは、異端すれすれの行為であっただろうし、慎重を期す上で彼はこれがデーモンを呼び出す魔術ではないと繰り返して述べる必要があった。

あくまでも、星の力は自然の働きなのであり、それを操作することなのだ、と。

このような文脈で見て来たときに、「春《プリマヴェーラ》」が、フィチーノ流の護符である、という主張の意図がようやくつかめるようになるだろう。イェイツは、ゴンブリッチなど図像学者の分析をひきあいにだしながら、この大きな絵画がフィチーノ流の占星魔術の護符だと考えるのである。この図像の最も左の人物は、マーキュリー、水星である。マーキュリーは、杖を振り上げて、天と地の間の精気の流れを引き起こしている。三美神は、ここでは、太陽、木星、金星であるかもしれず、中央の人物像が金星であることはほとんど確かである。

フィチーノは、その『三重の生について』のなかで、魂と体の健康を保つためには、「宇宙の図像」を作成し、それをいつも目にすることを勧めている。その図像は、好ましい惑星の力を引き寄せて、土星を避けるためのものだ。しかも、フィチーノは、ただこのような護符を作成するばかりではなく、その図像を魂のうちに、想像力によって心のうちに思い描くべきことを勧める。いわば、これは観想なのである。太陽や金星、木星が描かれた「春《プリマヴェーラ》」は、このような「宇宙の像」であり、この図像を捧げられたロレンツォの従兄弟ロレンツォ・ディ・ピエロフランチェスコが、この美しい壮麗な絵画を通して宇宙の精気と触れ合っていたと想像するのは、実に楽しい。

話は少し横道にそれるが、「春《プリマヴェーラ》」の解読については、やはりワールブルグ学派のエドガー・ウィントの『ルネサンスの異教秘儀』のなかの論を参照しないわけにはいかない。ウィントの主著であるこの書は幸い邦訳もあるので、その論を詳しく紹介することは避けるが、要するに、ここにはフィチーノ流のプラトン的愛の思想が集約されているのであり、天と地をつなぐ精気の流れが表されていると読むことができる。

そう思って、さらにウィントからも離れて改めて想像力を働かしながらこの絵をみると、右端の風の神から流れ込んで来た精気が、春の女神に吹きかけられ、その力が今度は三美神を通して、ヘルメス（マーキュリー）にいたり、マーキュリーの杖が今度はその力流を天に返し、それがクピドの矢に力を与えて、春の女神、地上に向かって愛の力が投げ返される、というひとつのエネルギーの流れが浮かび上がってくるような気もしてくる。これは、美術史を学んだことのない、全くの素人考えの妄想、あるいは綺想にすぎないのだけれど、イマジネーションを通してみると、この絵画が、まるで密教のマンダラのように、宇宙を満たす霊的なエネルギーの流れとその展開を表現しているもののようにすら感じられてくるから不思議である。学校で習うこの美術史上の名品は、魔術―占星術的想像力をもつものにとっては、かくも美しく、かくも優美なる最大の聖画となって眼前に迫ってくるのである。

今度フィレンツェを訪ねることがあれば、ウフィッツィで、この絵を前にしながら瞑想でもしてみようか。いや、あの雑踏のなかではそれは無理というものだろう。ならば、フィチーノが勧めるように、せめてこの絵の複製だけでも、寝室に飾っておく、という程度で我慢することにしよう。

少し筆がすべりすぎたようだ。このあたりで、占星術の伝統そのものに立ち返ることにしよう。占星術と魔術の怪しげな関係をさらに探って行ってみることにする。

神学者でもあるフィチーノが、そうした魔術をどこまで実践していたのかは、不明確である。歴史家ウォーカーによれば、フィチーノ自身がそうした惑星の護符を自ら作っていたという証拠はまだ見つかっていないようだ。

フィチーノは、もっと控えめに、例えば、オルフェウス的な音楽を奏でるとか、楽しいサロンを主催するといった方法によって、自身のメランコリックな性質、土星の影響力を「緩和」していたのであろうし、ましてや、その護符の力によって、さまざまな現世利益を求めることなど考えも及ばなかったことであろう。

しかし、いわゆる「魔術奥義書《グリモワール》」、と呼ばれるような、中世からルネサンスにかけての魔術書をひもとけば、そのような遠慮など全くみられない。

「ソロモン王の鍵」だとか「赤い龍」、「ホノリウスの魔術書」などなど、俗に「グリモワール」

と総称されるような奇怪な魔術書がヨーロッパにはいくつも存在する。

現在、オカルト映画などで「黒魔術」のシーンが描かれるときのイメージの源泉がそれで、怪しげな魔法円を描き、悪魔やら精霊やらを呼び出すという奇怪な術の処方が載っているものである。マンガで有名になった「エロイム・エッサイム、我は求め訴えたり」というアレ。僕も幼いころには、種村季弘氏や澁澤龍彥氏らが紹介した、そうした魔道の世界におびえつつもあこがれたものだった。

そんなグリモワールのなかには、惑星の力を召喚するものがいくつも登場する。最も有名な魔法書である「ソロモン王の鍵」には、何種類もの惑星の護符が登場する。こうした惑星の護符を縦横に駆使することによって、さまざまな願いをかなえることができる、というのである。

最近刊行されはじめた『歴史における魔術』シリーズ（ペンシルヴァニア州立大学出版）の一冊には、現在ケンブリッジ大学図書館に所蔵されている『天使、リング、惑星のキャラクター、像の書』のラテン語と英語の対訳ならびにその解説（ジュリス・リダカによる）が収められていて、ヨーロッパの惑星魔術の一端を知ることができる。この書物のタイトルは長いので、以下『天使の書』としよう。『天使の書』は、一五世紀中頃の翻訳者オスベルン・ボッケンハムの手になるとされているけれども、もともとの執筆者はいまだによくわからないらしい。

この書には、惑星の力を呼び出すための方法が述べられる。それは、実に奇怪である。

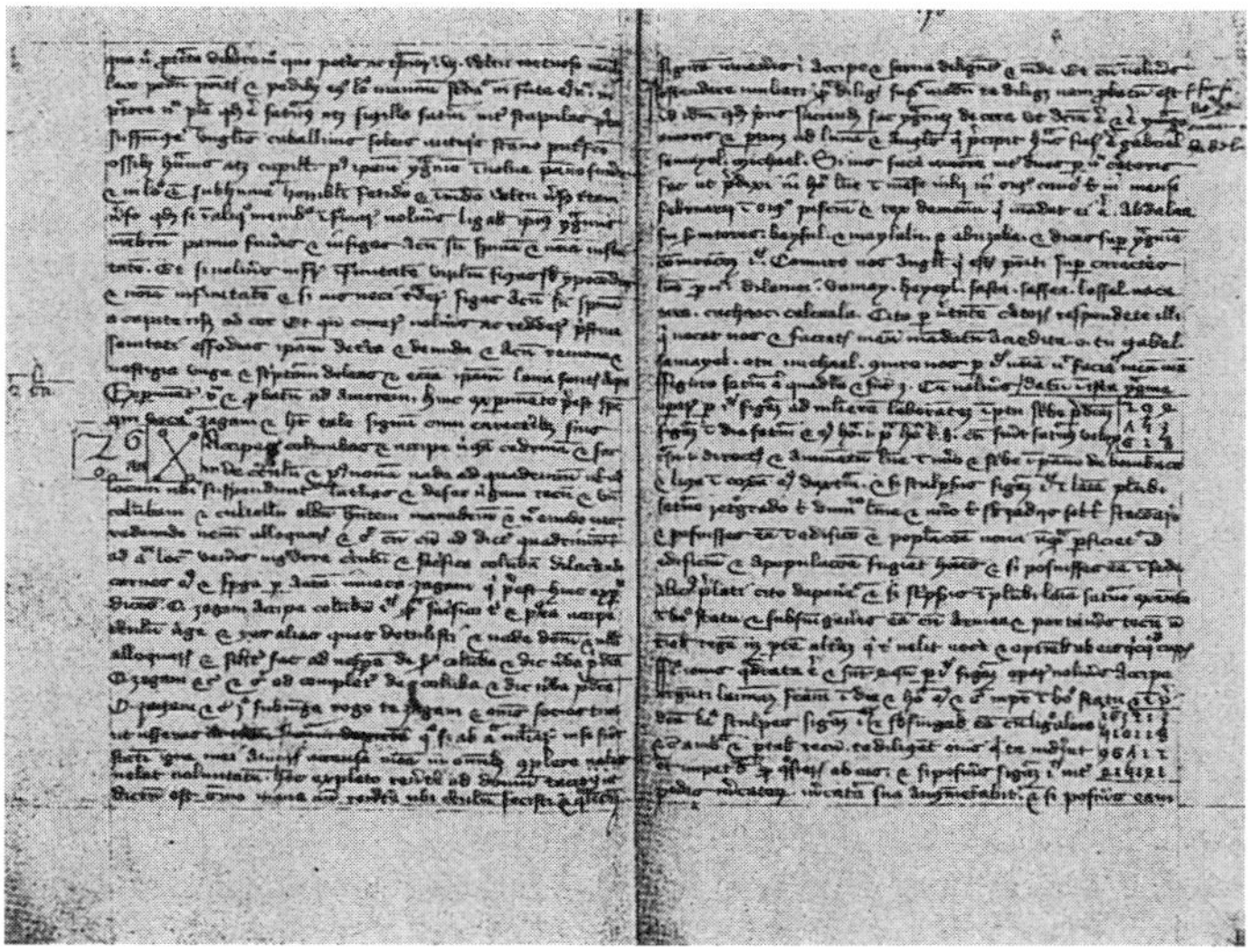

ケンブリッジ大学図書館にある、「天使の書」の写本より。

例えば火星の力を呼び起こす方法。家の暖炉のなかに、鳥を投げ込んで犠牲に捧げる。その鳥の血液をとっておいて、羊皮紙に火星の天使の名前とその精霊の図像を描く。もし、武装した兵士あるいは城、あるいは、模擬戦を出現させたいと願うなら、あるいは、戦において勝利を得たいと望むのであれば、地面に火星の天使の名前を刻み、その紙を広げればよいのである。そうすると、そこに望んでいるものが出現するだろうし、また紙を畳めば、そうしたものが消えるであろう、という。

改めていうまでもないが、火星は戦いの神であるから、火星の天使は、そうした戦いの様子を現出させる力があると考えられたのであろう。しかし、それにしても、地面に惑星の天使の名前を刻むだけで、まるで蜃気楼のように、兵士が現れたり城が現れたりするというのだから、本当に奇妙である。

一体、このような魔術を行って成功したものがいたのであろうか。強力な暗示力をもつ魔術師であれば、一種の幻覚を呼び起こすことができた、ということなのだろうか。あるいは、これは何かの暗号であって、正しい読み方をすれば、そこに何かの真理があるのだろうか。それとも、全くの妄想の産物であって、意味がないということなのだろうか。

さらに、この書にはフィチーノが勧めるのにも似た魔術護符の作成方法も紹介されている。もちろん、自然魔術師フィチーノのそれよりも、魔道書に紹介される護符は、ずっと奇怪であり、また、恐ろしげなものでもある。

火星の護符の作成方法を引用しておこう。

火星の支配する時刻に、ワックスかブロンズで火星の像を作る。そこには、火星の天使の名前を刻み込まねばならない。その火星の天使の名前とは、Saliciel, Yaachel, Harmanel であり、また命令を下す悪霊の王の名前は赤い闘士、その三人の従者は Karmel, Yobial, Yfasue である。その図像に向かって、次のような呪文を唱えよ、とこの魔術書はいう。

我、エーテルのなかを飛翔する天使の書記を召喚す、アニノス、ガイディス、スキャデクソス、アメス、ヘイベス、ハヨニュイノス、マハマタス、ハジャラスよ。速やかに来れ、汝サマティエル、おお、汝カシエル、おお、汝ヘルマネルよ。ベシャハマールと、すべて、アルナニスとエルクスとユーデルムスの名にかけて、喜ばしき名をもつものあり。速やかに来れ、ラタレオレアス、ポロレイジ、キャプトン、星と大地を支配する一人の王の名によって、唯一無二の、偉大にして至高の王によって。速やかに、おお、サラチエル、おお、汝タクサエル、ならびに汝ハルナリエル、我、赤き王とその従者をあらしめん。

この護符があれば、望むものは何でも破壊することができるという。この護符は、最後には河の流れの中に破棄しなければならない。確かに、こうした魔術を実践していたものはいるに違いない。

なお、この書物には、数字を組み合わせた方形の魔法陣も掲載されており、それぞれの惑星の力を引き寄せるものとして紹介されてもいる。有名なデューラーの『メランコリアI』には、土星と黒胆汁質を表す悲しげな天使が描かれているが、同時にその図像のなかには、木星の力を呼び起こす魔法陣が含まれてもいる。これは、フィチーノ的な「土星の力を緩和する」ための装置だと解釈できるのである。

占星術が魔術的世界観の一部をなしていることは、現代の僕たちには自明のことに思われる。占星術は星の力によって未来を予知したり、あるいは、運命を知ったり、性格やら才能やらを分析しようとする営みであるが、そうした試みは、全くもって「科学」的ではない。また、同じように惑星の力を呼び起こして、それと感応しあうという一種の魔術的な操作も「科学的」なものではない。フィチーノが、それを自然魔術と呼ぼうがなんと呼ぼうが、それは、多神教的な世界であり、かつ、一種の霊的な魔術であることには違いがないだろう。

占星術がそうした「オカルト哲学」「オカルトサイエンス」の一部をなしていることはすぐに納得されるだろう。しかし、古典世界、ルネサンスから一七世紀の占星術のテクストを、拾い読みしてきて気が付いたことは、占星術の主な潮流のなかでは、「占星術」と「魔術」の伝統は、明らかに分離している、という奇妙な事実であった。占星術というのは、「オカルトサイエンス」のなかでも、少し特殊な位置を占めているのではないか、というのがあくまでも直感のレベルではあるのだが、最近の僕の理解なのである。

本書で何度も紹介してきたような、一七世紀のウイリアム・リリーのテクストやニコラス・カルペパーのテクストを読んでいる限り、ホロスコープの解読はあくまでも、機械的な手順にのっとっていて、正しい手順を踏んで正しく占星術のルールを適用することができれば、正しい結果が導けるということが前提にされているように読める。そこには、イメージの連想を自由に広げて行くような業はない。ましてや、イメージを呼び起こして、そのイメージと触れ合うことによって、宇宙に満ちる霊気やスピリットと触れ合う、という感触はない。魔術と占星術は知らぬ間に離婚していた。

一九世紀の末から二〇世紀にかけて、イギリスやフランスで魔術の復興運動が起こったが、その立役者となった「黄金の夜明け」団の魔術師たちの活動を見ても、ホロスコープを作成しての占星術実践は、驚くほど小さな領域しか占めていない。「黄金の夜明け」団は、魔術の知識を体

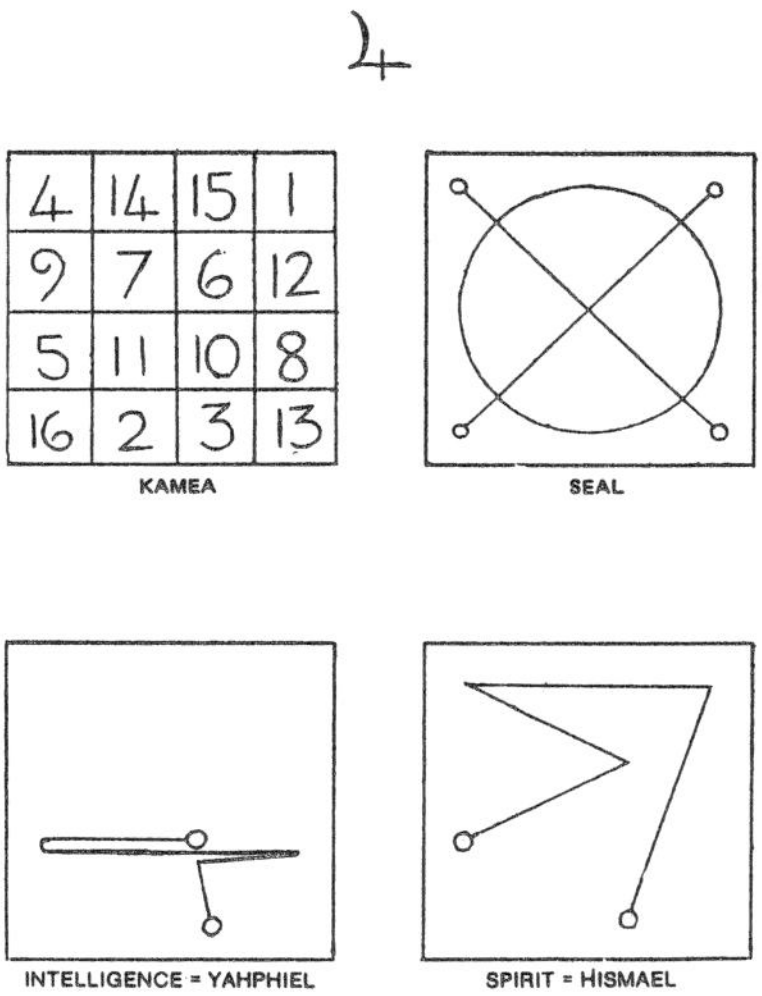

アグリッパの「オカルト哲学」にも見られる惑星の護符や魔法陣。これは木星のもの。

系化して、魔術師を育成する教育システムを作り上げたことで知られる魔術結社である。そこでは、ありとあらゆる魔術的シンボリズムが教えられた。むろん、占星術もそのなかには含まれる。惑星や一二星座のイメージも、アグリッパ以来の伝統として、徹底的に教育された。

しかし、興味深いのは、それはあくまでもシンボリズムであって、ホロスコープを作成して、それを詳細に分析する、ということは活動の中心にはなっていなかったように見える。彼らが作った魔術のカリキュラムでは、占星術は、すでに十分な知識が団外でも得られるため、という理由で、ほんのわずかしか触れられていない。

最近、「黄金の夜明け」団の高位メンバーでもあったブロディ・イネスの書いた占星術講義文書が復刻されて出版されたが、それを見ても、ごく基本的なホロスコープの作成方法と、春分点の歳差運動についての知識が伝えられるのみであり、チャートを詳細に解読してゆくというところまではふみこんでいない。

彼らが占いに関心をもたなかった、というのではない。

例えば、彼らはタロットを徹底的に深めてオカルト化し、かつ実践にも熱心であった。現代のタロットの復興に決定的な影響を及ぼし、その会員たちの手で現代の名作と呼ばれる「ウェイト版」や「クロウリーのタロット」などがいくつも作りだされた。ノーベル賞詩人のウィリアム・バトラー・イェイツとアニー・ホーニマンらは、ホラリー占星術を実践してもいるけれども、それはあくまでもタロット占いと併用してのことだった。魔術的の実践とホロスコープの解読という営みは、どこからか分離していったように思われるのである。僕がこのことに気が付いたのは、ユング心理学を中心にした心理療法と占いとの関係についてあれこれ考えていた最中のことだった。ユング的な心理療法においては、夢に出てきたモチーフを、さまざまな神話的な素材を使って「拡充」してゆく。夢のなかには、個人の背後に布置《コンステレート》されている元型的状況が現れることがあり、それを神話をつかって、見透かして行こうとする試みがなされるわけである。

易を初めとする多くの占いも、同じである。タロットや易といった素材は、元型の布置がどのようにおかれているかを見透かすための装置だと解釈することができる。

占星術も基本的には同じだろう。出生年月日や生まれたときの星の配置を通して、その元型的な「布置」を透かしてみたり、あぶり出したりすることができると考えるわけである。

が、易やらタロットにおいては、「イマジネーション」の動きがとても重要なものとされる。連想関係が広がったり、ときには、ヴィジョンのようなかたちで（ユング派ならばアクティヴ・イマジネーションというだろう）メッセージが得られたりもする。グルモワールに見られるような、奇怪な魔術は、一種の、元型的想像力の所産だとも解釈できるだろう。そうしたイマジネーションのなかでは、宇宙は多神教的であり、精霊たちに満ちているのである。しかし、古典的、伝統的な占星術ではそうしたことはほとんどない。あくまでもルールの適用が重視されるのである。そこで起こっている解釈は、極めて記号的、一義的なものであり、ほかの多くの占いがもっているような多義性や自由なイマジネーションの立ち現れといった躍動感は見られない。そのかわり、整合性の高さや過去の判例との照らし合わせといった、パズル解きのようなおもしろさがあるのである。

二〇世紀の占星術は、ユング心理学と結び付いた。それは、一九世紀の末から二〇世紀に復興した占星術が、いったん古典的な占星術と断絶していたことと深い関係があるのだろう。厳密で体系的な占星術のルールが見失われていたために、ホロスコープをゆるやかなルールのなかで、一種の連想の素材として扱うことが可能になったのである。なかには、心理ドラマと占星術を結び付けて、自分で惑星を「演じ」、ロールプレイをすることによって、セラピー的に占星術を用いるという動きもある。

また、惑星のイメージを絵にかいたり、写真に取ったりして、その力と触れ合ったり、あるいは感じ取るという試みもあるくらいなのだ。現在、古典占星術を復興しようとする研究者たちは、このような「ルーズ」な心理占星術にたいして批判的であることが多い。それは、占星術の伝統から外れている、というわけであり、また、正しい占星術とは別物である、というのである。確かに、それも一理あるのだが、フィチーノやアグリッパの占星術の伝統を見ていると、そうとばかりはいえないような気もしてくるのである。

占星術には、最初から二つの態度がその潮流のなかに含まれていたのではないだろうか。一つは、宇宙を宿命の機械としてみなしてゆくような、厳密なホロスコープ解読法としての占星術。これは、プトレマイオスに直接さかのぼることができ、一七世紀のリリーに長い歴史のなかで流れ込んで行くような占星術である。もう一方は、よりイメージ重視で、ルネサンスの宮廷で大いに花開き、そして現代のなかでは、ユング心理学と結び付くかたちで復興してくる、自由なイマジネーションのレトルトとしての、魔術的な占星術である。等しく「非合理」というカテゴリーのなかに投げ込まれがちな占星術と魔術だが、実は、そこには、実に対照的な二つの態度が表れている。

占星術のなかのイマジネーションの働き方については、まだまだていねいに考えていかねばならないことが多いのだが、本章は、占星術の伝統のなかに現れた、「魔術的」な姿勢と、そしてそれが現代に復活している占星術の潮流のルーツになっているのではないか、ということだけを指摘して、筆をおくことにしたい。

参考文献

Frances A. Yates, "*Giordano Bruno and the Hermatic Tradition*", The University of Chicago Press.
Francis King/Stephen Skinner, "*Techniques of High Magic*", Destiny Book.

Jean Seznec, "*The Survival of the Pagan Gods*", Princeton University Press.

"*Conjuring Spirits*", ed. by Claire Fanger, The Pennsylvania State University Press.

星の観相術

一〇〇年ほど前にイギリスで出版された占星術の専門雑誌が手元にある。現代占星術の父と称されるアラン・レオが発行していた『モダン・アストロロジー』という雑誌だ。恐らく、当時の読者の一人が個人的に合本にしておいたのだろう、何冊かがまとめて分厚い本のかたちでまとめられているものを古書店で見つけて、大喜びで買い込んだのだった。読むともなしにパラパラとめくっていたら、奇妙な図版が目に入った。

一人の男の顔写真の横に羊の顔の絵が添えられて比較されている。なんとなくその面影が似ているような気がする。そして、さらにそこには男性の出生天宮図がそえて掲載されているのである。

奇妙な取り合わせである。一体これは何だろうか。

不思議に思ってテクストを読んでみて、思わず吹き出してしまった。記事の著者がいうには、人間の容貌は出生時に上昇してくる星座によって大きく影響を受ける。牡羊座を上昇星座（アセンダント）にもつこの男性は、羊にその容貌までもが似ている、というのだ！

記事にはこうあった。

出版されているほとんどの占星術の書物は一二星座別に、生まれ星座による個人の容貌の描写を掲載している。しかし、このような描写は現代文明のなかでは正確であることはめったにない。民族や国籍の混交、上昇する星座や統治星（アセンダントの支配星）など考慮すべきことが多すぎるために、プロの占星術家は通常この主題を無視している。今や、星座と容貌について何か決定的な定義を作り直すか、あるいはこの主題を占星術の中から切り捨てるべきときに来ているのであろう。

そこで、この記事の著者は、毎月連載で星座別に実際の人物の写真と生まれ星座の対応を見せて、星座の容貌の新しい定義を作り直そうとしているのである（一九〇三年七月に開始）。第一回に選ばれたのは当然、一二星座の始まりである牡羊座である。写真の人物はインド大使のG・T・パドゥアル氏で、「驚くほど羊にその容貌が似ている」。

著者は、パドゥアル氏のホロスコープのなかで牡羊座が強調されていることを指摘して、そこに相関関係があると主張する。「パドゥアル氏は牡羊座の下に生まれていてその支配星である火星もまた、上昇星座である牡羊座にある。実際、四つもの惑星が牡羊座に入っているのである」。記事においては、一つの星座を三つに細分化して、その一つ一つについて性格の描写がなされている。記事の書き手は、読者に自分の生まれ星座と自分の写真を研究材料として編集部に送付するように依頼もしている。写真文化が一般化し始めたころとしては、画期的な試みだったといえるのではないだろうか。

次の号では牡牛座が、またさらに次の号では双子座が扱われている。牡牛座は当然のことながら牡牛座と牡牛座の下に生まれた人物とが比較されているし、また才気煥発とされる双子座では、動物のなかでも知能の高い猿の図版とが比べられている。『モダン・アストロロジー』の著者は触れていないが、参照図版として用いられているのは、一七世紀フランスの観相学者ルブランによるものである。動物と人間との容貌の類似によって性格を判断する観相学の伝統については美術史界の怪人バルトルシャイデスの著書『アベラシオン』に詳しいので、関心のある方はそちらを参照されたい。

残念ながら『モダン・アストロロジー』でのこの興味深い試みはわずか数カ月で打ち切りになっているようだ。やはりうまい写真の掲載許可が降りなかったのだろうか、あるいは、ほかのネタのほうがよかったのだろうか。編集者のレオ（この記事の著者であった可能性も高い）は、

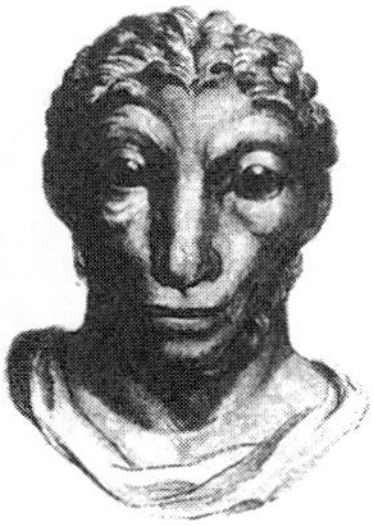
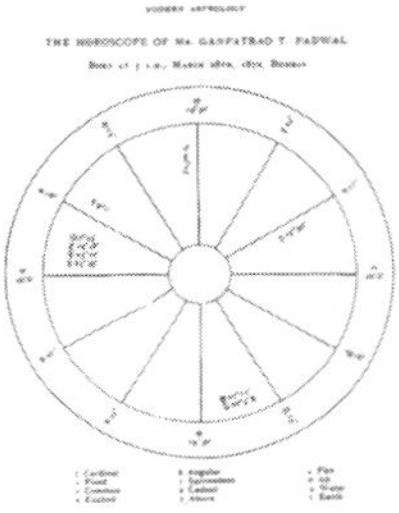

「モダン・アストロロジー」に見られるホロスコープと動物と人物の容貌の関係。
牡羊座を上昇星座にもった人間は牡羊に、牡牛座を上昇星座にもった人間は牡牛に似るという。

自著のなかで惑星と容貌の関係を図版のかたちにもしているので、それも参照するとますます面白い。天体を媒介にした観相術が占星術には存在しているというわけである。

この記事に「ほとんどの占星術の書物」にこのような星座、惑星と人間の容姿との対応関係が見られる、とあるが、実際、その通りで、占星術のテクストを見て行くと、星と容貌との対応関係は、実に長い伝統をもっていることがわかる。

占星術の歴史のなかでも最も重要な書物であるプトレマイオスの『テトラビブロス』を開いてみる。二世紀にアレクサンドリアで編まれたものだ。

個人に関する占いについて述べているのは、その第三巻であるが、第三巻一一節には「身体の形状および気質」という項目があり、このように述べられているのがわかる。

「一般には、まずは、東の地平線およびその上にある惑星、そしてすでに説明したその支配関係にある惑星、さらに月を見なければならない。この二つの場所を通して形成力が伝達されるのである」。

つまり、生まれたときに東の地平線から上ってくる惑星、および生まれたときの月の位置によって、その人物の容貌が判明すると言っているのである。

とくにプトレマイオスが詳述しているのは、地平線から上って来ている惑星であって、描写を見ると次のようになっている。

土星が東にあると、黒い肌になり、頑健で黒くカールした髪、胸毛があってほどほどの大きさの目になるという。一方で土星が沈みつつあるときに生まれた人物は色は黒く、痩せていて、小柄で直毛、体毛は薄くなるという。

木星が昇っているときに生まれた人物は血色がよく、カールした髪に大きな瞳をしていて背が高いという。木星が沈んでいるときには平均的な身長であり、全頭部か頭頂がはげる運命にある。火星が上昇していると、赤みがかった肌の色になり、背は高く、頑健で、グレイの瞳、毛髪はたっぷりとしていて、少し髪はカールしていることになる。火星が下降していると、小さな目で体毛は濃くなく、髪は黄色で直毛。

金星の場合には、木星と似ているが、この人物をより女性的に見せることになるという。この生まれの人物は美しく魅力的である。

水星の場合には、東にあっては青白い肌、平均的な身長を与え、優雅で、小さな目、軽くカールした髪になる。

太陽や月は、その人物の頑健さにもかかわるし、また、一年のうち、どの季節に生まれたか、ということも、大いにその人物の容貌にかかわってくる。春分から夏至の間に生まれた人の場合には、頑健で健やかな体を与える。夏至から秋分にかけては、ほどほどの身長に軽くカールした髪の、秋分から冬至にかけては青白く、細みの人間が生まれる。冬至から春分にかけての生まれのものは、平均的な身長で直毛、体毛は薄くなる。星座の影響も同時に考慮しなければならない。獅子座、乙女座、射手座は大きな体格の人間を作る。一方で魚座、蟹座、双子座は、小柄な人間をつくる。牡羊、牡牛、獅子座は、上半身、及び身体の表の面をより頑健にするが、下半身、背面は貧弱になる傾向がある、というのである。

プトレマイオスのこの書物は二世紀のアレクサンドリアで編まれたものであるが、驚くべきことにこの伝統は歴史を通じて占星術の伝統のなかでは支持され続けており、一七世紀の占星術のテクストにも見られるし、二〇世紀後半になっても、同じように見ることができる。

一七世紀のイギリスを代表する占星術家ウィリアム・リリーは、プトレマイオスにならいつつ、体格や肌の色をつかさどるのは、上昇する惑星や星座であり、その支配星、さらには、上昇しつつある恒星などだと明言している。

さらにこの伝統は続いており、日本で出版されている占星術の教科書を見ても、同じような描写が出てくるのである。

日本人の手による代表的な占星術の教科書としてよく知られた、ルル・ラブア著の『占星学の見方』を参照してみる（ルル・ラブア著『占星学の見方』昭和四九年）。

上昇宮は、その人物の性格や個性や外貌を正確に描写する。人間の真我は、太陽を考察しなければ解らないが、少なくとも外見的に、自分が他人にどのような印象を与えているか、どのような人物と思われているのかを知ることも、また他人の性格や個性を外見に現れた特徴から推理して、対人関係を円滑に運ぶうえに役立ててみるのも面白いのではないだろうか。

そして、この著者の描写によれば、牡羊座の上昇は男性的な容貌であり、ひきしまった端正な顔立ち、赤みがかっているか、あるいは浅黒い顔色であり、広い額と狭い顎、とがった鼻が特徴だという。

つづく牡牛座についてはゆったりとした肉質の丸い顔立ち、角張った重々しい顎、丸い額、太くて短い首、童顔、などといった特徴があることになっている。

ちなみに、僕自身は生まれたときに蟹座が上昇していたのであるが、該当しているところを見てみると、「丸くてふっくらとした月のような顔立ち。しまりのない水っぽい肉付き」だという。そういわれれば、なんとなく当たっているような気もしないではない。

ここで面白いのは、「人は見かけによらない」ということわざとは全く異なる世界観が現れていることだ。

伝統的な占星術では、上昇星座はその人物を代表する星座であり、出生図を判断する上で最も重要なカギを握ると考えられていた。その上昇点にある惑星や星座は、当然、その人物の実際の性格や気質と深い関係がある。そして、その上昇点にある星座が、行動パターンのみならず、その人物の容貌までも決定しているということであるから、容貌と性格、ひいては気質の間には深い関係がある、ということになるわけである。

つまり、これを逆に応用するならば、星を使わずとも観相によって、「星」を見通すことができるようになる、といってもよいわけである。

実際、そうした試みもなされているが、ここでは、一足飛びにそこまでいくのはやめて、人間の気質と星と容貌との不可分の関係ということで、占星術の伝統に深く食い込んでいる四つのエレメント、さらには四つの気質、体液説との関係を外観しておくようにしよう。容貌と気質の関係をあげるなら、現代の心理学のルーツではクレッチマーの性格と容貌の描写をすぐに思い出される方も多いだろうが、長い西洋の医学の伝統では、「気質」「体液」が、人間の容貌とも関係があるとされてきた。

近代医学以前の生理学では、人間の気質や健康状態を大きく左右しているのは、血液、黄胆汁、黒胆汁、粘液の四つの体液であり、この体液が生み出す四つの気質であると考えられていたことはご存じだろう。

パノフスキーらの名著『土星とメランコリー』によると、人間の気質を四つに分類するこの伝統のルーツは、ピュタゴラス派が宇宙の聖数を四とみなしたことにまでさかのぼるという。

119

120

121

122

ヴィルギル・ソリス、四気質。

ピュタゴラス派においては、その四という数は、あくまでも抽象的な概念でしかなかったが、エンペドクレスの思想と結び付くことによって、それは太陽、天空、大地、海、すなわち、火・風・地・水の宇宙の根本元素という具体的な対応物を得るにいたる。

この元素は、熱冷湿乾の四つの性質の組み合わせによってできていると考えられるようになり、それぞれが変化してゆくことができると考えられるようになった。

火は熱にして乾、風は熱にして湿、地は冷にして乾、水は冷にして湿というわけである。四つの季節、人生の四つの時期は、四つのエレメントに対応する。

春は熱にして湿った風にあたるが、それが乾いていくと火に支配された夏になる。夏の火が少しづつ冷えていくと、今度は乾いて冷たい地に支配された秋がやってくる。それが湿り気を帯びてくると、冷にして湿の水がつかさどる冬がくるというわけである。

同様に、子供時代は風が、青年時代は火が、壮年の時期には地が、老年の時期には水が支配するようになる。

面白いのは、中国の思想に見られる五行論でも、木火土金水は、順次その姿をかえて行く循環の相のそれぞれの局面と見ることができるのと同じように、西洋における宇宙の根本元素もまた、変化しつつある物質宇宙のそれぞれの局面と考えることができるようになっている点である。

さらに、人体における体液が四つのエレメントとも結び付くようになって、気質や外見を定めるようになるのである。

パノフスキーやザクスルは、『土星とメランコリー』のなかで、一二世紀から一三世紀にかけての「宇宙と人間のなりたちについて」などの論文を引用しながら、体液と体質、そしてまた、性格の描写が一つの統一的なコスモロジーをなしていたことを証明している。『土星とメランコリー』からの孫びきになるが、ここで代表的な古代の描写を引いてみるようにしよう。

世のなかには愛想がよく、よく笑う冗談をいう人もいれば、気むずかしく不機嫌で塞ぎこんでいる人もいる。また癇癪持ちで粗暴、怒りっぽい人もいれば、怠惰で優柔不断、臆病な人もい

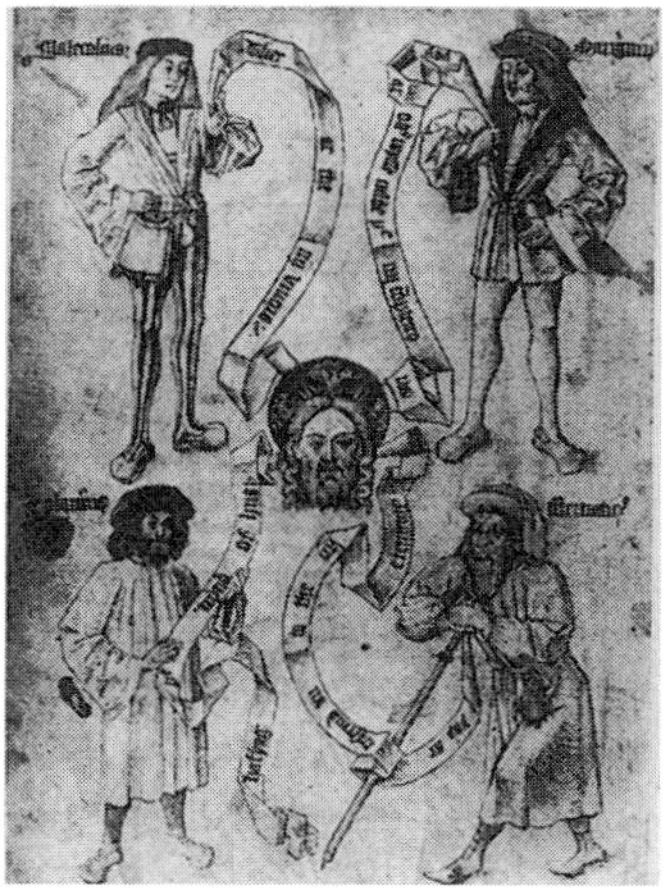

四つの気質、体液を象徴する図。
(『土星とメランコリー』より)

る。これは一体どういうことなのだろうか。それは四つの体液がその原因なのである。完全に血液に支配された人は愛想がよく、よく笑い冗談をいうが、こういう人は血色のよい肌色をしている。黄胆汁が優勢な人は癇癪持ちで気が荒く、色白で金髪、少し黄ばんだ肌をしている。黒胆汁が優勢な人は怠惰で臆病、病弱であり、肌は浅黒く黒い髪をしている。粘液が優勢な人は暗い人で物忘れが激しく、顔色はとても青白い。

（パノフスキーほか『土星とメランコリー』田中英道監訳より引用）

当然、四つのエレメントとむすびついた四つの体液、四つの体質は、占星術における一二星座がふりあてられている四つのエレメントに当てはめられるようになる。

読者の方にはなじみのものだと思うのだが、一応述べておくと、一二の星座の火、地、風、水の分類は、次のようになる。

火　牡羊、獅子、射手
地　牡牛、乙女、山羊
風　双子、天秤、水瓶
水　蟹、蠍、魚

また、この対応とはズレが生じるのだが、先にも述べたように、四つの季節とも四つの体液、エレメントは対応する。さらに、古代の占星術で知られていた七つの惑星もまたこの四つのエレメント、体液と結び付けられるようになってゆく。

一七世紀イギリスの薬草学者で、また占星術家であったニコラス・カルペパーの対応を見てみよう（これはアラビア以来の占星術の伝統に忠実にのっている）。

木星は、熱にして湿、よって風のエレメントと血液に対応する。太陽と火星は熱にして乾、火のエレメントに対応し、黄胆汁にあたる。水星と土星は冷にして乾である地のエレメントと黒胆

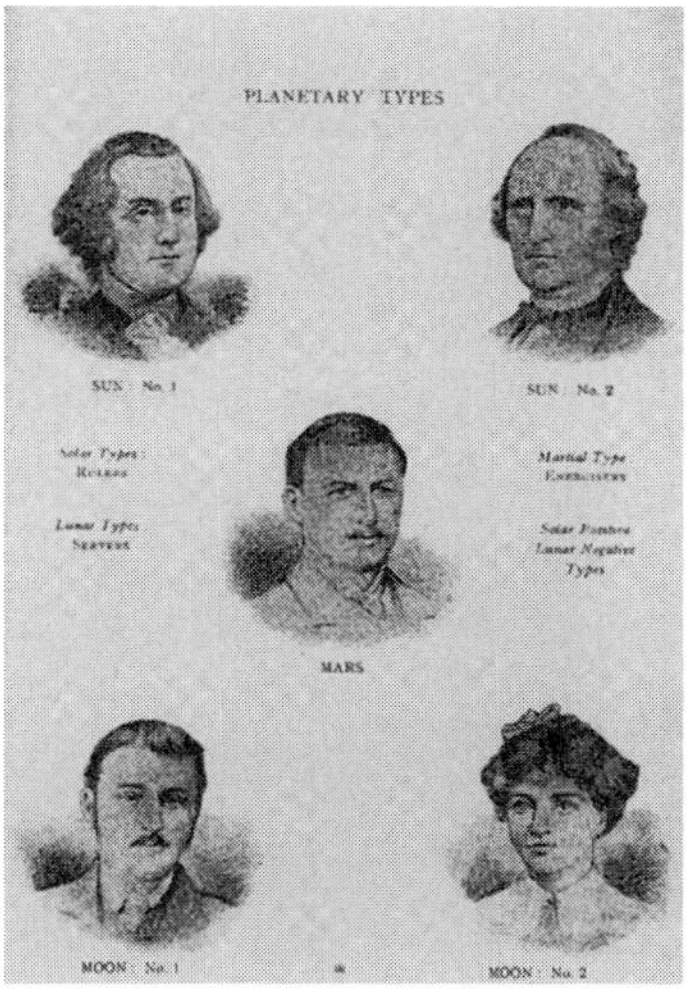

アラン・レオによる惑星と人間の容貌の対応。惑星もまた人間の容姿と関係があるとされた。（“*The Art of Synthests*”, Destiny Books, 1983）

汁に相当する。月と水は冷にして湿であり、水と粘液に相当する。
カルペパーは、さらに細かく、四つの体質について描写している。

適度な熱と湿度をもっている男性および女性は、多血質の生まれだと呼ばれる。たいてい平均的な身長であり、頑健な体、肉付きはよいが太ってはいない。太い血管、なめらかな肌の持ち主である。……肌には赤みがさしている。食欲も旺盛。……しばしば、赤い物、愉快なことの夢をみる……明るく機嫌のよい生まれ……。

熱と乾の性質が優勢な人物を胆汁質と呼ぶ。たいていは身長が低く、太ってはいない。観相のために肌はざらついていてその体はとても毛深い。髪の色は黄色か赤、カールしていて髭がある。……また戦い、燃えるものの夢を見る。……回転が早く、大胆で怒りっぽい。

冷と乾が優勢な人を憂鬱質（黒胆汁が優勢な人）と呼ぶ。……彼らはたいてい痩身で長身ではなく、くすんだ肌色をしていて、なめらかではない。……生まれつき貪欲で自己愛的、臆病で自身の影におびえる。

冷にして湿が優勢な人は、粘液質と呼ばれる。彼らは普通長身ではなく、非常に太っている。ときおり、背の高さと体の幅が同じようなものもいる……彼らは溺れる夢を見る。

このエレメント／体液／体質説は、人間の健康の基盤と考えられていた。四つのエレメントが完璧な状態にあるときには、病気も死もないと考えられるというのだ。

カルペパーは、聖書における楽園喪失の伝説をこのエレメント説と結び付けて語っている。楽園のなかにいるときには、アダムは完璧なエレメントのバランスにいた。しかしエデンを追放されて以来、アダムの末裔である人間は、永遠ではない、不純なエレメントの食物を食べなければならなくなり、また季節の変動にもよって、エレメントのバランスを崩すようになってしまった。

そのために、病気が生じているのだ、というのが、カルペパーによる神学的／神話的な病気の発生のメカニズムなのである。

さて、占星術家たちはどのようにして人物の優勢な体液／体質を見いだしていたのだろうか。恐らくもっとも単純な方法は、先にあげたような身体的な描写によって、患者なり相談者なりの気質、体液を判断するというものだっただろう。

しかし、一七世紀には占星術家はクライアントに一度も会わずに手紙のみで相談に乗ることも多かった。そのような場合には、容貌を見て判断するというわけにはいかない。あるいは、占星術的には少なくともロジックの上では、当の人物の容貌、気質を星をつかって判別する方法がなければならない。

その方法の詳細は、占星術家によってまちまちである。というのも当然かもしれない。四つのエレメントや熱冷乾湿の観念はギリシアでは占星術が流入する以前から知られており、占星術が古くからのコスモロジーを吸収したかたちをとっているのだが、この観念が完全に体液とむすびつくのは中世に入ってからのことであり、占星術の伝統にとっては比較的新しいものに属することになるからだ。

一般的に言って占星術家たちは、惑星が入っている星座、あるいは上昇点などの重要なポイントの星座をカウントすることで気質を見定める。一七世紀の占星術家ヘンリー・コレイは、次のような方法を用いることを勧めている（Lee Lheman の著書より引用）。

・ホロスコープの点（上昇点）の星座を考慮し、その星座の性質を判断せよ。双子座の上昇ならば風の星座であり、この生まれの人物は多血質である。蟹座なら水の星座であり、粘液質である。火の獅子座なら黄胆汁質である。地の星座の乙女座なら憂鬱質である。上昇宮に二つの星座がかかっているならその暗示を混合せよ。

手相には占星術の星座、惑星が対応するとされた。

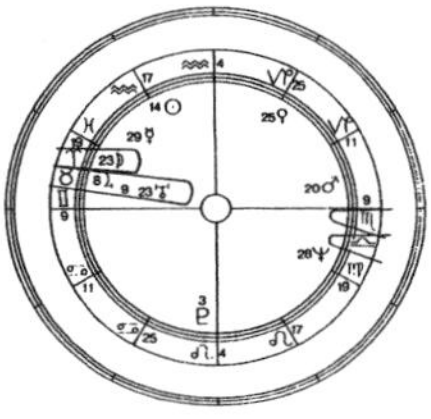

現代の占星術家フレッド・ゲッティングスによるホロスコープと手相との関係の一例。
地のエレメントが強調されたホロスコープの持ち主は、「地」の型の手をもつという。
（“*The Hand and the HOROSCOPE*”, Hamlyn, 1973）

・上昇星座の支配星（ロード）、上昇星座に入る惑星、それにたいしてのアスペクト（意味のある星相）を考慮せよ。

・月と、月がつくるアスペクト。

・生まれの人物の支配星、太陽がある星座の季節。

・さらにいくつかの指示星の性質を考え合わせよ。そうした惑星の入る星座の熱・冷・乾・湿の性質を検討せよ。

現代の占星術においては、その人物の容貌を判断することはほとんどなくなっているし、また、近代医学が支配的になっている今世紀においては、体液理論などはほとんど意味をなさない。

したがって、現代占星術からはこうした体質の判断法は消失してしまっているのだが、しかし、心理学的な占星術においては、四つのエレメントや体液が物理的なものとしてではなく、象徴的に内的な状況を示す心理学的なターミノロジーとして生き残ることになった。

とくにこの四つのエレメントは、スイスの心理学者ユングの唱えた心理学的類型とよく合致するように見えるので、ホロスコープを心理学化して読むときに非常に多く用いられている。いわばこの技法は現代的な心理占星術の定石ともいえるものだ。

エレメントと心理学的なタイプは、次のように対応させられている。

風　思考　ものごとを客観的に判断する機能
水　感情　人と人を情緒的に結び付ける機能
地　感覚　現実を把握する機能
火　直感　まだ見ぬ可能性を感知する機能

現代の心理学的占星術家は、十数個の惑星がどのように散らばっているかを検討することによって、ある人物の心がどのような構成をもっているかを判断するのである。

このジャンルで最も優れているのは、イギリス・スイスを拠点に活躍する心理占星術の権威リズ・グリーン、あるいは、オランダで活躍するカレン・ハマカー・ゾンダクであろう。彼らはユングのタイプ論と占星術のエレメント論を統合して、硬直化した占星術の性格分析に新しい風を吹き込んだのであった。

また、エレメントが容貌に現れ、性格や運命を決定づけるという想像は、一見、占星術とは関係のなさそうな占いにまで応用される。その代表が手相占いであろう。

西洋における手相術は、占星術と密接な関係がある。五本の指は、占星術でいう惑星に対応しているし、その解釈も占星術と通じるところが多い。

また、手のかたちそのものも重要で、現代のオカルト研究家フレッド・ゲッティングスは、手のかたちをエレメントの四つに分類している。

火のかたちの手は長方形の手の平と短い指、地のかたちの手とは正方形の手の平に短い指、風の手とは正方形の手の平に長い指、水の手とは長方形の手の平に長い指を指すのだという。

もちろん、こうした手が表す性質は、ここにあげてきたような、四つのエレメントに対応する四つの気質に相当したものとなっているわけである。

さらにゲッティングスは、たくさんの人々の手形をとり、それとホロスコープを比較検討している。例えば、火の星座が強くなっている人は、手のかたちが火の相を示すようになる、などだ。

手相からホロスコープを再現することなどは、なかなかできそうにないけれども、こうした試みは、宇宙と人体と魂のかたちがひとつのシンボルで結ばれているのだという思想を反映しているようで、実に興味深い。

いかがだろうか。占星術の歴史に散見される、容貌と星の関係を見て来たわけであるが、このような記述をどのように読めばよいのだろうか。

近代の洗礼を受けてしまった僕たちは、当然、このような記述を鵜呑みにすることはできなくなっている。

しかし、上昇してくる星座のかたちをあなたがもっているとか、あるいは、体を流れる四つの体液が宇宙の気と呼応しあって、あなたの性質や容姿と響きあっているという思考法は、実に魅力的ではないか。

それは一見、ホルモンの働きやDNAといったものが容貌や性格を決定するという現代の科学的な宇宙観と似ているように思えるけれども、しかし、決定的に違うのは、占星術的な観相術が「似た形のものは似た形、似た色のものは似た色のものと呼応しあう」という素朴な連想関係によってたっているというところだろう。しかも、それは天体と密接に関係しているという点がきわめて特徴的なのだ。

だからこそ、そうしたものは迷信なのだ、というあまりにも正しい「正論」はここでは繰り返すまい。かんじんなのは、しかし、そのスケールの大きさ、さらには優雅な想像力とかかわっていることではないだろうか。

星の動きが人体に刻印される。そしてその星の印は人の性格にふさわしいものになっているのである。

最近では「心身相関」という言葉も当然のことのように用いられる。身体の状況が心に影響を及ぼし、また心が身体に影響を及ぼす。が、占星術では、そこに星から送られてくる流れをも考慮にいれる。さらには、それが人のかたちにまで影響を与えているとみなすのだ。

占星術家は、天を見上げるばかりではない。ときに、占星術家は人の顔を、体をつぶさに見据える。手のひらを凝視する。そして、その体を通して、魂のかたちを、さらには星の動きをもすかしみようとするのである。

参考文献

パノフスキー他『土星とメランコリー』(晶文社)
ALAN LEO ED. "MODERN ASTROLOGY"

水瓶座の時代

ニューエイジ思想に魅了されている人々から、よくこんな声を聞く。

「来月から新しい時代に入るそうですけれど」

「マヤの暦では次の土曜日が時間の次元が変わる日だそうですね」

「次のレイヴは、時空のアセンションを目前にしたもので……」

彼らがどこまで本気なのかはわからない。ひょっとしたらレイヴ・カルチャーと結び付いたそうしたニューエイジ的言説には、実はあまり深い意味などなくて、「集まって踊る」ためのいいわけに過ぎないのかもしれない。ちょうどワイン好きの僕たちが、やれだれそれの誕生日だとかヌーヴォーが出たとか理由をつけてはグラスを傾けるように、彼らは少しばかりおおげさなディスクールをつかってパーティやクラブイベントのきっかけを作ろうとしているのだろう、と考えて気持ちを収めることにした。そうでもしなければ、いちいち本気で「いや、そういう千年王国的な歴史観は少し危険で……」なんて答えていたのでは座がしらけてしまうし、まじめに論じても、その二、三カ月あとには同じ人物から「来月には宇宙の扉が開く」なんていわれてしまうのだから、その甲斐もないというものだ。

考えてみれば、すぐそばに時代の大きな変節点が迫っていて、しかもそれを保証する星の兆しがある、というファンタジーは、歴史を通じて繰り返し用いられてきた。本書でも以前にお話ししたことのある木星と土星のコンジャンクション（会合）周期は占星術の伝統のなかでももっとも重要な歴史区分のためのタイムキーパーとして解釈されてきた。あるいは、かのニュートンもそうだったように彗星の出現が新しい時代の出現、あるいは今の世界の終焉を示す天変と考えられることもあった。

「この世の終わり」と「新しい世界の出現」への希求は人間には本質的なものである。「終わりなき時代」を漫然と生きるよりも、この世の最後を生きているというスペシャルな感覚を味わうことは、最高にぜいたくな体験である。また、今という時間に意味を与えるためにも、時代の変遷にたいする解釈はぜひとも必要であるし、終末論はそのなかでも最高の舞台設定を準備してくれるのである。

二〇世紀に入ってから生まれたそうした時代変遷のイマージュのなかでは、「水瓶座時代」という言葉は、現代の終末論のなかでも最も普及し、大きな影響力をふるった言葉である。あなたもどこかで「水瓶座時代」という言葉をお聞きになったことがあるのではないだろうか。

一九六〇年代には、ミュージカル『ヘアー』のなかで水瓶座時代という言葉が一つのキーとして用いられ、多くの若者に影響力を与えた。カウンターカルチャーと結び付いて生まれたこの「水瓶座時代」という観念がいったいどういうものであったか、少しおさらいしておこう。

過去二〇〇〇年の間、キリスト教を中心とする西洋文明が時代を支配してきたが、だれの目にもその限界が明らかになってきている。今や時代は大きな音をたてて変わりつつある。これまでは「犠牲と苦難」の象徴である魚座の時代であったが、しかし、今、「水瓶座の時代」が始まろうとしている。

水瓶座の鍵言葉は「自由・博愛・平等」であり、水瓶座の時代が到来した暁には、一人一人の知性に裏打ちされた、完全に幸福な時代が生まれるだろう、というのである。

我が国で現代占星術を普及させるのに貢献した故ルル・ラブア女史はこのように述べている。

この時代には地上のすべての悪が一掃され、世界に平和と人類愛がよみがえってくる時代であるということである。またこの時代には、今までの一切の思想や観念や宗教、国籍や人種の差異に影響されない、水晶（クリスタル）のように清浄な魂と透明な精神をもった人類――水晶人種が出現するといわれている（『占星学の見方』一九七四年）。

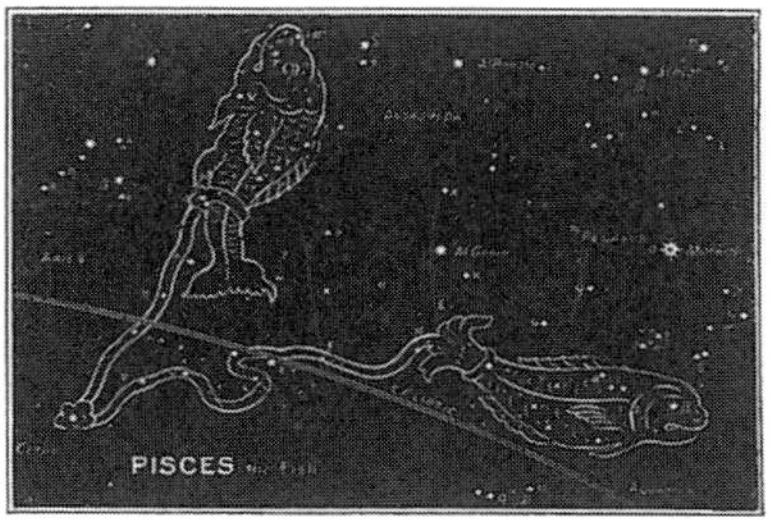

魚座の星座。

目を欧米に転じてみよう。著名な占星術家シリル・フェイガンは、このように述べている。

この時代には世界中が一つの家族のようになり自由に交流し、また自由に結婚を果たすようになる。国家、君主制、政府、共和国、社会主義的共同体、氏族、部族などは過去のものとなる。……こうした世界への革命は武力ではなく、一人一人の精神的、心の革命によってなされるのである（一九六二年）。

いかがだろうか。このようなあまりにも楽観的な言葉を、もはや僕たちの多くは信じることができないが、しかし、少なくとも数十年前には、体制への反抗の旗印として「水瓶座」のシンボルが用いられたのである。

多くの占星術の教科書を開くと、水瓶座の時代の到来、時代精神の大きな変化は、「春分点の歳差移動」と平行して起こるといわれている。それが、約二〇〇〇年を一区切りとする巨大な時代の変化の時期を示すとされているのである。

春分点の歳差運動とは何か。

それは、純粋に天文学的な現象のことである。

春分点とは、地球から見て太陽の通り道（黄道）と赤道（地球の赤道を天球に投影したもの）とが交わる点のうち、太陽が南から北へと移る点である。毎年、太陽がここに到着すると春分の日が到来する。

占星術の黄道一二星座が定められたころには春分点は牡羊座の初めのところに位置していたのであり、それゆえに、占星術の上での星座（サイン）は、春分点からきっかり三〇度ずつ区切られていた。

しばしば、占星術の星座を、夜空に輝く星座（コンステレーション）と混同することがあるが、これは誤りである。実際の星座は大きさもまちまちであるのにたいし、占星術で用いている星座（サイン、あるいはトロピカル・サイン）は、三〇度ぴったりの大きさをもつ一種の座標である。

さて、ここで、一つの問題が生じる。春分点は、実は実際の夜空の恒星を背景にしてゆっくりと動いていくのである。

これを春分点の「歳差」運動と呼ぶ。歳差は、地球の自転軸がまるで傾いたコマのように味噌擦り運動をしているために起こる現象で、その運動を発見したのは紀元前二世紀のヒッパルコスであったといわれている。

歳差の周期は極めて長く、一つのサイクルを描くのに二五九二〇年かかる。これを大体一つの星座、つまり三〇度で均等分割すると二一六〇年で一つの星座を通過することになるのである。

なお、一頃騒がれた「一三星座」は、この歳差運動が事の発端となっている。すでにお話ししたように占星術で用いている「星座」（サイン）は、実際の天体からなる「星座」（コンステレーション）とは別ものである。そのことを指摘して、イギリスの天文学者のジャクリーン・ミットン博士が占星術家たちに難癖をつけたのだ。占星術での「星座」の概念は天文学的にはおかしい。もし占星術を正しく行おうとするのなら、歳差によるズレを修正した上で、さらに黄道に足をひっかけている「へびつかい座」をも入れるべきだ、と指摘したわけである。もちろん、天文学者のミットン博士の真意は正しい占星術の考案などではなくて、このようなパロディを持ち出すことで占星術の流行にストップをかけるという一種の啓蒙運動であったわけであるが、日本のマスコミはなぜか「新しい星座が発見された」などととりあげてしまったわけである。そればかりか、メディアで活躍している占星術家たちの多くも「一三星座」に便乗してしまった。まあ、めくじらを立てるほどのこともないのかもしれないが、伝統的な占星術の美しいシンボリズムを愛する身としては、少し残念に思う。

話がずれてしまった。歳差運動の歴史解釈に話をもどそう。

現代の占星術では、歳差による春分点の移動を長いレンジでの歴史区分と結び付けて考える。とくに春分点が入っている星座の特質がその時代の文明の特質を表現する、というのである。『現代占星術教科書』（*The Modern Textbook of Astrology*）を著し、現代占星術を大いに普及させたマーガレット・ホーンは、世界の歴史を簡略化して星座と対応させ、このように述べる。ホーンの主張を手短にまとめてみよう。

◎獅子座の時代（紀元前一〇〇〇〇年ごろ）

南アメリカに獅子の顔をした彫刻をつけた寺院がみられる。

◎蟹座の時代（紀元前八〇〇〇年ごろ）

蟹座は水の星座であり、各地で語られる大洪水の時代であろう。また蟹座の支配星である月、月の女神、母なる女神が崇拝された。
◎双子座の時代（紀元前六〇〇〇年ごろ）
知性の星座である双子座の時代。この時代に文字が発明された。双子の神、あるいは双子を表す二本の柱をもつ寺院が建築されるようになった。
◎牡牛座の時代（紀元前四〇〇〇年ごろ）
エジプトの文明。おうしの崇拝。また不動の大地の星座である牡牛座は、不朽の建造物を表す。ピラミッドはいまだに我われを見下ろしているではないか。
◎牡羊座の時代（紀元前二〇〇〇年ごろ）
英雄たちの時代。また、子羊を犠牲に捧げるユダヤ教の時代。
◎魚座の時代（紀元〇年、より正確には紀元前六〇年ごろ）
魚座が表す犠牲と愛の時代。また原始キリスト教はイエスのシンボルとして魚を用いた。

そして、紀元二〇〇〇年ごろに、時代は水瓶座の精神の幕開けを演じることになるのである。

星座のシンボリズムは、人類史をこんなふうに俯瞰する……。

二〇世紀の占星術家は、現在が時代精神の転換の時期、特権的に重要な歴史的意味をもつ時代であることを強調しようとしてきた。ノストラダムスの予言もときにはその一種の終末論、千年王国思想に利用されてきた。

しかし、占星術家はさほど複雑な年代設定を歳差運動から引き出したことはなかったように思われる。

せいぜいが、さきのホーンの解釈を援用したり、あるいは、歳差とは関係のない惑星のサイクルを利用して大きな時代の転換を「予言」したにすぎない。

しかし、ここで、時代の変換と占星術を驚くべきかたちで比較して見た人物が登場する。それは皮肉なことに占星術家ではなかった。それは、かの心理学者ユングだったのである。ユングの思想、ことにユング後期の思想がきわめてオカルト的であり、奇怪なものであることは多くの読者のみなさんはご存じだと思う。シンクロニシティ、死後の生命、そして類心的存在（サイコイド）などなどは、ごく近代的な発想をする一般の知識人にはあまりにもキナくさくて扱いづらいものであろう。なかでも、ユングのこの占星術論は、もっとも奇怪な印象を受ける。

ユングはここに述べて来たような春分点の歳差と、西洋の宗教の変遷の平行関係を事実として認めるのである。

晩年の著書『アイオーン』においてユングははっきりとこのようにいう。

われわれの宗教の歴史の推移とともに、われわれの心理的進展の本質的部分も変遷をたどる。それらの経緯、成り行きについては魚座の星位を通る春分点の歳差移動から、時間的にも内容的にもある程度予言することができた。

ユングは、キリスト教の発展とその変容を春分点のシンボリズムと結び付けて考えるのである。魚座の星座は、二匹の魚からなる。星図を見ると、第一の魚は垂直方向を向いており、第二の魚は水平の方向を向いている。春分点が第一のさなかの頭の部分を通過し始めたときにイエス・キリストが生まれているが、その後の数百年は、ゴシック的、すなわち人の意識が上なる神の方向へと向いて行く時代であった。

しかし、魚を結ぶ紐のあたりに春分点が差しかかったときには、物質的なものへの指向性が強調される。

そもそも、霊と物質という、キリスト教が最初からかかえている二重性は、この二匹の魚によって象徴されるのである。そして、春分点が二匹目の魚へと入ってゆくころには宗教改革が起こり、神の世界からの人間の反乱が起こり始めることになるわけであった。

ノストラダムスの予言でさえも、ユングの説では、こうした時代の裂け目に登場するものであると考えられるのである。

さらに、ユングは、女性性の抑圧、あるいはマリア信仰のキリスト教内での矛盾した位置は、魚座の正反対の位置にある乙女座のシンボリズムによって生み出されている、という。いかがだろうか。現代の占星術家ロバート・ハンドは、ユングの考えにヒントを受けて、より詳細な、春分点の移動と恒星との合をもとに歴史を解釈する試みをしているし、英国の占星術家ジェフリー・コーネリアスは、このような星座の恒星と春分点の移動を西洋の宗教史のみならず、東洋の宗教にまで適用しようと試みている。が、このわずかな例外を除けば、春分点の移動と実際の恒星の位置を対照させてそこから歴史を見るという大胆な綺想（そう、あえて綺想と呼ぼう！）を持ち出したのは、ユングのほかには存在しない。『ユングと占星術』（拙訳）の著者マギー・ハイドによれば、「二〇世紀占星術における最も抜きん出た一つの貢献が、占星術家ではなくユングによってなされたのは皮肉である」といっているが、まさしく、その通りであろう。ユングのイマジネーションの大きさは、並の占星術家のそれをはるかにしのいでいたわけだ。

このような春分点移動と時代精神の変化という発想は、しかし、占星術の歴史そのものを振り返るときわめて新しいものである。元英国占星術協会会長で占星術の歴史、歴史哲学にも詳しいニコラス・キャンピオンは、水瓶座時代の神話の発祥を詳しく調べて、このような説が生まれるのは、一九世紀より以前にはさかのぼるものではない、ということを発見した。それまでにも占星術を用いた歴史区分はあったが、それは主に惑星の会合周期を用いるものであったり、よりシンボリックなものであったり、あるいは数秘学的なものであって、春分点歳差によるものではない。いつから水瓶座の時代が始まるのか、その始まりの点についても一致した意見をみることができないが、それもこの水瓶座時代という概念が、いまだ不定形なままの神話であることを示しているといえよう。それどころか、ニューエイジ思想的、千年王国論的な「水瓶座時代」という発想が安易に用いられることを、キャンピオンは危惧する。それはただただ愚かしいばかりではなく、過激なカルトを生み出しかねない、というのである。たしかに「ヘブンズゲート」の例を見るまでもなく、そうした思想は先鋭化すると危険な面もある。扱いにはくれぐれも注意が必要であろう。

ところで、ネット上のある占星術ファンの掲示板で、春分点移動と時代精神の変容という考え方は、一九世紀占星術の産物である、というキャンピオンの研究成果を紹介したことがある。すると、「それは誤り。古代のミトラ教ではすでにそれを使っていた」という指摘をしてくださった方がいた。ジェイムズ・ルイスの占星術事典でも、ミトラ教と春分点歳差の関係の仮説が触れられていた。

そこで以前、デイビッド・ウランゼー博士（カリフォルニア統合研究所）の『ミトラの秘儀の起源』（一九八九年）という本を買っておいたのを思い出し、あわてて読んでみたのだが、これが実におもしろい。

一言でいうと、ミトラ教は小アジアの知識人集団が、春分点移動に発想を得て作り上げた宗教ではないか、というのである。

以下、ウランゼーの仮説を博士の著書にそいながら紹介してみよう。ローマでキリスト教最大のライバルであったとみなされるミトラ教は、一般に、ペルシア起源の宗教だとされてきた。これは一九世紀の宗教史家フランツ・キュモンの提出した説がもとになっており、これまでのミトラ教観を決定づけてきたといっていい。

ミトラ教では、その教えを残した文書はほとんど現存していない。しかし、各地に残る遺跡にはおびただしいレリーフなどが存在しており、図像学的な資料には事欠かない。なかでも、いわゆる「牡牛殺し」のモチーフは、重要なものである。キュモンをはじめとする研究者たちは、これをペルシア的二元論の象徴と考え、闇に対する光の勝利を暗示するものだと考えた。

レリーフには牛を殺すミトラの姿が描かれている。

九世紀のイラン（ペルシア）のゾロアスター教、すなわちキュモンが西方のミトラ教のルーツだと考えた宗教の創世神話には、確かに牛を殺すモチーフが重要な主題として登場する。が、牛

ミトラの牛殺し。背景には２本の木が描かれている。葉が出始めているものは春を、果をつけているものは秋を象徴する。（David Ulansey, “*The Origins of the Mithraic Mysteries*” より）

ミトラの牛殺し。ただし、ミトラの上半身は後世に修復されたもの。本来ミトラは牛から頭を背けているべきである。（David Ulansey, “*The Origins of the Mithraic Mysteries*” より）

を殺すのは光の英雄アフラマツダではなく、悪の諸力を代表するアーリマンのほうなのだ！

また、タウロクトニー（牡牛殺し）のモチーフには、多くの場合、ほかに犬や蛇、サソリなどが登場する。キュモンは、これをやはり善悪の象徴ととらえるが、しかし、これらはとくに画面のなかでは戦っている様子はない。

では一体これは何なのか。一八六九年ドイツの学者K・B・スタークは、この図は、実は牡牛座から蠍座までの星図ではないかと読んだ。つまり、牡牛、蠍、子犬、ウミヘビ、カラス、獅子、小麦をもった乙女などの星座が並んでいるのではないかと解釈したのだった。

スタークの解釈は、当時、キュモンに圧されて顧みられることはなかったが、しかし、ウランゼーは、この見方は正しいと考える。

ではなぜ牡牛座だったのか。そして、ほかにもたくさんある星座のうち、これらの星座だけが選ばれた理由は何だったのか。

双子座やオリオン座がミトラ教のレリーフに入らない理由は、比較的簡単に解明できた。星座早見をみればすぐにわかるが、さきにあげた星座は、いずれも天の赤道付近に存在している。つまり、ミトラ教の神官たちは何らかの理由があって、赤道付近の星座を重視したのであろう。

次に、ミトラの姿、牡牛を殺す英雄はどこにみればよいのだろうか。

星図を見よう。牡牛の上に存在するのは、英雄ペルセウスである。

ペルセウスとミトラの間には図像学的に極めて重要な共通項がいくつもある。ペルセウスはフリギア風の帽子をかぶり、手には短剣をもっているが、これはミトラの姿と同じである。また、ペルセウスという名前は、後にペルシアと関連があると思われるようになったが、ここでも、ペルシアの宗教と類似した名前をもつミトラとのつながりが感じられる。牡牛を殺すミトラは、ペルセウスの姿だった可能性が高いわけである。

　では、なぜこのような習合が起こったのだろうか。

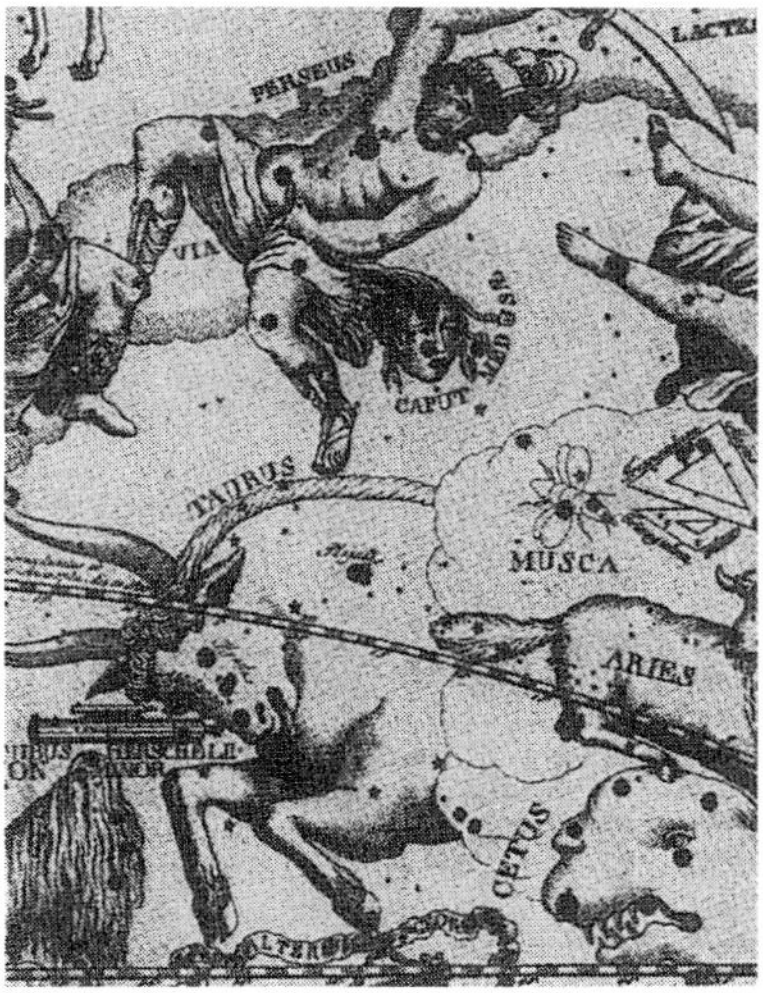

星図での牡牛座とペルセウス座。

詳細なウランゼーの推論と傍証を要約すると、次のようになる。

ローマのミトラ教は、イランの宗教が輸入されたものではなく、小アジアのタルソスで発明されたものであった。タルソスはのちにパウロが出ることで有名な場所であるが、同時にストア哲学を中心とした文化的なセンターであり、街ごとが現在の大学のようなものでもあった。ここには、哲学者や自然科学者が集まって、またストア派の宿命論と結び付いたかたちでの天文学／占星術が研究されていた。当然、そこでは、世界の始まりと終わりが惑星の動きや星のめぐりと併せて考えられてもいた。

そのころ、ヒッパルコスによってすでに発見されていた歳差運動にかんして、重要なことをある知識人共同体が発見する。すなわち、牡牛座から春分点が抜け出して、次の星座へと移行するのである！

これは、当時の人々にとっては、宇宙の機構すべてにかかわる変事だと考えられたであろう。そして、それは、恒星からなる宇宙のシステムそのものを改変することができる圧倒的に強力な新しい神の顕現だと考えられたのではないだろうか。

ストア派の人々は、そうした宇宙の圧倒的な力を星座や惑星に擬人化して表現することがあった。そこで、星座の上では牡牛座を殺害しているように見えるペルセウスに擬人化し、そしてそれを、当時の強力な指導者であったミスリダスの名前と結び付けて、あるいはペルシアの神の名前を借りてミトラと呼ぶようになったのではないだろうか。

そうこのカルトは、天文学的な図像学を背景にもちながら、当時一つの国家のような体をなしていた海賊（当然、航海には星の観測が不可欠であった）たちによって広く普及させられてゆくようになった、と考えられるのである。

ウランゼーのこの仮説が正しいのかどうか、僕には判断できない。

ミトラ教は、ときには日本の弥勒信仰とも関係があるのではないかとさえいわれるほどで、未解明の部分も多く、その広がりも大きい。キャンピオンがこの説を歳差運動と占星術の歴史区分の解釈との関係のなかに収めなかったのは、現代占星術での解釈とはこれはあまりにも異なるためであろう。歴史的な連続性は薄いといわざるをえない。

しかし、もしウランゼーのこの仮説が正しいとするのなら、春分点の歳差運動が「新しい神」「新しい時代」の到来を示すものと解釈され、しかもそれにともなって新しい宗教が生まれたことになる。

一時はローマの国教となることをキリスト教と張りあったこともあるミトラ教である。もし歴史の偶然がどこかで働いて、ミトラ教が今のキリスト教にとってかわっているようなことがあれば、世界の歴史はどのようになっていたのであろう。そして、星の信仰はどのように発達し、今の占星術や天文学はどんな姿をとるようになったのであろうか。

今、春分点は水瓶座へと移りつつあるという。あと数十年たてば、春分点は魚座から水瓶座へと移行する。そのとき、「魚殺し」のモチーフの宗教が果たして生まれるのであろうか。あるいは、そんな星の信仰など忘れ去られてしまうことになるのであろうか。

参考文献

DAVID ULANSEY, "*The Origins of the Mithraic Mysteries; Cosmology & Salvation in Ancient World*" OXFORD UNIVERSITY PRESS, 1989.

マギー・ハイド『ユングと占星術』鏡リュウジ訳、青土社、一九九八年。

NICK CAMPION "*The Great Year*". *Penguin*

星の統べる土地

本書では歴史の中での占星術の技法や発想の豊かさ、面白さを考えているわけなのだが、こうしているといかに古代人と現代人の僕たちが異なる世界に暮らしているか、あるいは、にもかかわらずに同じようなことを考えてしまうのか、という時代の相違とそれを越える人間の性質の普遍性を何度も考えさせられる。

例えば「旅」。仕事柄、海外へ出ることも多いのだが、その時には、その旅が安全かどうか、あるいは、その旅でどんなふうなことが待っているのか、考えてしまう。まだ荷造りさえしていないというのに（まあ、パスポートとチケットさえあれば何とかなるが）コンピュータの前に何度もいっては星の動きを計算し、旅がどんなふうになるのか、占いたくなる自分がいる。

今ではよほどの僻地へでもいかない限り、旅はごく安全な「観光」になっているが、それでも、不安はつきものなわけである。ましてやかつての人にとっては、生死を分けることにもなる旅の不安はいかに大きかっただろう。したがって、「場所」についても人は占わずにはおかなかった。

では、占星術ではその「場所」の変化をどんなふうにして占ってきたのだろうか。

この「場所」の問題は、なかなか興味深いものである。というのも、占星術はもちろん星のサイクルをもとにして占うものだ。星の動きは当然時間的な変化によるものなので、占星術では正確な「時刻」が判断の要素として要求される。

一方で、地平線からのぼる星は同じ時刻でも場所が違えば（緯度経度が変われば）当然変わってくるために、占星術用のチャートを作る上では場所も相当に重要になってくるのだが、しかし、具体的なかたちで、国や土地のことを占うためには、毎回細かな計算が要求されるようになるわけで、なかなか大変だ。

そこで古代の人々は、この大地の上に天の星座を配当させることを思いついたのである。

そう、ちょうど人に生まれの星座があるように、土地やら場所にも生まれの星座がある、と考えたわけだ（そのことは第一章の日食の解釈法のときにすでに軽く触れておいた）。

古典時代において初めて一二星座と当時知られていた世界との対応を記したのは、キリスト教紀元が始まったころに活躍していたローマの詩人マニリウスである。マニリウスは、いかにもストア派らしく宇宙の秩序への追従の姿勢を、『アストロノミカ』という美しい詩のかたちで書き残している。それは、当時の占星術の世界をよく知らしめているものだ。この書は幸い、『占星

術　または天の聖なる学』というタイトルで、「ヘルメス叢書」のシリーズに収められているので、僕たちにも簡単に目にすることができる。

『アストロノミカ』は、五つの書からなっているが、当時の世界と一二星座との照応は第四巻に収められている。有田四郎氏の訳にしたがって（フランス語からの重訳ではあるが）その箇所を見ていくことにする。国や土地の性質、あるいはそこに住む人々の性質までもが一二星座の性格と対応していて、実に面白い。まず牡羊座（白羊宮）から。

……白羊宮は、また隣接するプロポンティス、シリアのひとびと、そしてまた、軽快な長衣と窮屈な上着をまとうペルシア人、ナイルの河を支配する。ナイルの河は、太陽が巨蟹宮（蟹座）に入る季節になるとあふれるが、その洪水のなかを泳ぐエジプトを支配するのも白羊宮だ。

こんな調子で、一二星座と土地との対応が続くわけである。少し長くなってしまうが、この箇所を引用させていただくことにしよう。少し注釈もそこに付け加えたい。

金牛宮（牡牛座）はスキティアの山々と、強大なアジア、材木を主な財産とするたおやかなアラブの人びとを支配する。

材木は大地の力の象徴なのであり、またアラブ人がたおやかなのは、愛の惑星である金星に支配されている牡牛座のためなのだろう。

その屈曲した海岸線でスキティア（スキタイ）の弓を模倣する黒海は、アポローンを崇めるとともに、双子の名において、兄弟のヘラクレスをも賛美する。大地の果てに位置するガンジス河の岸辺の住人、太陽の暑熱に焼けたインド人も、同じく金牛宮の力に従う。

双子座の支配星は水星であり、神話ではマーキュリー／ヘルメースにあたるのだが、マニリウスの『アストロノミカ』では、そうした通常の支配星関係のほかにオリンポスの神々と一二星座を対応させた「守護神」のリストを掲載している。それによると、双子座の守護神はアポローンであり、神話でもよく知られているようにアポローンはまた弓の名手でもあった。スキタイの地形と弓のかたちから、この対応が生じたのであろう。また、通常双子座はゼウスとレダの間に生まれた双子、カストールとポルックスだとされるが、ある伝承ではヘラクレスとアポローンが、天の双子の姿であると考えた人もいたのだそうだ。

灼熱の巨蟹宮（蟹座）はエティオピア人の肌を焼く。彼らの皮膚が、そのことを語ってあまりあるのだ。

太陽は毎年夏至に蟹座へと入る。当然、太陽の熱が最大の力を帯びるときであって、黒い肌をもつエティオピアの土地は蟹座の支配の下におかれることになったのだろう。

神々の母に捧げられたメネアの獅子、その宮が従えるのは、プリギュア地方、カッパドキアの荒涼たる土地、アルメニアの山岳地帯、豊かなるビテュニア、かつては地球を征服したマケドニア。

メネアの獅子とは、もちろん獅子座のこと。神話では、ヘラクレスが一二の難業の最初として退治した化け獅子が天の獅子座になったとされている。

純潔無垢の処女宮が支配するのは、陸でも海でも恵まれたロードス島。この島はまた、全世界の支配者たるべき王子の住居でもあった。太陽に捧げられたこの島は、カエサル亡き後、この世の真の光となった王者を迎えたその時に、まこと太陽の館となったのだ。イオニアの街々も、ドーリスの野も、アルカディアの古き民も、その名を知られたカーリアも、また処女宮の勢力範囲に入っている。

ここでいう王子とは後に皇帝になるティベリウスのことを指しているのだという。

……天秤こそはイタリアにふさわしい宮なのである。ローマは天秤宮（天秤座）の勢力のもとで建設された。ローマが全世界の盟主として、諸国民の運命を掌握し、ひとびとを天秤皿に乗せて思いのままに秤量し、世界を支配して己が法律をもれなく行わせるのは、ひとえに天秤宮の保護下にあればこそである。

天秤座はここではきわめて高く評価されていることがわかる。ローマは詩人自身の故郷である訳だから、ローマに配当される場所がよい性質をもっていると考えるのは当然のことだといえるかもしれないが。

つづいて、天蠍宮（蠍座）には、カルタゴの崩れた城壁、リビア、エジプトとその隣接諸地域、さらにサルディニアなども支配することになる。ただし、注意すべきは、シチリアである。シチリアは、イタリアに結ばれているがゆえに、天秤座の支配の下に入るというわけである。

海に四面囲まれたクレータは、人馬宮（射手座）に属している。ミノスの子、異種の二体で作られた異形のものは、かくて同じく半人半獣の宮の保護下にある。それゆえにこそ、クレータ宮の住民は、常に弓をきりりと引き絞り、いまにもひょうと放たんばかりなのだ。

ここでいわれている「異形のもの」とはミノタウロスであって、人間と牛の合体した化け物である。クレタ島の迷宮には、この怪物がいたという伝説がある。射手座は人間と馬の二つが合わさったキメラであるが、この二つの生き物が合成された生き物の姿、という共通項が射手座とクレタ島の連想関係を導き出したのだろう。

同じような連想関係は、マニリウスから二〇〇〇年もたった今でも、占星術関係者の間で展開されることがある。数年前にイギリスの占星術学会に顔を出したとき、これからは遺伝子操作やクローン技術による奇怪な生命が生まれるのではないか、と何人かの占星術家が真顔で話していた。その根拠は何なのか、というと、「射手座に冥王星とカイロンが入ったからよ」という。ちなみに冥王星は死と再生をつかさどるとされる。また、カイロンは、ギリシア神話でいうところのケイロンで、医学をつかさどる神でもある。なんとなくわかるが、キメラとはいかに？　そんなことを聞く僕に、彼女らはさも当たり前のように、無知な学徒をいさめるような表情でいったのだ。「射手座がキメラの星座だからよ。動物と人間の合成でしょう」。一般的な占星術では射手座は旅と哲学を好む、などというだけなので、こうした直接的な連想関係が現代でも当たり前のようになされている本場の状況に驚いたことを鮮明に覚えている。さらにマニリウスの記述を追いかけてゆくことにしよう。

一部分が大地に属し、ほかの部分が水に属する山羊宮は、ヒスパニアの民、富めるガリア、ゲルマニアびとを従える。ゲルマニアは猛獣ばかり生まれる国、洪水の絶えない土地で、そのため海になったり陸地になったりだ。

神話では山羊座の前身は牧羊神パーンで山羊の姿をしていた。この神が怪物に襲われて水のなかに逃げ込んだときに、あまりにもあわてていたために下半身だけ魚の姿に変えたということになっている。

素裸でデリケートな性質の若者である宝瓶宮は、エジプトの温和な風土、ティルの城壁、またその近くのカーリアの野を支配する。

エウフラテスは双魚宮（魚座）の領分だ。ウェヌスは魚に姿を変え、この河の波間に隠れて、テュポーンの追跡を逃れたのである。大海が打ち寄せる広大な国パルティアもまた、双魚宮の管轄下にある。そのほか、パルティア人に征服された多くの国々、バクトリア、アリアーナ、バビロニア、スーサ、パニス島、ティグリス河、ペルシア湾の心地よい岸辺、そのほか割愛せざるを得ない幾多の土地と住民が双魚宮に属している。

神話ではまた魚座もまた神々の変身した姿である。ユーフラテス（エウフラテス）河ぞいを散歩していたアフロディーテ（ウェヌス）とその息子エロースは、化け物テュポーンに襲われたときに、魚の姿に変じて河に逃げ込んだ。仲むつまじい親子は、河のなかで離れ離れになってしまわないように、互いの尾をリボンで結んだ、というのが、この二匹の魚からなる魚座の前身であるとされているのである。

さて、このような土地と星座の関係は、どんなふうに用いられたのだろうか。

マニリウスは、こんなふうに歌う。

一二宮のそれぞれが受け持つ土地の区分けは、以上の通り。それゆえ、おのおのの土地に、支配宮に適した法則と特性を振り当てる必要がある。事実、諸国民相互の関係は、それぞれの支配宮が相互に結ぶ関係と同じなのだ。宮の間に、友情と敵対感情の対立、吉の相（例えば三分の一対座／一二〇度の関係）、その他さまざまな原因で変化するさまざまな関係があるように、地球上の土地と土地、町と町、国と国にも、とりどりの関係がある、あい対立して戦を構える王国もある、このような知識があれば、誰にせよ、どの地方に住めばよいか、どの土地が鬼門であるか、どこに助けを求めるべきか、どこに危険が横たわるかを知ることができる。天空の星辰がそれを告げ知らせているからである。

つまり、こういうことだ。それぞれの土地は、それぞれの土地の支配星によって、その土地固有の性質をもつようになる。いうなれば、土地の霊《ゲニウス・ロキ》が働くようになるわけであるが、この地霊は、ただ大地から立ち上がるばかりのものではなく、はるかな高みの星座と共鳴しあって働き始める。大地は星と響きあう。星の光が大地の風土を定める。そして、星座間に相性関係があるように、それが国家間の戦争を引き起こしたり、あるいは和平をもたらすことがある。さらには、自分自身の星と土地との相性を見比べることによって、旅をしたり、あるいは居を定めたりするときの予測の材料とすることができる、というわけなのである。

このマニリウスの場所と星座の対応は、元英国占星術協会会長であるニコラス・キャンピオンが地図の上に整理してくれているので一目で確認できる。参考までに、それを転載しよう。

これが、キリストと同じ時代の空気を吸っていた占星術詩人が心に抱いた世界であり、また宇宙との相関関係なのである。

ところで、マニリウスの詩にある対応は、あまり長くは続かなかった。占星術の歴史のなかで圧倒的な支持を得たのは、そのあとに現れるプトレマイオス（一世紀から二世紀）の『テトラビブロス』に見られる対応である。マニリウスの対応がやや恣意的な連想関係に基づいているのに比べて、テトラビブロスの対応は、多少なりとも体系的になっているのが特徴的だ。

『テトラビブロス』の第二巻には、当時知られていた世界を四つの世界に区分していたことがわかる。これもニコラス・キャンピオンが手際よく地図のかたちにしておいてくれているので、それを借りておくことにしよう。北西の領域は、火の星座に属することになる。そして、その火の星座とゆかりの深い火星と木星によって支配されるのだ。これらの土地に属する国としては、ブリテン、ゴール、ゲルマニア、バスタルニア（ロシアの南西部、南ポーランド）、シシリア、スペインなどが属することになる。これらの国々は、熱い炎の性格をひきついでいるせいか、「独立心が旺盛で、自由を愛し、武器を好み、好戦的」なのだという。また女性よりも男性を好む、という記述もある。とくに牡羊座に属するブリタニアやゲルマニアのひとびとの気性は荒い。獅子座に属するゴールやシシリアのひとびとはもう少し話を合わせやすいということになっている。スペインは射手座に支配されるがゆえに、もっともっと気持ちが大らかになっているのだという。

南東のエリアは地の星座と関連が深い。マケドニア、ヘラス（ギリシア）、アカイア、クレタ、キュプロス、そして小アジアの各領域である。牡牛座、乙女座、山羊座のトリプリシティを支配するのは、金星、土星、水星でありそれらの惑星の影響力を授けられることになる。火星からは高貴なるリーダーシップが、自由の精神と自立心、そして法の感覚は木星から与えられる。音楽を好んだり、清潔な暮らしを好んだり、あるいは学習を好むのは水星からの影響だという。

より細かくみてゆくと、小アジアやキュプリスは金星の影響の下にある（牡牛座の支配ということか）。よってここのひとびとは、ぜいたくな暮らしをし、清潔で自分の体のことをよく気にかけている。ヘラス、アカイア、クレタのひとびとは水星と乙女座の影響の下にあるので、学習を好み、また魂を肉体とともに鍛えることを好むのだという。水星は、知性の惑星であるとともに、また魂の導き手でもあるのだ。マケドニア、トラキアのひとびとは山羊座の影響力の下にあって、したがってさほど人付き合いが上手なほうではない、ということである。

さらに南東の領域、つまりインドやパルティア、メディア、ペルシア、バビロニア、メソポタミア、アッシリアはやはり地の星座に属しているが、オリエンタルの位置にある、金星と土星がつかさどる。彼らが官能を好み、また、占いの技に長けていて、さらにダンスを好んだり、高貴だったりするのは金星や土星のせいである、ということになっている。パルティアやメディア、ペルシアはそのなかでもより牡牛座やその支配星である金星の影響力を強く受けている。そこで、彼らは、衣服にこり、その体つきも曲線をおび、そして、ぜいたくで、清潔な暮らしをしていることになる。

バビロニア、メソポタミア、アッシリアは乙女座と水星に支配されているので、数学や惑星の動きに通じている。インド、アリアナ、ゲドロシアは、山羊座や土星の働きと関連が深い。そのために、そこに住むひとびとは醜く、不潔で、獣染みているのだという。

世界の残りの場所は、イドゥマエア(死海の南端)、ジュダヤ、フェニキア、カルデア、アラビア・フェリックスなどは、北西にあたり、火の星座に属する。

また風の星座に属するのは、北東のエリアであり、ここにはアルメニア、マティアナ、バクトリア、カスペリア、セイカなどなど古代の地名が当てられている。双子座、天秤座、水瓶座にあたり、オリエンタルの位置にある土星と木星によって支配される。この土地が豊かで財産や黄金に恵まれるのはその星のためである。また、高貴な魂の持ち主で、悪を嫌うのはこの巨大な惑星のためである。彼らは友人のために、あるいは聖なる目的のために命を投げ出すことも辞さない。より細かく見て行くと、乙女座/水星の支配下にあるアルメニアやマティアナは好奇心が旺盛な土地である。バクトリアやカスペリアは天秤座/金星の支配下にあるために、彼らは豊かでミューズ(詩神)たちの信奉者である。

南西の領域は、蟹座、蠍座、魚座に属する。このトリプリシティの支配星は、火星、金星、水星である。その国、ピュリギアやコルキア、シリア、カッパドキア、リディア、シシア、キリキアなどの国々では、金星の偉大な女神が崇められており、またその息子とされる男神（火星）が、アドニスなどの名前で崇拝される。また金星と火星の組み合わせから、この地の女性たちは夫に尽くすことにたけている。彼女たちはよく家事をすることでも知られているのだ。

ピュリギア、コルキアは蟹座に支配されていて、男性はより慎重で柔順である一方、女性の星である月に支配されているために、女のほうが強く命令をする立場にある。この地では女性のほうが、武器を手にすることがあってまるでアマゾンのような性格をもっているというのだ。

シリアやカッパドキアのひとびとは、蠍座と火星に支配されている。そのために流血を好み争いを好む。リディア、キリキアなどは、魚座と木星によって支配されているために、より経済的に恵まれており、商才に長け、社交的である。

このように、アレクサンドリアを中心として当時の世界が四つに分割されて一種のマンダラのような状態になっているわけなのだ。

プトレマイオスの著書で一二星座に配当されている国の名は、七二ないし七三で（写本によって異なるようだ）、これが占星術の歴史の上で、一応の土台となり、後の国との対応がなされるようになってくる。

マクロレベルでの占星術（古代からの占星術の主流であった）では、どの国、どの地域で異変が起こるかを判断することはとても重要であり、例えば、獅子座で日食などの凶兆が見られたとしたら、イタリアあるいはシシリアなどで何か凶事がある、と解釈するわけである。

プトレマイオスの星座と土地の対応は驚くほどの長い生命力をもち、アラビアの占星術をへて、一七世紀イギリスのウィリアム・リリーの対応表にまで継承されている。もちろん、大航海時代をへて世界がより大きくなっているわけであるから、扱う国はより多くなっている。

さらに現代の占星術家たち（セファリエル、ラファエル、カーターら）によって国や都市との対応がより細かく作られてゆくようになってきた。気になるところでは日本は天秤座といわれており、アメリカは双子座が支配する。都市ではロンドンは双子座だというのが有名だ。ウィリアム・リリーはロンドン大火を予言したとされるが、そのことを暗示したという謎絵では、双子が火のなかに投げ込まれる図が描かれている。つまりロンドン／双子が炎のなかに落ちる、というふうに読めるわけだ。

ただ、現代の国や都市、あるいは、町との星座や惑星の対応は、その根拠についてはかなり薄弱だと言わざるをえない。なかには、アリス・ベイリーのように、霊感をつかって対応させたというものもあるし、名前が似ているからとしか思えない対応（たとえば、ヴァージニアと乙女座／ヴァーゴ）などもある。

このようななかで定説が生まれてくるのかどうかはかなり難しい。そこで現代の占星術家たち

（上）マニリウスによる占星世界地図
（下）プトレマイオスによる占星世界地図
ニコラス・キャンピオンの著書より

はさまざまな方法を開発しようとしている。ジョンドロが開発したGE法。これはエジプトの大ピラミッドを牡牛座の一五度として、経度をそのまま黄道一二星座の度数に当てはめて行く方法。この方法を採用すると、東京は獅子座一八度付近にあたるのだが、関東大震災が起きたときなどは、この度数に凶兆があったという。

さらに最近多用されているのは、「アストロ・カルト・グラフィ」という方法だ。故ジム・ルイスによって発明されたこの方法は、ある瞬間の惑星の配置を世界地図に投影するというもの。その瞬間に、子午線を通過する惑星、地平線から上る惑星の位置などが一目でわかるようになっているのである。

国の建国の位置、あるいは個人であれば、その出生の時刻、または、日食、月食など重要なタイミングのマップを作成して、その惑星たちの影響力が、どこで働くのかを判断することができるというわけである。

果たしてこのような方法論がどこまで有効なのかはわからないけれど、世界中どこにいってもりんごの落ちるスピードが同じ、などというのっぺらぼうの空間認識よりも、星の光がこの大地の上にも投影されて、そこにさまざまなスペクトルを作り出しているという考えのほうがずっとずっとすてきだと思うのである。

時選びの星術

占星術は、一般に宿命論と不可避的に結び付いていると考えられている。占星術の前提として、運命は天体の運行によってあらかじめ示されている。それが「傾向」を示すものであれ、決定論的な宿命であれ、占星術が有効であるとみなすならば、未来のコースは大なり小なり星の配置、とりわけ何かが始まったときの星の配置に記されていることになるわけだ。個人の場合であれば、出生のときの星の配置が人生航路を示していることになるし、またそれが国家の場合には建国のとき、あるいは国王の出生の星によって未来が示されることになるわけである。あるいは、ホラリー占星術と呼ばれる占星術では、何か質問をしたとしたら、その質問に答えるかたちで星が回答を与えることになるという。

星の運行は人知では変えることはできない。とすれば未来は星の運行が予測可能なように、宿命論的に決まっていることになるわけだ。あるイギリスの伝統的占星術の権威と話していたとき、おもしろいことを聞いた。 一七世紀のウィリアム・リリーの占星術書を復刻し、その技法をもとに占星術を教えている彼女は当然のことながら深く占星術を信じている。しかし、彼女は、安易には、あるいは、重大な問題については星に問うことはないのだという。

「もし、だれかが愛する人と結婚できるかどうか尋ねて来たとしましょう。星はそれにたいして冷厳な答えをすることがあります。それを変えることはできないの。それを告げることがいいこととは思えない。」

だから、彼女は「紛失したカギありか」や、「行方不明の猫の居場所」といった問題しか占うことはないという。それはあまりにも占星術が正確に当たると考えているからだ。

もっとも、これは現代の占星術家の一般的な態度ではない。現代の占星術家の多くは、より人生にたいして積極的であり、また、ヒューマニスティックな立場をとっている。多くの占星術家は、ホロスコープが示すのは、人生の可能性であり、同じ星の暗示でも努力によって善くも悪くも用いることができると考えている。星が暗示する困難は、本人が成長するための試練であり、また厳しい星の配置が人の心や体験を深めていくというのである。心理学的な占星術では伝統的占星術のいう「凶星」は、抑圧されたコンプレックスや心の未熟な面であって、そこにこそ、未知の可能性が隠されていると考えるわけだ。

あるいはもっと魔術的な技法もある。インドの占星術では、悪い星の暗示が出たら、それを中和したり、あるいは吉に変えるための宝石が用意されている。

しかし、占星術の技法のなかには、より積極的な「開運法」がある。それは、逆向きに占星術を使う方法だ。そう、「時」を選ぶのである。

確かに星の動きを変えることはできない。だとすれば、物事を始めるときに、最もよい星の配置を選べばよいのではないか。日本でも結婚式を「大安」の日にするという風習があるが、それをより精緻な方法で行うというものだ。これを「選定占星術」ELECTIONAL ASTROLOGYという。

この選定占星術は、バビロニアで星から予兆を読み取るという占星術の原型が用いられたときにはすでに行われていたと考えられる。重大な政治的なアクションを起こすときには、吉兆を待つわけである。

この伝統は、近代の合理主義が勝利したかのように見える現代までひそかに続いている。いっとき世間を騒がせた、アメリカのレーガン元大統領夫人が占星術に凝っていて、顧問占星術家ジョアン・キグリーにお伺いをたてていたときのことを考えても、キグリーは会談などの時間を占星術によってアドバイスしていたというのである。キグリーと親交のあるある友人の占星術家に聞いたところでは、彼女はいつもストップウォッチをもっていて、重要な出来事が起こったときの時刻を秒単位で記録していたという。

選定占星術は、しかし、なかなか難しい。というのは、星の動きは人間の都合など無視しているわけで、「どこから見ても完璧」な星回りのチャートなどは作成できるはずもない。そこで、限られた可能性のなかから最もよい星の配置を探すことになるわけだが、そのときには、占星術家の知識、技術が総動員されることになるのだ。

歴史において選定占星術が用いられたとされる事例にはこと欠かない。有名なところでは、一七世紀の大天文学者ジョン・フラムスチードは、グリニッジ天文台を建築するときの礎石をおく時刻のホロスコープを選定しており、そのホロスコープも残っていて、二〇世紀に出版されたA・J・ピアース著の占星術教科書にはそのファクシミリ版が掲載されている。この逸話は後の天文学者たちにとっては、できれば目をふさいでおきたいところのものだろう。

また、さらに有名なところではエリザベス女王の戴冠の時刻を、数学者にして占星術家、エリザベス朝ルネサンスをリードしたジョン・ディー博士が選定したと伝えられているところであろう。

ディーといえば、イギリスに進んだ航海術をもたらし、大英帝国の基礎を築いたり、あるいは当時最大の蔵書をほこり、かつ大陸にわたっては女王にたいしてスパイ活動を行ったともいわれている。晩年には、水晶のなかに天使を呼び出し、その言語である「エノク語」を聞き取るのに成功した、などという不思議な逸話のある人物である。当然ディーは占星術の伝統にもどっぷりとつかっており、その知識をパトロンでもあった女王のために用いていたと考えられているのだ。

詳しい情報は残念ながら手元にはないのだが、英国で伝統的占星術の復興に尽力しているオリビア・バークレー著の『ホラリー占星術再発見』には、ディー博士が選定したと思われる、戴冠式のチャートと、それにたいする注釈が添えられているので、参照してみることにしよう。それは一五五五年一月一五日正午、ウエストミンスターのものである。

太陽は水瓶座四度で天頂にあり、アセンダントは双子座の九度、月は牡羊座二〇度である。ディーがどのようにしてこの日を選定したのかが不明なのは残念だが、バークレーはその理由を次のように推測している。

バークレーが注目するのは、月が幸運の座《パート・オブ・フォーチュン》と恒星であるレグルスに一二〇度の幸運の角度を形成しつつあることだ。幸運の座とは、太陽・月・東の地平線（上昇点）の角度差から算出される重要な占星点であり、戴冠の図では、このポイントが王者の星と呼ばれるレグルス（獅子座の心臓にあたる）と重なり合っている。占星術では月が、その星座を抜けるまでに形成する角度が決定的に重要な判断材料となるのだが、この場合には、月は幸運の座、偉大な光を放つレグルスにたいして一二〇度を最後に形成するわけで、バークレーの判断ではこれはとても大きな吉兆であった。伝統的な占星術では、恒星が影響する場合には、その力は永続的に働くといわれており、エリザベス朝が極めてながく続いたのは、恒星レグルスの賜物かもしれない。

さらにアセンダントには双子座が昇っており、その支配星は水星だ。ホラリー占星術あるいは、選定占星術では、つねにアセンダントの支配星が本人を暗示すると考えられるのだが、水星は大幸運の星である木星に接近していっており、これも吉兆である。

ただし、木星は西の地平線にかかっている射手座の支配星である。西の地平線は、結婚相手を暗示することがあり、射手座は国に配当するとスペインとなる。ひょっとするとエリザベスはスペイン国王と結婚したかもしれなかったのだ。しかし、この二つの星は、接近しているとはいえ、その距離はかなり大きく、縁組の可能性とまではいかなかったであろう。

水星は、火星と凶角をなしている。火星は戦いの星であり、同時に、「隠された敵」をつかさどる位置の支配星になっていることから、女王には隠れた敵がおり、権謀術数渦巻く環境におかれざるをえないことを暗示している。火星、土星の配置も厳しく、敵は外国にたくさんいることがわかる。

しかし、女王を示す太陽や水星の勢いは、凶星のそれをしのいでおり、そのために治世は長く続いた、と占星術家たちは解釈している。さらに、「カンパニー・オブ・アストロロジャース」の占星術家で伝統占星術にも造詣の深いジェフリー・コーネリアスは、エリザベス女王の出生のときの星の配置と、戴冠図の間には、きわめて吉兆の関係があることを指摘している。つまり、太陽と月が吉星とされる金星・木星にたいして完璧によい角度関係をとる日時が選ばれているわけである。ほかにも、ディー博士は木星・土星の会合サイクルやイギリス建国のチャートなどの条件をも考慮にいれて、注意深く日時を選んだのだろう、と現代の占星術家たちは考えている。

こうした高度な占星術のシンボリズムの操作からなる、選定占星術は、よりポピュラーなかたちで大衆のなかにも入り込んでいる。それは、日本の暦にも似たものであり、主に月の動き、満ち欠けによって日常のさまざまな活動の吉凶を判断するものだ。

想像に難くないことではあるが、月の満ち欠けはかつては今よりもずっと重要なものであった。人工の明かりのない時代においては、月明かりは夜を照らす唯一の頼りだったであろうし、規則的に繰り返される月の満ち欠けは、何といっても日を数えるための重要な指標だったのだ。そして、闇の中から光りが現れそれがしだいに大きくなっていって、また欠ける、という周期自体もまたとても神秘的なものに見えたであろうし、その周期は洋の東西を問わず、自然の生々流転そのものを表す強力なシンボルであったわけである。

月による吉凶の判断は、現在でも非常にポピュラーなもので、例えばアメリカではオカルトを専門に扱う出版社ルウェリン社から毎年『ムーン・サイン・ブック』が刊行されている。この書には、一年を通じての月の星座、月の満ち欠けが詳しく書かれている。例えば、自動車の購入を考えているものは月が天王星、水星とよい角度（六〇度、一二〇度）をホロスコープ上で形成しており、かつ旅と関連する星座、すなわち双子座か射手座にあるときがよい。購入、修理に関して月が助力を与えてくれるときであるから、その日を選ぶべきだというのだ。

スキンケアやマッサージなど美容に関しては、月が牡牛座、蟹座、獅子座、天秤座、水瓶座のいずれかにあって、金星あるいは木星と月が〇度ないし六〇度、一二〇度の角度を形成していることが大事である。整形手術については、月が満ちて行くときで、しかも火星と月が悪い角度をとっていないときを選ぶべきである。爪を切るのは、月が水星、木星と意味のある角度《アスペクト》をとらないときを選ぶのが肝要だ。

自動車の購入、整形手術などいかにも現代的な問題がこの一般的な本には見られるわけであるが、こうした本は古くからの選定占星術の伝統にのっとっているわけで、民間信仰として実に古くから知られているものであった。

例えば、英国では一七世紀中葉には占星術家のウィリアム・ラムゼイは、月の満ち欠けによる吉凶日の選定はあまりにもよく知られており、改めて言及するまでもない、といっている。一五八七年にはレディ・アラベラ・スチュアートは、髪を切るタイミングを月の動きにしたがって決めるべきだと言っている。

服を新調する日、新しい行動をする日、穀物の刈り取り、結婚などなどはすべて月の動きによって決めるべきだという考え方が、一六、一七世紀ごろにははっきりと大衆化するようになっていた。このような世界観は先程あげた現代の『ムーン・サイン・ブック』にまで続く考え方であって、髪を早く延ばそうとするときには、月が満ちていくときや、「豊饒の星座」、すなわち牡牛座などに入っているときを選ぶべきである。一方、髪の伸びをおくらせたいときには、月が欠けていくときを選ぶ。

月が満ちていくときは、一般的にいって、物事の成長を望む場合に選ぶべきであり、逆に物事を減らしたいときには、月が欠けていくときを選ぶようにするわけである。

また月が入っている星座も、その事項と関係があるようにすべきである。さきほどの例であれば、自動車の購入には、自動車の目的である移動や旅行をつかさどる、双子座、射手座を選ぶ、といった具合である。

さらには、新月、上弦、満月、下弦といった基本的な月の相、すなわち月の満ち欠けをさらに細かく分割して、毎日の月齢に意味を持たせようという試みもある。

これは主に魔術の伝統とからんだものであるが、例えば、一九世紀の、「近代魔術の父」であるエリファス・レヴィの名高い魔法書、『高等魔術の教理と祭儀』には、月齢とタロットの札を結び付け、そこの吉凶を判断している。やや長くなるが、レヴィの言葉に耳を傾けてみよう。

大空を読みとらんと欲する賢者は、その影響力が占星術に於いては極めて大きい月の日数にも注意を払わねばならない。月は地球の磁気流を引き寄せ、押し戻し、こうすることで海の干満を惹き起こす。それゆえ月の諸相をよく識り、その日付と時刻とをよく見分けることができなければならない。……

さて、「タロット・カード」の二二の鍵と七つの惑星の徴しとによって示される月の全日程の特徴的性格は次の通りである。……

一　「手品師」または「魔術道士」

月の第一日は月そのものの創造の日である。この日は精神の発動に捧げられており、時機を得た改革には好都合に思える。

二　「女教皇」または「隠秘学」

エネディエルを守護神にいただく第二日は、天地創造の五日目にあたる。何故ならば月は四日目に造られたからである。同じ日に造られた鳥と魚は魔術的類似性の、ヘルメスの普遍的教義の生きた象形文字である。このとき「言」の諸形態によって満たされた水と空気は、賢者の「水銀」すなわち知恵と言葉の基本形態である。この日は啓示、秘法伝授、そして学問の大発見にとって好都合である。

三　「天上の母」、または「女帝」

第三日目は人間の創造の日にあたる。それゆえ月は「カバラ」においては、三という文字を伴って示されるときは「母」と名づけられる。この日は生殖にとって、また肉体的精神的の別なく、生産全般にとって好都合である……（生田耕作訳『高等魔術の教理と祭儀』人文書院刊）。

といった具合で続いていくのである。

ただ、月の相は二九日目まであるわけだが、タロットの切り札は二二枚しかない。七つはマッチングからこぼれるわけであるが、そこには金星や火星などの惑星があてられている。そして、二九日目、つまり新月直前の月齢には、タロットの愚者（ここでは「狂人」が当てられる）が配当されており、「万事において挫折と不首尾の日」となっている。

伝統的な占星術においても、月がその光を失うときは不吉とされていたのだ。

月の動きによる選定占星術の要素には、インド起源の「月宿」によるものもある。これは同じものが日本の暦にも入り込んでいるので、ご存じの方も多いだろう。

西洋の占星術では、黄道（みかけの太陽の通り道）を一二の星座宮に、三〇度ずつ区切って座標として利用している。

一方、月が一日あたりに平均して通過する度数である約一二度五六分をひとつの区分とする、ルナー・マンション（月宿）による占いもある。インドの占星術では、この月宿は極めて重要な役目をしているのだが、どの宿の日にあたるかによって、すなわち月がどこの宿にはいっているかによってそれぞれ仕事の吉凶があるのだという。六世紀のインドの占術書『ブリハット・サンヒター』（バラーハミヒラ著、矢野道雄、杉田瑞江訳）などをみると、例えば、結婚にはローヒニー、レーヴァティー宿などがよい、ということになっている。インド占星術はアラビア経由で西洋社会にも入っているので、月宿による占いや時機選定の方法も、西洋の伝統占星術のなかに入り込んでおり、チョーサーの作品にもその影響が見られるのだ。魔術にふさわしい月の宿を登場人物が選定する、というシーンが作品の中に見られるのである。

服を新調するなど、日常的なささいな方法にでも、一七世紀の知識人は、単純な月の位相ばかりではなく、複雑なホロスコープ占星術を用いるようになってきたらしい。

一七世紀英国の代表的知識人であるエリアス・アシュモールの日記、記録を見てもいくつもそのような記述が登場するのである。

例えば一六五〇年一二月一八日午前八時三〇分と書き込まれたホロスコープが写本のなかにあるが、ここには「紫色のシャギーのガウンを初めて着用」と書かれている。ほかにも、アシュモールは貸借の契約書を造ったり、あるいは、護符を作成するタイミングまでも占星術によって測っていた記録があるのだ。害虫よけの護符を作成するタイミングをホロスコープによって考慮しているのだが、当時は、害虫を避けるのにも魔術や占星術を用いていたことがわかって興味深い。一六八一年には木星、および木星の力を引き出す護符をアシュモールはたくさん作成しているが、そのさいにも、当然、選定占星術は用いられていたのである。また、アシュモールは、しばしば、成功した占星術家であるウィリアム・リリーにもホロスコープの選定やその解釈において助力を乞うていた。服を初めて降ろすことから仕事のひとつひとつにおいてまで、アシュモールは、星にお伺いをたてていたのである。

服をおろすときには、どんな星の配置がよいのだろうか。アシュモールはどのような占星術家をその知識のソースとしたのだろうか。一六世紀イタリアの占星術家カルダンは、占星術判断のための格言《アフォリズム》をいくつも残しているが、そのなかには、このようなものがある。「新しい服は、月が蠍座にあるとき、とくに光りに満ちていて、火星の悪影響を受けているときには、作ってはならない。さもなくば服はすぐに破れるか擦り切れてしまうであろう」。

カルダンのこのような占星術的格言は、ウィリアム・リリーの友人でもあったヘンリー・コレイによって翻訳されて一七世紀の英国に広まったので、アシュモールもその考えをよく知っていたはずである。火星は破壊の象徴でもあるので、月が火星と悪い角度のとき、あるいは、火星の支配の星座である蠍座にあるときに何かをつくると、すぐに痛んでしまうと考えられたのであろう。

またカルダンは、旅行についても出発の時機について指示している。本人を表す惑星(そのときに東の地平線から上昇する星座の支配星)が、水の星座に入っていたり、あるいは凶悪な星(火星、土星)のほうが、その本人を示す惑星よりも上にあるようなことがあれば、旅行においては、悪天候になってしまうであろうから避けなければならない。

カルダンの格言がおもしろいのは、ただ時間を選ぶばかりではなく、悪運を避け、幸運を招くための場所選びの方法も告げているという点である。

人に可能な最良の選定は、居を定める場所である。住む街が建てられた時のアセンダントを本人のアセンダントと同じにせよ、そうすれば健康をよく保つことができるだろう。天頂と同じであれば、何かでよい立場に立つことができるだろう。それが本人の太陽の星座と同じであれば間違いなく栄誉を得ることになる。もし木星と同じであれば、富を得るであろう。もし月と同じであれば、幸福になり、そこで尊敬が得られることになるであろう。

(『占星術家の手引き、アニマ・アストロロジー』)

こうした方法は広義の選定占星術、ということができるのではないだろうか。

選定占星術が本当に有効かどうか、というのはもちろん、判断することが難しい。人生は一回きりであり時間は不可避であるために実験、追試をすることは難しいからだ。

ただしそんな困難をものともせずに選定占星術の有効性を科学のまな板の上にのせて分析しようとした試みがないわけではない。一九七七年には、占星術懐疑論者に対抗するために科学の素養をもつ占星術家、統計学者などが占星術に対する統計的研究をまとめて一冊の本にして報告している。ジェフリー・ディーン編の『出生占星術の最近の進歩』（*Recent Advances in Natal Astrology*）であるが、そのなかには、伝統的な植物の生育と占星術の効果のほどを統計によって試験した結果がいくつか収められている。伝統的な選定占星術（極めてシンプルな、であるが）によれば、植物の種を蒔くときには、月の相や月の星座を考慮したほうがよいという。

では、種子を撒くときの月の相によってその生育の速度が左右されるというのは本当であろうか。

そうした研究の先駆的なものはシュタイナー主義者たちが行ったものであり、一九二〇年代には実験がなされている。一二年がかりのコリスコーらの実験では、植物の生育は新月、満月の三日前に種子を蒔くと向上する。より最近のものでは、ブラウン、チョウの両博士の一九七三年の生物学学会誌への報告がある。これによると、種子（この場合は豆）の水の吸収率は明らかに月の相と関係があるという。博士らは乾燥したピント豆に水を与えてその吸収速度、吸収率を測定した。実験はイリノイ州エヴァンストン、および一〇〇〇マイル離れたマサチューセッツのウッド・ホールで行われたが、その結果では、豆の水の吸収率（当然発芽率とかかわるわけである）は、新月、満月、上弦、下弦のときにピークに達するカーブを描くことがわかったという。ほかにもドイツのタン THUN らによって月の星座と植物の生育の状況との関係などが調査されている。

もちろん、実験によっては否定的なデータもあるし、懐疑論者をもすべて納得させるデータは存在しないようだ。しかも、肯定的な結果を出したものも、伝統的な暦の知識とは一致しないものもある。

しかし、もしみなさんが多少占星術の知識があれば、時を選定することをやってみるのもおもしろい。これは経験的に知っていることなのだが、「最もよい星の配置」を選ぶためには、ある期間の内のすべての星の動きをチェックしなおさねばならない。

そのときには星の動きを細かくシミュレートすることになる。すると、机の上で、太陽系の動きがリアルに感じ取れるようになってくる気がするのである。そして、その時間のなかで、自分の存在を確かめることができる。いわば、宇宙の時間の流れのなかでの自分の位置を実感しなおすことができるようになる、というわけなのだ。

家の新築や結婚などについて「吉日」にこだわるのはばかばかしいことに思えるかもしれない

が、しかし、自分の人生のなかの重要な日取りについて、星の動きに思いを巡らせながら、熟考する（熟考——CONSIDERは語源的には、CON-SIDER、すなわち、星とともに、という意味である）のは、あらゆる側面から儀式が失われて行く昨今のなかで、実は案外大切なことではないかと思うのだ。

それが直接的に「開運」につながるかどうかはわからない。しかし、アシュモールがやったように、服をおろすとか、ささやかな生活の細部にまで星の息吹が感じられるようになったのなら、こんなに楽しいこともまたないのではないだろうか。

幸運を祈る星の選定は、それ自体が時間の流れを確認しなおし、それを愛でるためのひとつの儀式のように思えてならないのである。

綺想を生きる現代の占星術の変貌

占星術の世界に引き込まれてすでに一〇年以上が過ぎた。子供のころに「星座占い」に魅了されたことから数えおこせば、もう二〇年を越えるだろうか。生活のため、仕事のため、などと言い訳を積み重ねながら占いやら占星術の世界からずっと足を洗えずにいたわけである。その割には勉強が進んでいないといわれればまさにその通りで、膨大な占星術の世界を前にしたときには、まだその門の前にすら立っていないような気がする。なにしろ占星術の研究を本格的に進めようとした場合には、最低でもラテン語、ギリシア語、アラビア語が最低でも読めなければならない。広大な占星術の歴史世界を目の前にしたときには目もくらむような気がする。こんな世界に足を踏み入れてしまったのは、いったいどの星の力によるものかとうらめしくさえも思う。

しかし、そんななかでも多少なりとも僕が占星術のことを語り得るのは、占星術が現代にまで生き延びている文化であるからだ。思えば、僕が占星術の世界にのめりこんでいた一九八〇年代から九〇年代というのは英国、アメリカを中心に占星術研究が最も「熱い」様相を呈していたときだったように思う。

毎年英国に詣でて英国占星術協会の大会に参加するようになったわけだが、そのなかで発表される内容は、毎回新しいものが含まれていて実に刺激的であった。僕自身は、占星術と心理学、神話学の融合という新しいジャンルの占星術――すなわち心理占星術、あるいは元型的占星術と呼ばれるものに一番興味をもっていたわけであるが、そのほかにも、多くのスタンスが占星術をめぐって覇権を争っていた。占星術という奇怪な世界にいながらも、そして周囲の理解を得ることが難しい状況のなかでも、この怪しげなアートから離れることができなかったのは、占星術の実践そのものへの関心やそれを仕事につなげているということ以上に、目まぐるしく変遷してゆく占星術シーンへの、ジャーナリスティックな（格好つけていえば）、あるいは、のぞき見趣味的な興味が大きな原動力になっていたようにも思うのだ。

少なくとも、占星術が当たる、有効性があるということを証明することは難しい。当然、懐疑論者たちを説得することはもっと難しい。一方で、自分も含めて占星術の伝統は、ずっと過去に滅びてしまった異教の神々の伝統やらコペルニクスとケプラーによってとっくに打ち砕かれたはずの天動説宇宙を保持しながらも、多くの知的な人々をひきつけている。占星術など信じるものはすべてアタマがおかしいというのなら別だが、大学で教鞭をとる程度にはＩＱの高い人々が占星術をまじめに論じている。そうした人達が、いかに占星術を弁護するのか、そのスタイルを研究してみることも、面白かったのである。僕の占星術研究とは、一面では占星術シーンの移り変わりの観察という一面もあったような気がする。

本書のエッセイ、「占星綺想」は、主に一七世紀まで、ときに二〇世紀初頭までの今では古典と呼ばれる占星術のテクスト群の拾い読みから生まれて来たものである。一見すると文献的な占星術の歴史研究の一端を示すもののように思われるが、しかし、そうしたテキスト群はあとで紹介するように、現代のアクティヴな占星術家たちによって再び陽の目を見るようになったものがほとんどであって、現代の熱い占星術文化がなければ、古典語のまま図書館の奥深くに眠っていて、熱心なアカデミシャンならともかく、とうてい僕のようなものの目には触れることはなかっただろう。

近代においては、一七世紀英国が占星術の黄金期であった。歴史家であり、一七世紀から現代までの占星術史についての権威であるパトリック・カリーも、その著『予言と権力』を、一七世紀が占星術の黄金時代であると冒頭から述べている。市民革命や王政復古などの政治的動乱がひきおこした社会不安を背景に勃興しつつあった大衆向けの印刷媒体の普及が占星術情報を一気に広めたのである。占星暦の爆発的な流行、ウィリアム・リリーを筆頭としてジョン・ガドベリー、ニコラス・カルペパー、ジョン・パートリッジなど綺羅星のような占星家が現れ、また、エリアス・アシュモールのような知識人も占星術を用いていた。一六四九年から一六五八年にかけては結成された占星術協会が毎年ロンドンで定期的に夕食会を開催するほどにまでなっていた。会には四〇人ほどの参加者がいたという。

しかし、その黄金時代は、驚くほど突然にその幕を閉じる。一六八〇年頃には占星術に関する出版物の数は激減する。大衆向けの暦などは出版され続けるが、それも、多くは過去の暦を模倣したり、かつての権威者の名前を借りてのものであった。

なぜ占星術がこのように急速に下火になったのかは謎としかいいようのない部分もあるのだが、間違いなく大きな要因になったのは、科学革命が浸透し、占星術的な世界観が倒壊したこと、一八世紀に支配的になる啓蒙主義の影響であろう。さらに、占星術の急速な失墜にかんしてはこうした一般的な説明に加えて、知識社会学的な解釈が可能である。パトリック・カリーは、一七世紀中葉、クロムウェル親子による護国卿時代には、占星術が共和制支持者と結び付けられて考えられるようになっていたことを指摘する。そこで王政が復古したときには、占星術は、容認しがたい社会的な勢力とみなされるようになったのではないか、というのである。

もっともこうした説明だけでは占星術の失墜を説明しつくすことは難しい。科学革命以来の「新天文学」の背景には、占星術とも深いかかわりのある新プラトン主義があったことは周知のことであるし、ヨーロッパに広く広がっていた占星術の歴史を概観するには、英国のほかにも視野を広げなければならない。今後の研究とその紹介が待たれるところだが、いずれにしても、ここでは、一八世紀には占星術は知的階層からの信頼をほとんど失ってしまった、ということを指摘しておけば十分である。

しかし、現代ではどうだろう。大衆文化のなかでの占星術の流行のほか、アメリカでは州公認の占星術専門の単科大学がさきごろ設立された。イギリスでも占星術を高等教育のなかに取り戻そうとする活動がさかんである（ソフィア・プロジェクトなど）。こうした占星術の復興の流れのなかで、先に述べたように実にさまざまな占星術トレンドが生み出され、変転していったのだ。僕自身が魅了されたのも、そうした占星術の変遷の多様さによるものだったといえる。

現代の占星術は、一九世紀の末に復興する。それは、ロシアの霊媒ヘレナ・ブラバツキーに端を発する神智学運動の影響下によるものであった。

神智学の教義を要約することは至難の技であるが、太古からの東西の神的英知には共通の真理が存在し、今はばらばらになっている東西の霊的伝統をその真理のもとに統合し、人種や国籍を超えて各人の霊性を高めてその普遍的な真理へと目覚めさせることを目標としているというのが大きな特徴である。ブラバツキーはそうした英知を霊的な次元に存在するマスターたちから伝えられたという。神智学運動は、その後、東西の多くの霊的伝統の復興に大きな貢献をし、現在のニューエイジ運動にも連なっていく下地をつくる。その評価はまちまちであろうが、影響力の大きさという点では近代のオカルト運動の原動力になったといっても過言ではない。

占星術もそうした神智学運動のなかで復興する。かのノーベル賞詩人ウィリアム・バトラー・イエイツも神智学の影響を深く受けており、また自らタロットやホロスコープの占いをしている。なかでも占星術に対してもっとも大きな影響力を残すことになったのは、アラン・レオであろう。レオは、占星術の雑誌を発行して成功し、また七巻にわたる占星術の教科書を出版し二〇世紀の占星術の主流を決定づけた。また、現在の主要な英国の占星術団体が誕生するのに寄与した。レオは一九一七年に他界するが、その占星術は、今なお大きな影響力をもっている。

ところで、レオの占星術は、一七世紀の占星術と著しく異なっている。

一言で言えば、それは大幅に簡略化されたものであったのだ。

占星術の主要な構成要素は、一二の星座宮《サイン》、一二のハウス、そして惑星である。一二の星座宮は、黄道を春分点を基準に三〇度ずつ一二に分割したもの、そしてハウスとは、ある瞬間の地平線、子午線をもとにホロスコープを一二に分割したものである。

古典的な占星術では、サインとハウスはそれぞれ独立した意味や役割をもっていた。しかし、現代の占星術では、この二つは往々にしてほとんど同じようなものとして扱われる。

例えば占星術のベストセラーであるリズ・グリーンの『サターン』を開いてみる。この本は土星《サターン》のシンボリズムを深く解釈した現代占星術の名著中の名著である。この本のなかでは、土星がそれぞれの星座およびハウスに入った場合のケースについての解釈がていねいになされている。が、このときの書き方としては「土星が牡羊座、あるいは第一ハウスに入った場合」となっていて、牡羊座と第一ハウスの解釈が、ほとんど同じものとして扱われているのである。

ここではいわゆる「ナチュラル・ハウス」と呼ばれる考え方が反映されている。ハウスは、東の地平線から始まって第一ハウス、第二ハウス、とナンバーが振られているが、こうしたハウスに牡羊座から始まる一二星座を順番にあてはめて、それぞれが同じ性質をもつと考えるのである。日本の占星術の教科書では、しばしば、「第一ハウスは牡羊座の定位置」などと書かれている。

しかし、こうした考え方はレオ以前にはないものであった。ハウスと星座はあくまでも別物であったのだ。

同様のことは、アスペクトのオーブの考え方などにも見られる。

アスペクトとは、星が形成する意味のある角度のことだ。占星術では円形のホロスコープのなかで二つの惑星が特定の角度をとると、星の意味が強力に働きあうと考える。この角度をアスペクトという。ホロスコープの中心から見て、〇度、六〇度、一二〇度、九〇度、などの角度をとるとその角度に応じて星の意味が変化するのだ。

しかし、こうした角度をぴったり正確に星がとることは少ない。そこで、大体そうした角度に近ければ、アスペクトをとっているとみなそう、と考えるわけである。そのときの角度を認める幅をオーブ（許容度）と呼ぶ。

現代の占星術では、〇度や一八〇度のときには約八度の許容度を認め、六〇度には約六度の角度差を認める、などとしている。〇度や一八〇度は強力な角度であるために、許容度を広く設定してもいいと考えるわけである。しかし、これもレオ以降のものであった。伝統的な占星術では、アスペクトのオーブはアスペクトの種類にではなく、惑星に帰属するものであって、その角度は厳密に定められていた。

さらに、レオの占星術では、ディグニティはほとんど重視されていないように見える。ディグニティとは、惑星の品格のことであって、例えば、太陽は獅子座を支配しており、牡羊座でエグザルテーション（高揚）と呼ばれそのよい面を引き出される。古典的な占星術では、こうした惑星の威力の算定がきわめて重要なファクターとなっており、そうした力の算出の方法は、「エッセンシャル・ディグニティ」と呼ばれる分類だけでも少なくとも五種類の方法があった。

しかし、現代占星術では、そうした面はすべて消失している。

このような複雑な占星術のセオリーが消失したことによって（それが意図的なものであったのか、あるいは、単に占星術の伝統の断絶のためのものなのかはわからない）、占星術のマニュアル化が進み、よりイメージ的に占星術チャートの解読ができるようになってゆくのである。

レオの占星術は霊的な進化を想定する神智学の影響をうけて、個人の内的な側面をより深めてゆくためのものだと考えるようになった。神智学では、時代は霊的な次のステージに上がるときとされており、そのためにも個々人の霊的な発達が必要だと考えられた。また、過去のカルマからの解脱も重要だと考えられていたのである。ホロスコープは、そのためのマップを提供するものであった。

また当時の英国では占いによる運勢判断、未来予知が禁止されていたこともあって、レオは、ここで「性格こそ運命なり」というモットーを全面に押し出すようになるのである。そして、詳細な性格判断や、ホロスコープの構造を精神の発達と結び付けるかたちで解釈するようになった。

このような霊的進化論と結び付いた占星術は、アメリカに飛び火して大きな影響力を放つようになる。マーク・エドモンド・ジョーンズ、ディーン・ルディアによる「人間性占星術《ヒューマニスティック・アストロロジー》」の勃興である。

一九三六年、ルディアは『アストロロジー・オブ・パーソナリティ』を発表する。やはり神智学運動の影響を強く受けたルディアは、「占星術の目的はカオスをコスモスへと、集合的な人間性を個人的、かつ創造的なパーソナリティへと変容させること」だとみなした。そして主にユングの心理学を用いて独創的な占星術のシンボル解釈をするようになったのである。

こうして、占星術が自己発見と人間精神の発達のツールへと変貌する下地が準備された。ただ、ここでのルディアの占星術は、その背景には不可視の霊的なハイアラーキーや宇宙の原理などといった神智学的な概念が横たわっており、今世紀の知識人には受け入れがたいモデルやディスクールをもっている。ルディアの占星術は、ある意味で「エソテリック」な一面をもっていて、そうした存在を受け入れることが難しい人々には訴えかける力が弱いといえる。しかし、同時に、ルディアの多彩な知識や美しく構築されたシンボリズムに魅了される人々も多くいた。

つまり、レオ―ルディアの流れは、伝統的な占星術と切り離されたもので、テクニカルには恐ろしく単純化されたものであったといえるが、しかし、その分、神智学やユングの心理学をもとに、シンボリズムとしては深められたということができるだろう。

そして、こうしたものからエソテリックな用語を切り離し、よりユングに忠実なかたちで、「心理学的占星術」が誕生した。

心理学的占星術の誕生の経緯やユング自身の占星術にたいする態度、研究については別の箇所でも紹介したし、また、ユング心理学にもとづく心理学的占星術の事実上の大成者であるリズ・グリーンの著作は、青土社から『占星学』、『サターン』として紹介しているので、そちらを参照されたい。

ホロスコープを個人の魂、ないし心の発達の図として読み解く占星術は、七〇年代から現在にいたるまで占星術シーンの主流を占めていた。僕自身、その流れに魅了され、またその占星術を紹介してきた経緯があるのだが、これは、個人の心こそ重要なものであるとする、心理学主義の時代の到来を見事に受けていたものだといえるのではないだろうか。

しかし、その一方でそうした占星術は「主観的にすぎる」という批判も相次いでいた。個人の心によりそうという占星術ではなく、より客観的に、より科学的に占星術の有効性を証明しようとする占星術へのアプローチである。

そうしたアプローチ自体は、二〇世紀の前半から始まっていたが、はっきりとしたかたちをとるのは、ソルボンヌ出身の心理学者ミシェル・ゴークランによる研究であろう。

ゴークランの研究については、アイゼンクとナイアスによる『占星術——科学か迷信か』などに詳しくあるので、それを参照されたいが、要するに職業と出生時の惑星の配置の関連などを統計的に厳密に調査し、その相関関係を実証するという戦略をとったわけである。

一九六七年の『宇宙時計』においては、ゴークランは、優秀なスポーツマンと出生時の火星の配置との関係などを示して関係者を驚かせた。ゴークランの研究は、多くの批判を浴び、懐疑主義的な科学者との論争が続いているがいまだに決着は見ていないようだ。

ゴークランのように占星術の「客観性」を信じる占星術は、一九七七年の『出生占星術の最新の進歩』（リーセント・アドヴァンセス・オブ・ネイタル・アストロロジー）においてハイライトを迎える。この論文集は、世界中の占星術に対する統計的な研究を集めたものであり、それを詳細に評価している。占星術の主張を科学的に調査しよう、という試みだ。

興味深いのは、こうした「科学的」占星術は、前述の霊的／心理学的占星術と平行して、そして、それは互いに批判しあいながら存在していたということだ。ルディアは早いうちから占星術を物質的な科学にすることに批判的であったし、また、心理学的占星術の旗手の一人であるスティーブン・アロヨなども、占星術を「統計」に還元してしまうことにはっきりと反対する。占星術はあくまでも「個」にこだわるべきだというのである。

この対立は、心理学のなかでより客観的、行動主義的であろうとする立場と、精神分析―人間性心理学―トランスパーソナル心理学へと流れて行く潮流の二つがあることと対応しているように思えて興味深い。

さらに八〇年代に入ると、前述のような古典的占星術の復興が始まる。

一七世紀占星術と二〇世紀占星術の差異をすでに述べたが、こうした差異が明らかになってゆくのは、八〇年代以降の古典的占星術復興運動に負うものである。

一九八五年には、英国でウィリアム・リリーによる占星術の包括的な教科書『クリスチャン・アストロロジー』が復刻されて出版された。リリーのこのテクストは、本書でも何度も引用したが、ヘレニズム時期からアラビアをへて発展してきた占星術を包括しているように思える分かりやすいテクストである。このテクストは、オリビア・バークレー、ジェフリー・コーネリアスらの手によって、図書館や古書店からその断片が集められ、完全に復元されたかたちで復活した。

アメリカでは、ロバート・ハンドらが中心になり、「ハインドサイト計画」「ARAHAT」らが生まれ、組織的にこれまで未紹介であった占星術のテクストが英訳され、そのテクニックが復活するようになり、古典的な占星術と同じ方法で占星術を適用しようとするものが多くなって来た。

面白いのはこのロバート・ハンドという人物である。ハンドは、現代の占星術シーンで、恐らくもっとも影響力のある人物であるが、こうした占星術シーンの移り変わりすべてにリーダーとしての役割を果たしている。

占星術の統計学的研究という意味では、コンピュータ技術の発達は不可欠であるが、ハンドは占星術ソフトの開発者としても有名である。一方で七〇年代に人間性心理学をベースにした占星術を普及させたのも氏であった。そして、今度は八〇年から現在にいたるまで、古典占星術の復興でも指導的立場にある。

ある親日アメリカ人占星術家は、氏を「日本なら人間国宝モノだ」と形容したけれども、コンピュータ・プログラムからラテン語までも自在に操るハンドは確かに一種の天才であろう。そして、氏のような人物の変遷は、占星術が、実に多様な顔をもっており、その時代、時代のエートスによって、変容していくことをはっきりと示しているように思えるのだ。つまり、科学的客観性への信頼（統計）、それからこぼれ落ちる人間性の重視（心理学／霊学）、さらに歴史的アイデンティティへの接続（古典占星術の復興）という三つの現代占星術のフェーズが二〇世紀の占星術ではははっきりと見て取れる、ということなのである。そして、さらに面白いことは、ハンドひとりを見ても、いったん占星術の魅力にとりつかれたものは、それを捨てずに、変貌する占星術のなかにいて、さまざまな占星術の魅力を味わおうとする、ということなのではないだろうか。僕とて、とてもハンドにはかなわないとしても、やはり占星術の魅力に取り付かれながら、その変貌する綺想の足跡を必死で追いかけているのである。

二一世紀には占星術はどのような姿をとるのだろうか。復活した古典的な占星術のセオリーを統計によって実証するのであろうか。あるいは、古典的占星術の研究が単なる技術的なことにとどまらず、その背景となる哲学的潮流（ストア哲学、イスラム神学、ネオプラトニズム、グノーシス、などなど）の発掘をもまきこんで、古くて新しい魂論（サイコロジー）としての占星術が生まれるのであろうか。古典占星術とともに心理学的カウンセリングが併用されるようになるのだろうか。

あるいは、まったく科学的合理主義のなかで占星術は消え去ってゆくのだろうか。

その先を予言することは、とても僕にはできない。恐らく、占星術という綺想は、考えられるすべてのことをしてゆくだろう。そして、未来にわたって生き延びてゆくに違いない。

では、僕自身の立場はどうなのだろう。ここで少し述べておかねばフェアではないだろう。

本書では占星術を「綺想」だとした。それは、単に合理主義的な立場に自らの身をおいて、自身を弁護しようということではない。僕自身は、占星術のもつシンボリズムの力を深く信頼している。しかし、同時に、それを文字どおりに事実とみなすドグマティズムや、あるいは、何かの成長モデルに人をおしつけるものとして用いたくはない。以前は発達論的なモデルをもちいて自己成長のツールとしての占星術を模索していたこともあるが、いまはそうではない。ただただ、星のシンボリズムが現象のなかで戯れるのを愛で味わっていたい。そして、占星術自身が今後もつづけていくであろう、万華鏡のようなメタモルフォーズそのものも、追いかけてゆきたいと願っているのである。

今夜は満月である。星も美しく輝いている。そこに人間の運命を重ね合わせて来た人々の営為を、これからもずっと愛していければ、と思う。

深宇宙の占星術

「スイキンチカモクドッテンカイメイ」。僕たちが子供だったころ、呪文のように繰り返し唱えては覚えた、太陽系の惑星の名前と順序。しかし、この呪文はもはや通用しなくなっている。二〇〇六年八月二四日に開催された国際天文学連合（ＩＡＵ）の総会で「太陽系の惑星の定義」が決定、採択されて、これまで太陽系で「最果ての惑星」とされてきた冥王星が「惑星」としての地位を失ってしまったからだ。(☆)

今後冥王星は、Dwarf Planet、矮惑星ないし準惑星としての扱いを受けることになる。

このニュースは世界をかけめぐり、僕のような占星術家のところにも、コメントを求めるメディアからの取材があいついだ。

冥王星が惑星でなくなってしまったことで占星術上での解釈に何か変化はあるのか、というのである。

この問いに答えるためには、歴史的に占星術の「惑星」がどのような扱いを受けてきたかを考えなければならない。

そもそも、惑星という言葉は何を意味するのか。

惑星を意味する「プラネット」は、ギリシャ語を語源としている。

プラネットとは、「ふらふらするもの」「放浪するもの」ということだ。同じ言葉を語源とする単語に水中の小さな生き物を表す「プランクトン」があることを思えば、イメージがわくだろう。

惑星とは、伝統的には星座の間を縫って動く天体という意味なのである。

バビロニアの時代から、人類は星座の間を縫って動く星があることに気がついてきた。

オリオン座やカシオペア座などといった星座は、およそ二四時間で天球を一周する運動を見せるが（日周運動）、その相対的な位置はほとんど変らない。星座を形作るような天体は地球からあまりにも遠いために、ぼくたちの通常の視野においては動かないように見えるためなのである。古代の人々にとっては、星座の位置と輝きが不変なことが天上の世界の完全性を表しているように見えたことだろう。

ところが、この永遠に不変で完璧に見える天空のなかで、自由に動いてみるような天体がいくつかあることを古代の人は発見した。

それが「放浪するもの」、惑星である。

惑星は、伝統的には七つあった。

月、水星、金星、太陽、火星、木星、土星の七つである。

現在の天文学では月は地球の周囲をめぐる「衛星」であり、太陽は核融合反応を起こして自分で燃えている「恒星」であるということがわかっているが、しかし、星座の間を縫って動く天体という、古代的な惑星の定義からすれば、太陽も月も「惑星」だということになる。

プトレマイオスが考えた宇宙では地球が世界の中心にあり、地球に近い順に月、水星、金星、太陽、火星、木星、土星がそれぞれの軌道を持ってめぐることになる。

さらにその外を星座の天球が取り囲む。

古代の人々にとっては、太陽系（というよりも、地球が中心であったので地球系というほうが正確だろうか）には、七という聖数の惑星がめぐっていて、美しい秩序を示しているということになったのだった。

バビロニアの時代には、惑星たちはそれぞれが神々の化身であり、惑星神の崇拝がさかんであった。ホロスコープ占星術を完成させるのはヘレニズム時代のギリシャ人たちであるが、彼らはバビロニアの星辰崇拝を輸入したのである。

だが、この美しいコスモスはコペルニクスやケプラー、ガリレイといった近代科学の父たちの仕事によって瓦解することになる。

不動のものだと思われていた地球は、太陽の周りをめぐる平凡な天体のひとつになる。月は美しい女神ではなくなり、望遠鏡は月がクレータだらけの岩の塊だと明かしてしまったし、なにより地球も平凡なひとつの「惑星」であることが判明したのだ。

つまり、大雑把な定義として惑星とは太陽の周囲をめぐる天体だということになった。

さらに衝撃的なことは、土星の外側をめぐる新しい惑星の発見だろう。天王星や海王星の発見である。

一八七一年、イギリスの天文学者ウィリアム・ハーシェルが新しい天体を発見したのだ。最初はハーシェルも、新惑星とは考えずに彗星の一つだろうと推測したのだが、彗星だと考えると、軌道の計算結果と観測値が合致せず、惑星のような軌道をもつ天体だと考えると理論値と合うことが判明。惑星に分類されるようになる。

ハーシェルはこの新惑星を、イギリス王のジョージ三世にちなんでゲオルギウム・シドゥス（ジョージの星）と呼ぶことを提唱した。しかし、ラテン語のSIDUSとは恒星のことであり惑星名としては不適切。のちに「ジョージアン・プラネット」（ジョージの惑星）としたが、ナショナリズムの色が濃厚なこの呼称は普及しなかった。

フランスでは発見者の名前をとって「ハーシェル」と呼ばれるようになり、ついで、惑星の配列にかんする「ボーデの法則」の提唱者として有名なヨハン・ボーデが、「ウラヌス」という呼び名を提案、これが普及した。

ウラヌスはギリシャ神話における天空神であることから、中国で「天王星」という訳語があてられ、日本でも天王星という言葉が使われるようになったという経緯である。

さて、この発見に心躍らせ困惑したのは、ほかならぬ占星術家たちであった。

古代以来、占星術家たちは月・水星・金星・太陽・火星・木星・土星の七つの惑星を中心に考えてホロスコープをつくり、判断してきた。

たとえば、伝統的な占星術の考え方に「支配星《ルーラー》」というものがある。

それぞれの惑星は一つ、ないし二つの星座と特別に強い親縁関係をもつというのである。

太陽と月は、その輝きの大きさから特別で、それぞれ一つの星座を支配する。

太陽は獅子座、月は蟹座の支配星である。

この二つの星座を基準に、ほかの五つの惑星は二つずつの星座を支配することになる。

つまり、水星は双子座、乙女座。金星は牡牛座、天秤座。火星は牡羊座、蠍座。木星は射手座と魚座。そして土星は山羊座と水瓶座だ。

この関係は一見すると無秩序なようだが、ホロスコープの上に配置してみると、太陽と月を基軸にしてシンメトリックな構造を見せることがわかる。伝統的な占星術ではこのように、さまざまに考え抜かれた構造が宇宙に与えられていたのだ。

しかし、天王星の発見はこの支配星関係という考え方も打ち砕き、従来の占星術的世界観が思弁的なものにすぎなかったことを証明してしまったのだ。

意地の悪い科学主義者は、天王星の発見によって占星術の息の根が止められると考えたかもしれないが、しかし、実際にはそうはならなかった。

のちに占星術家たちは、新惑星をもホロスコープのなかに取り込むことになるのである。

ただし、ほとんどの占星術家たちは天王星の発見当初にはあまりこの新天体にも関心をもたなかったようだ。

というのも天王星は肉眼では確認することが極端に難しかったであろうし、また占星術用の暦を入手することも困難であったためではないだろうか。

天王星の効果について研究したもっとも初期の占星術家といえば、ジョン・ヴァーレイ John Varley（一七七八―一八四二）が有名である。

ヴァーレイは、才能ある水彩画家としても知られているが、いくつかの正確な予言を残した占星術家でもあり、かのウイリアム・ブレイクと親しく交わっていたということも知られている。

一九一六年にイギリスの秘教雑誌「オカルト・レビュー」誌に、ヴァーレイが天王星を使って予言に成功させたという事例が掲載されている。これは、「故ジョン・ヴァーレイのいくつかの占星術予言、ヴァーレイの孫ジョン・ヴァーレイによる」という記事にあるもので、占星術家のエレン・マクファリーやイギリスの占星術史家パトリック・カリーも引用しているものだ。

ある日の朝、ヴァーレイは息子に時計職人のもとに、自分の時計を職人のもとに持っていかせて調整させた。占星術家にとっては正確な時刻を測ることは死活問題だったからだ。

息子がヴァーレイの研究室に戻ってくると、ヴァーレイはなんだか落ち着かない様子。天文学者が発見してほどない天王星が、自分の星に悪い影響をもたらしているというのだ。その日の正午までに何か突然の災厄が起こるはずだと天王星が告げている。それが自分自身にかかわることなのか、あるいは自分の持ち物や財産に関するものなのかは判然としないのだが、とヴァーレイは卦を立てた。

問題の正午は刻一刻と近づいている。だが、自分には問題は起こりそうもなく、ぴんぴんしている。

計算が間違っていたのかと改めて、ヴァーレイがデスクに向かうと……そのとき、外で「火事だ!」という声がした。

なんとヴァーレイの自宅が火事にあい、そのすべての財産が失われてしまったのだ。

その後の著者たちの記録では、ヴァーレイは財産を失ったことよりも、自分の占星術的計算の正確さが証明されたことのほうがうれしいといったとまで尾ひれがついている。

これはヴァーレイの孫が父親から聞いたという又聞きの記録であるために、どこまで本当の話かわからないが、しかし、ヴァーレイ本人が天王星を水瓶座の支配星であるとその著書で一八二八年に述べていることからも、ヴァーレイが天王星を用いていたことは確かである。

また、第一代ラファエルは一八二八年の「マニュアル・オブ・アストロロジー」ですでに天王星にたいして解説を試みている。

この本が書かれたときにはいまだ天王星は発見されたあとにホロスコープを一周しておらず、その正確な性質は不明だとしつつも、本人の経験と同僚たちの観察によってこの惑星が「不幸」を表しており、その性質は水星と土星を合わせたようで、「極寒、冷にして乾、なんらの暖かな影響ももってはいない」としている。そして強い天王星の影響のもとに生まれた人は、きわめて風変わりで予想不可能の振る舞いをするという。

結婚においては天王星が第七ハウスにあれば、あるいは月を傷つけていれば、けして幸福はこないだろう。

天王星はどのハウスも支配しないが、水瓶座では心地よく感じるはずで、そのほかのエレメントのグループにおいては、不幸をもたらす、というのである。

このような記述をみていると天王星についての記述はかなり悲惨なものだと思えてくる。発見からさほど時をへていないときには天王星は、太陽系の最果ての星であり、運命を揺るがす天体だと考えられたのだろう。

一九二七年のアメリカの伝説的占星術家エヴァンジェリン・アダムスの著書（実際には英国の魔術師、オカルティストのアレイスター・クロウリーの筆によるという）には、天王星は「運命の惑星」PLANET OF DESTINY とあり、それはまた機会を授ける天体だともしている。自由や衆愚の反発をはねのけて自分の意思を貫く天体だというのだ。天王星は孤高の天才の星であり、「これほど矛盾に満ちており、奸智にたけ、また革命的でオカルト的でもある」というクロウリーの天王星の記述を見ていると、クロウリーの目指す魔術的超人のイメージとだぶってくる。天王星は、「人を魔術師にし……不可視の世界から力を引き出す」のである。実際、クロウリーは天王星（ウラナス）が地上にいたときには、大神パンと呼ばれていたと示唆しているが、パンはクロウリーが愛した神のイメージでもあった。

では、どのようにして天王星にたいしての意味づけがなされていったのか。

のちの占星術家たちは、惑星が発見されるごとに人類の意識にそれまでなかった何かが生まれるのだと説明する。

だから、惑星が発見されたときに、世界で起こっている状況をみればその新しい惑星の意味がわかる、というのである。

いつごろからこういうしきたりが生まれたのかははっきりしないのだが、たしかに天王星の発見はフランス革命やアメリカの独立とシンクロする。市民社会の登場であり、フランス革命のモットー「自由、博愛、平等」はそのまま天王星のキーワードとなった。

突然の変化、それまでの社会のブレークスルーというのももちろん、天王星の意味として現代では採用されている。

海王星は一八四六年に発見された。この発見は、天王星の理論上の軌道と観測の上で位置にズレがあり、そのズレを引き起こしている未知の天体があるのではないかという推測から、理論上想定される新天体の位置を探索したところ、はたして新しい天体が見つかったということでしばしば「天文学の勝利」といわれる。だが、皮肉なことに海王星が発見されたこの時期はスピリチュアリズムやロマン主義が勃興し、物質科学に対しての反動が生まれた時期でもあり、海王星はイマジネーションやロマン、深い無意識などを象徴する天体とされた。

さらに一九三〇年には冥王星が発見され、世界大戦を経験した人類は、「死と再生」を象徴する出来事を知ったということで、冥王星には、物事を根本的に変容させる力があると解釈されたのである。

伝統的な占星術を信奉する人々やインドの占星術家たちは、こうした近代の不可視の惑星を採用することはなかったが、しかし、新しい惑星の発見は一般の人々だけではなく占星術家たちも興奮させ、これまでの占星術のチャートでは説明できなかったファクターがこれらの惑星によって明らかになると多くの術者は考えて、喜んでホロスコープに書き込むようになったのだ。また、二〇世紀後半には一九世紀初頭に発見された小惑星もホロスコープに書き込むことも一般化した。

七つの「惑星」だけで占っていたかつてのホロスコープと違って、二〇世紀、あるいは二一世紀のホロスコープはずいぶんとにぎやかになったのである。

さきほどの惑星と星座との支配関係でいえば、天王星は水瓶座に、海王星は魚座に、冥王星は蠍座に配当された。

伝統的なシンメトリックな支配関係は崩れたが、今度は一二の星座には一二の惑星がそれぞれ一つずつ対応するはずだ、という考えも生まれ、「第一〇番惑星」の発見が待ち望まれることともなった。

なかには水星の内側を回る未知の天体があるという一九世紀後半の天文学者ラヴィリエの説に乗じて、この未知の天体をバルカンと呼ぼうとしたり、また冥王星の外側をめぐっているだろうと考えられた惑星Xを「ペルセフォネ」と呼ぼうとする占星術家も登場する。

しかし、こうした考えは天文学の発展によってまたしても崩れ去ることになる。

というのも、海王星の外側にたくさんの天体が発見されることになるからだ。

また一九世紀以来、火星と木星の間の軌道を何万もの小さな天体がめぐっていることが明らかになった。

さらには一九七七年カイロンと呼ばれる土星と天王星の間をめぐる小天体も発見され、のちにはその仲間たちも発見される。いわゆる「ケンタウルス族」と呼ばれる天体群である。

占星術家たちは、こうした新天体の扱いをめぐってさまざまな論争を繰り広げた。

新しい天体を積極的に用いていこうとする人々もいるし、逆に、一九八〇年代から復興してくる「伝統的」ないし「古典」占星術への回帰を志向する術者は、小惑星などはもちろん、天王星、海王星、冥王星などを使用しないことがほとんどだ。

そもそも占星術は精密化学ではないのだから、術者によって意見が異なることがあってもいいとは思う。どの天体を用いてどの天体を用いないか、ということはその術者が用いる占星術のスタイルを判断する重要な指標となるのである。

この混乱は二〇〇六年に起こった冥王星の降格問題でひとつのピークに達する。

かねてから冥王星を惑星としてカウントすることには議論があった。

というのも冥王星の軌道はほかの惑星の軌道と比べて大きく傾いている。

さらに観測が進むにつれて、冥王星の大きさが当初思われていたよりも小さく、実際には小惑星に分類されているセレスよりも小さいということもわかってきた。

また異様に大きな「衛星」カロンが存在している二重星様の天体であることも、冥王星の存在を特異なものとしているのだ。

さらに、冥王星と同じような性質をもつ天体も二〇世紀後半には続々と発見されてきたという経緯もある。どうやら海王星の軌道の外側に、たくさんの天体がめぐるゾーンがあって、ここには太陽系の誕生時から残っている小天体がたくさんあるようなのだ。このゾーンを「エッジワース・カイパーベルト」などと呼び、さらに、その外側には「オールトの雲」と呼ばれる原始太陽系の名残が大きく残っているとも推測されている。

こうして冥王星の地位は危うくなってきて長らくたってはいるのだが、冥王星を惑星から「降格」させるにはどうやら強い抵抗感があったようなのである。

というのも、冥王星はアメリカ人が発見した唯一の「惑星」でもあるし、またデイズニーの人気キャラクターである「プルート」と同じ名前をもっていることもあり、愛着がある人が多い。そこでなんとか冥王星を惑星として残しておこうという意図も強かったようだ。

一時は、〇五年にマイケル・ブラウン博士らによって発見された海王星外天体である2003UB313、そして小惑星のセレスを「惑星」に加えて合計一二個の「惑星」を認定しようという提案もなされたが、先にも述べたように、結果としては国際天文学連合は太陽系内における惑星の定義を制定し、冥王星を惑星から除外することに決定したのである。

この冥王星降格の決定がなされる大きなきっかけとなったのは、ブラウン博士が発見した2003UB313である。

この新天体は冥王星よりも大きいことがわかり、冥王星を「惑星」としておくためには、サイズが基準にはならないことが決定的になってしまった。

そこで天文学者たちは惑星の定義をめぐって激しく紛糾し、議論を戦わせたのだ。

占星術家にとって面白いのは、この新天体につけられた名前である。

発見当初、この新天体は一〇番目に発見された惑星になる可能性があったわけで、謎を意味するということと、「一〇」を意味するダブルミーニングで、ゼナXENAと愛称がつけられた。ゼナはアメリカの人気SFに登場する女性戦士の名前だという。

しかし、発見者であるブラウン博士が提唱した、正式名称はなんと「エリス」であった。

ギリシャ神話におけるエリスは、軍神アレスの妹であり、トロイア戦争のきっかけをつくった女神である。有名な「パリスの審判」において、アテナ、ヘラ、アフロディテの三人の女神の前に黄金のリンゴをなげ、三人の女神にいさかいを起こさせて、美を競わせたのはほかならぬこのエリスであったのだ。

すでにこの新天体には衛星も発見されているが、その衛星の名前はエリスの子供デイスノミア（不法）にちなんでつけられている。

ちなみに、パンドラが空けてしまった箱から飛び出してきたさまざまな災いたち（罠、忘却、飢え、痛み、闘争などなど）はすべてエリスの娘だとされている。

ブラウン博士が、自分が発見したこの新天体にこのような忌まわしい名前をつけたのは、この天体が天文学会にいさかいを引き起こしたことを皮肉もあるのだろう。まさに一流のジョークとしての命名であり、この天文学者のただならぬセンスを感じさせる。

が、同時に占星術的にはある天体に名前がつけられるということには、その名前が象徴する意味が付与されていることの証拠だという考えもある。

エリスは「いさかい」の種を象徴しているのだろうか。アメリカの占星術家ゼーン・スタインは、エリスは「無垢さの喪失」や「内的葛藤」などを象徴するという。また、この宇宙における混沌や葛藤を象徴していると考えるものもいる。

その軌道周期はおよそ五五六・七年。またその軌道は楕円でそれぞれの星座を抜ける期間も太陽に近いときと遠いときで大きくことなる。〇七年七月現在エリスは牡羊座二一度あたりを運行中である。もし興味があるのなら、解釈に挑戦して見られるとよい。

なお、エリスの天文暦はスイスの占星術会社 Astrodienst のサイトで閲覧できるので、研究したい方は検索してごらんになるとよい。

いずれにせよ、発見者によるこの命名自体が、地上における出来事と天体とをシンボリックに結び付けているという点でまさしく占星術的だと思える。

再び、冥王星である。占星術における解釈史上、今回の決議が興味深いのは、天文学の歴史上ではじめて惑星の数が減ったということだ。

そのことでさまざまな解釈が飛び出してきた。

ある占星術家は、冥王星を惑星から「はずす」ことによって何かシンボリックな力を得ようとする陰謀が働いているのではないかとさえ考える。

また、小惑星を多数用いることを得意とするある占星術家は、死を象徴する冥王星が、文字通り天文学会で惑星でなくなり、シンボリックに「殺された」ことから、さらにその影響力は増すのではないか、と考えている。

伝統派の占星術家たちは、それみたことかと鬼の首をとったかのように、土星より外の惑星を使うことを改めて反対している。

このような多様な考え方が生まれてくるのが現代占星術シーンの魅力であり、豊穣さであることは、本書の読者の方であればすでにおわかりだろう。

本書のスタンスとしては僕個人の占星術的解釈の見解を披露することは差し控えたいと思うのだが、しかし、あえて僕自身の考えをいわせていただくのなら、天文学上の「惑星」の定義をあえて占星術に持ち込むことはないというのが率直な感想だ。天文学的にははるか以前から太陽と月は惑星ではない。

太陽は恒星であり、月は衛星なのだから。

だとしても、世界の占星術家のなかで太陽と月をホロスコープに書き込むことを反対するものがいるだろうか。

天上のまばゆい光である太陽と月は、錬金術においても占星術においても、また文学や絵画においてもきわめて重要な象徴であった。

それが「惑星」であろうとなかろうと、である。

ならば、現代天文学において惑星であることが占星術の解釈に用いるための必要条件ではないことはあきらかではないか。

古典的占星術家は伝統的な惑星の定義にしたがって七惑星を用いればいいし、ほかにもたくさん星を用いたい人はそうすればよい。

本来多神教的な占星術に、一神教的真理命題を持ち込もうとすることは不毛である。

ただ、ここであえていいたいことがある。

それは、占星術という狭い枠を超えてその時代の宇宙像がもつ象徴的な影響力についてである。

ある時代の宇宙観は、どこかで社会のイメージや人生観と分ちがたく結びつくものだと僕は感じている。

たとえば、コペルニクス革命がもたらした衝撃は、神がつくりたもうた特権的な位置としての地球というイメージを破壊し、それにつづく啓蒙主義の勃興と広い意味での聖俗革命を引き起こしたと僕は思っている。

逆に古い宇宙観を支持しようとした教会が、無限宇宙論を提唱したジョルダーノ・ブルーノを処刑したということを考えても、それはわかるだろう。決まった数の惑星が決まった軌道を描くという固定的な太陽系のイメージから、はるか遠くにひろがってたくさんの天体がこの世界に存在し、そしてときおり、太陽系の内部に入り込んでくるというダイナミックな宇宙観は、どこかで僕たちの人生観に変化を与えるのではないかと感じるのである。

地球が有限であることを知る前とそのあとの人類では、おそらく人生観や社会観が異なっているはずだ。

ならこのような太陽系イメージも、どこかで僕たちにエコロジカルな意味での概念の変化をもたらすのではないか。

もしそうしたことが、ゆっくりと起こっているのなら、それは、まさに現代の天文学が生み出す占星術的イマジネーション、魔術だといえるのではないだろうか。

僕は、こうしてホロスコープをみながらはるかな深宇宙にも思いを馳せるのである。

注

（☆）以下、「アストロアーツ」のＨＰに掲載された、ＩＡＵの惑星の定義の和訳を引用しておく。

決議
国際天文学連合はここに、我々の太陽系に属する惑星およびその他の天体に対して、衛星を除き、以下の三つの明確な種別を定義する……

太陽系の惑星（注１）とは、（ａ）太陽の周りを回り、（ｂ）じゅうぶん大きな質量を持つので、自己重力が固体に働く他の種々の力を上回って重力平衡形状（ほとんど球状の形）を有し、（ｃ）その軌道の近くでは他の天体を掃き散らしてしまいそれだけが際だって目立つようになった天体である。

太陽系のDwarf Planetとは、（ａ）太陽の周りを回り、（ｂ）じゅうぶん大きな質量を持つので、自己重力が固体に働く他の種々の力を上回って重力平衡形状（ほとんど球状の形）を有し（注２）、（ｃ）その軌道の近くで他の天体を掃き散らしていない天体であり、（ｄ）衛星でない天体である。

太陽の周りを公転する、衛星を除く、上記以外の他のすべての天体（注３）は、Small Solar System Bodiesと総称する。

（注１）八つの惑星とは、水星、金星、地球、火星、木星、土星、天王星、海王星の八つである。
（注２）基準ぎりぎりの所にある天体をDwarf Planetとするか他の種別にするかを決めるＩＡＵの手続きが、今後、制定されることになる。
（注３）これらの天体は、小惑星、ほとんどのTrans-Neptunian Object、彗星、他の小天体を含む。

占星術の近代　アラン・レオから心理占星学へ

一九九〇年の夏、僕はロンドンのラッセル・スクエアのとあるホールで行われたパーティに出席する機会をえた。それは、「ロンドン占星術ロッジ」ASTROLOGICAL LODGE OF LONDON略してＡＬＬと呼ばれる団体の七五周年を記念するパーティで、一〇〇名近い参加者のなかには現在の英国を代表する著名な占星術家の顔が何人も含まれていた。占星術というとせいぜい、少女たちや適齢期の女性たちの恋愛・結婚願望を充足させるために奉仕している「星占い」を思い起こすのが関の山であるわが国の状況から考えると、立派な紳士淑女たちがまじめな顔をして「占星術団体」の会合に出席している様子はなかなか想像しにくいだろう。しかしこ数年欧米ではとみに占星術への関心が高まっており、この種の会合は国際的なレベルでますますさかんになっている。昨年はワシントンＤＣで一〇〇〇名を超える出席者が参加しての世界大会も開催されたほどだ。その知的レベルもけっして低くはなく、出席者のなかに修士号や博士号を正規の大学から取得しているメンバーも少なからず見受けられる。

ＡＬＬのロンドンでのパーティは、そうした国際大会にくらべれば規模こそずっと小さなものだったが、しかしその会の歴史的な重みはけっして小さくないものであった。その夕、「権威」筋たちが順に祝辞をのべたり、また短いスピーチをのべ、パーティはクライマックスに達した。照明が消され、そして大きなバースデイ・ケーキにキャンドルが灯されて運びこまれる。会場から沸き上がる歓声。人波をかきわけてケーキをのぞきこむと、なんと占星術で用いる天宮図《ホロスコープ》がデコレーションされている。そのホロスコープは現代占星術の父とされる、アラン・レオのホロスコープのものであった。

「アラン・レオ創立七五周年」。ケーキの上に刻まれたその言葉をみて、僕は現代占星術の四分の三世紀にわたる「伝統」の重みをずっしりと感じたのであった。

占星術は過去のものか？

「現代の占星術」「占星術の近代化」。この表現には一種形容矛盾の響きを感じるのではないだろうか。占星術といえば、一般には時代遅れになってしまった過去の迷信だと考えられている。その見方によれば、占星術は科学としての天文学の前身であり、近代の理性が勝利した後には次第に衰退してゆくはずのものである。事実、少し昔の科学史の本を読めば、占星術の歴史は一七世紀、つまりケプラーとコペルニクスの時代に終止符を打たれたことになっている。ケプラーは最後の占星術師であり、かつ天動説が敗れた後には占星術は自動的に崩壊してゆくはずであった。たまたま現在残っている占星術は迷信の残滓にすぎない。理性の光が広がってゆけば、占星術を信じるようなものはいなくなるだろう……。

だが近代化の波は占星術や魔術だけを例外として過去に切り捨てることはなかった。オカルトの技術もまた、社会の変動や時代精神の変化に適応しつつ、変容していったのである。

かつてないほど占星術の暦「アルマナック」が売れたのは輝かしい理性の時代である一七世紀に入ってのことだったし、また現在の「占星術ブーム」についてはいうまでもないだろう。占星術は死に行く過去の迷信どころではないのである。それはひとつのカルチャーとしてしっかりと根を生やしている。

占星術はナイーブな占星術信仰者たちがいうような「バビロニア、ギリシャ以来数千年の歴史をもつ科学」の復活でもないし、また単なる迷信の残滓でもない。僕のみるところ、現代の占星術はきわめて興味深い形で「近代人」のありかたの一つの断面を切り取って見せてくれているようである。占星術とはいうまでもなく典型的なひとつの宇宙論だが、いつの時代もそうであるように、宇宙論にはその時代の世界観がポジの形であれ、ネガの形であれ、集約的に反映されるものだ。

この短い一文のなかでは、これまで日本ではあまり語られることのなかった現代の占星術の歴史の概略と現在の占星術シーン（とりわけ英国におけるそれ）を俯瞰してみることにしたい。おおげさにいえば、占星術というレンズをとおして、我々の心性の一端が見えてくるのではないか……。

占星術の第一の転回

通例の教科書とあい反して、一七世紀は占星術の終焉の時代ではなかった。それどころか、一七世紀には発達した印刷術によって大衆レベルで占星術が普及した時代でもある。以来占星術はかつての王侯貴族おかかえの占星術師たちが天体を観測しながら予言をするスタイルからより一般的なそれへと変貌する。これを現代占星術への第一の転回点だとすることができよう。

具体的には、占星暦《アルマナック》の大ヒットがこの第一の転回を際立たせるものである。

たとえば、後にロンドン大火を予言したことで一躍名を馳せることになる占星術師ウィリアム・リリーが発行したアルマナックは、一六四四年に発行されるやいなや、わずか一週間で初版を売り切ってしまったという。時、あたかも王党派と議会派が対立しあう動乱期である。社会不安のなかで人々が予言に注目するのはいつの時代でも同じらしい。また両党は当時最大のマスメディアに成長しつつあるアルマナックを政治的プロパガンダの恰好の道具として利用した。ちなみにリリーのアルマナックは議会派に近しい予言を載せることが多かったという。リリーの他には、リリーの政治上・営業上のライバルにあたるジョン・ガドベリーのアルマナックや、現在でもその名を知られたムーアのアルマナック、ジョン・パートリッジのアルマナック、などが次々と発行されている。

もともと天文学上のイベント（月の満ち欠けや日の出・日の入りの時間）と占星術上の予言を合わせた暦は中世からすでに発行されていたが、印刷術の発達によってこの種の暦は爆発的に大衆に受けは入れられる。アルマナックの黄金時代である一六六〇年代には毎年約四〇万部のアルマナックが発行されている。これは聖書を超えるベストセラーであり、当時ほぼ三世帯のうち一世帯はアルマナックを購入していた計算になるのである。

大衆の間での占星術の予言への熱狂は頂点に達したが、しかしそれは同時に占星術がかつて学問として受けていた敬意を失ってゆく時代でもあった。一六八〇年にはオックスフォード大学が占星術の講座を廃止することになったが、一七世紀から一八世紀は占星術が大衆化することによってべつな形の生を受けることになる時代だったのだ。かつてのアストロギア（星の学問）は消失し、科学としての天文学と大衆文化としての占星術が分化して成立することになったのである。

新しいスタイルの占星術は、中産階級の勃興とともに浮上してくることになる。一般的にいって占星術師もそのクライアントも、新しく興ってきたこの階層の出身であった。

ラファエルの登場

一八世紀末から一九世紀にはアルマナックはより読物としての体裁を整えることになる。一九九一年に創刊された『魔法使いの雑誌』THE CONJURER MAGAZINE はその恰好の一例であり、そこには占星術だけではなく、ハンドメイドのタリスマン（護符）の広告などが含まれていた。これなどは、現在雑誌でよく見かける「幸運を呼ぶペンダント」の先駆けになるものだろう。一八二四年には最初の週刊の占星術出版物『放浪する占星術師』THE STRAGGLING ASTROLOGER が、発行される。楽しいのはその執筆陣の名前で、ナポレオン夫人ジョセフィーヌのお抱え占い師であったマリー・ルノルマンやカンバーランドの王女オリーブ（ジョージ三世王の姪にあたると主張している！）、ロイアル・マーリンなどの名前も見える。現在でも少女向け占い雑誌に溢れるペンネームをみると宝塚風の派手な名前が多いが、その風習はこのあたりからはじまるのだろうか。そして、その雑誌の第一二号に、現在の占星術家なら知らぬものとてない有名なペンネーム「ラファエル」が現れるのである。

ラファエルとは、知性の惑星・水星に配属された天使の名前で、古代から続く叡知の継承者といった意味が込められているのだろうか。ちなみにラファエルの上昇宮（東の地平線から上昇する星座）は双子座であり、その守護星は水星である。占星術ではこの星座の守護星がその人物の一生を導く星とされている。ラファエルことロバート・クロス・スミスは現在でも発行されているその名を冠せられた天文暦、コンパクトな占星術のマニュアルである『占星術への鍵と案内』の著者としてよく知られている。

　占星術ではすべての判断に先立って惑星の運行を計算し、そしてそこから天宮図を描くのだが、そのためには惑星の運行を計算した表《エフェメリス》が必要になる。今でこそホロスコープの計算はパソコンで一瞬にして済ましてしまうのが常識であるが、しかしわずか二〇年ほど前まではこのラファエルの天文暦が占星術家の「必需品」であった。またラファエルは占星術だけではなく、西洋風の易占いであるジェオマンシー（土占術）やそのほかの占いの手引をものにしており（「哲学的マーリン」「ラファエルの魔女！」など）、占いゲームを普及させたことでも先駆的な存在といえるだろう。

　ラファエルの雑誌デビューである『放浪する占星術師』にはノストラダムスの予言詩集を絵解きしたイラストレーションやその解読、占星術的な予測などが含まれていて、楽しいものになっている。

　ラファエルの名がその雑誌に最初に登場するのは一八二四年八月二一日号で、ジョージ四世王のホロスコープを解読している。ラファエルはアーク・ディレクションという占星術の技法を用いて、ジョージ四世の即位の年齢を当てているのだという。またラファエルは気球で冒険旅行に出たG・グラハムのホロスコープを解読している。それによると木星がグラハムを天の世界へと誘っていったのだという。

『放浪する占星術師』はほどなく休刊になるが、一八二六年には装いもあらたにアルマナック「予言の使者」THEPROPHETIC MESSENGER のタイトルページに「ラファエル」の名前は現れる。このアルマナックは、順調に部数を伸ばし続け、ラファエルことスミス亡き後も、後継者たちが「ラファエル」を名乗り、結果的に五人の「ラファエル」が出現することになった。

ザドキエル

同様のアルマナックはラファエルと同時代人である「ザドキエル」によっても刊行されていた。ラファエルと同じ占星術サークル「メルキュリ」に属したザドキエルは、ラファエルが水星の大使から名前を選んだのに対して、木星の天使からその名前をいただいている。

ザドキエルことリチャード・ジェイムス・モリスンはジェントリー階級の出身で、海軍に勤めた後に占星術活動を開始する。ザドキエルの年刊アルマナックはすぐにラファエルのアルマナックのライバルに成長する。とはいっても、一七世紀からの伝統を誇るムーアのアルマナックに両

ザドキエル

者は遠く及ばなかったが（それは一八三九年には五六万部の発行を誇っていた）。しかしラファエルやザドキエルのアルマナックはより本格的な占星術理論や予言を掲載していた。研究家エリック・ハウによれば、ザドキエルの出版物には、読者がラテン語、ヘブライ語などの知識をもっていることを前提に書かれているものもあり、一種のアダルト・エデュケーションとしての役割も担っていたのではないか、という。

後にザドキエルは水晶球幻視の術に熱中するようになり、水晶のなかに天使や使徒の姿を見るようにもなり、それを用いて予言を引き出していた。ザドキエルの占星術／魔術哲学によれば、特定の惑星に水晶を献じればそこに霊的存在との交流をすることが可能になるのだという。ザドキエルは太陽の精霊ミカエルやハルトエルという名の守護天使と交流していた。

水晶のなかに天使を呼び出して交流するという技術はエリサベス朝の数学者にして魔術師ジョン・ディーが晩年に熱中したことで知られるが、その後継者がヴィクトリア朝にも現れたわけである。

当時の法律では、占いを用いて未来を予言する、「詐称すること」は立派な犯罪であり、ザドキエルは一八六三年に法廷に喚問されたりしているが、しかしザドキエルのアルマナック自体はその後も部数を延ばし続け、ザドキエル自身の言によれば八万部の売上を誇った。

自由意志と運命のパラドクス

ラファエルにせよ、ザドキエルにせよ、古典的な占星術家の隠されたメッセージは、（あたりまえのことではあるが）「占星術は当たる」ということであった。ラファエルはだからこそ国王の運命を予言したのだし、ザドキエルもまたアルマナックのなかで社会的な事件を予言した。両者とも、そしてまた多くの同業者たちも占星術にかつての栄光をとりもどそうとし、「古代の叡知」ないし「科学」といった言葉を乱用した。だが、皮肉なことにポピュラー・プレスのなかで占星術師たちが科学的な予言であるとか、古代の叡知と宣伝すること自体が知的階層からは、いやそれまで占星術を消費してきた大衆からすら占星術の評価をますます下げて行ったことは否めない。

一八八〇年代に入ると、占星術はそれまでのような人気を誇ることはなく、第一次大戦の勃発前後の社会変動期にいたる三〇年ほどの間は目立った動きを見せないことになる。

なにより、未来を予言するということ自体のもつパラドクスを占星術師たちは依然解決してこなかった。もし、占星術によって未来を知って、そのことによって未来を変えることができるなら、ホロスコープには起こることのない事件までが書かれていることになる。かといって、占星術によって予言された未来が確定された宿命であるなら、未来を占うことにどんな意味があるのだろうか。なによりもヨーロッパ社会があれほどまでに固執してきた自由意志を占星術は否定することになってしまう。

運命と自由意志の問題には、いつの時代も占星術家たちは悩まされてきた訳であるが、とりわけ個人の価値、個人の存在が大きくなってきた近代の社会において、占星術師はこの問題に正面から取り組まねばならなくなる。

現代占星術の第二の転回はこの難問を中心にしておこる。二〇世紀初頭から現在に至るまで、占星術家は自由と運命について語り続けるわけだが、その解決法（あるいは言い訳）がさまざまな占星術の多様な立場を生んでいるといえるのだ。とりわけ、そのなかでも注目され、かつ成功しているのが深層心理学と占星術を融合する「心理占星術」である。それはひとことでいえば、ホロスコープを外的な運命ではなく内的状況を示すメタファーとして読もうというものだ。いうなれば、占星術が内面化されたといえるだろう。現代の心理占星術については少し後で述べるつもりだが、そうした現代的な占星術の発展の直接の祖にあたるのが、「モダン・アストロロジーの父」アラン・レオである。

神智学的占星術

アラン・レオことW・F・アレンは一八六〇年八月七日に生を受けている。レオは近代占星術の祖であり、その最大の特徴は神智学と占星術を結び付けたパイオニアであるという点だ。

レオ自身によれば、上昇点は獅子座二七度、占星術の角度であり、かつ天頂の天王星が示すように、あるときは服地業、あるときは薬品、またあるときは食料品業と職業を転々としながら、一八八八年頃に占星術とオカルトの世界に入る。

レオが入った小さな占星術のサークルには、W・R・オールド、のちにセファリエルという名前で知られるようになるオカルティストがいた。オールドがレオをますます深くオカルトの世界に引き込んでゆくことになる。オールドは独学でカバラやさまざまなエキゾチックな知識を身につけていただけではなく、すでに合衆国とイギリスで無視できない影響力を振るいつつあった神智学運動に深くコミットしていた。オールドは神智学運動の祖であるブラヴァツキー夫人とも親しく、神智学と占星術の出会いが、その後の現代の占星術の歴史を大きく変えていくことになるのである。

神智学という巨大な運動についてここで踏み込むことはとてもできない相談だ。ブラセファリエルヴァツキーというロシアの霊媒の強烈なカリスマを核に、科学と宗教、政治と心霊主義、東洋趣味などさまざまなイデオロギーが混合しあい、巨大なシンクレティズムとなりながら世界を駆け巡ったその運動については、より適切な識者の論を待とう。

占星術史の上だけから言えば、まず当時相当の社会的影響力をもった神智学が秘教的なものへの関心を（それもきわめてまじめな）呼び起こし、かつ占星術もそれと結び付くことができたということ、さらに神智学のキーワードのひとつである「カルマ」が占星術の自由意志と運命のパラドクスに一つの回答を与えた点が重要だといえるだろう。

ブラヴァツキーの言によれば、「カルマを信じるものは運命を信じるほかはない。誕生から死の時まで、人は運命の糸を蜘蛛の巣のように自らの回りに張り続ける。そしてその運命は見えざる原型の天の声、ないし内なる人や星界の人間によって導かれるのだ」。運命は前世や現世での本人の業が作り出すものであり、ホロスコープはそれをさまざまな形で反映するにすぎない。よって場合によってはそこから自由になることすらもできるのだというのだ。レオはいう。「惑星という名の無秩序な力に翻弄されると教えるのが運命論的な占星術である。……しかし、秘教的占星術では性格こそが運命だという。性格こそが運命を決定づけるのである。必要なのは、それがどれほど正確であろうと予言ではない。大切なのは人間こそが自身の法であり、自身の内に運命を創造する力があるということを知ることだ」。

オールド（セファリエル）に導かれてレオは一八九〇年に神智学協会の会員となり、神智学的占星術をゆっくりと誕生させてゆく。そして、セファリエルとレオ、そして数人の賛同者はそれまでに既に発行されていた占星術の雑誌に徹底的なてこ入れをして『占星術師の雑誌』The Astrologer's Magazineを発行する。この雑誌は、後の名高いレオの雑誌『モダン・アストロロジー』の前身となるものである。

レオには、当時の占星術家には珍しくないことだが、きわめてエソテリックなムードを醸し出す著作と、同時にきわめて世俗的に占星術を商品化するという二面を併せもっていたようだ。まず秘教的な面から言えば、レオが構築した「秘教的占星術」がある。それは神智学的宇宙論と占

アラン・レオのホロスコープ

セファリエル

「モダン・アストロロジー」表紙

星術を照応させたもので、たとえば、「木星はエーテル体と共に濃密な物質の体も同時に表し、……オーラの卵は内なる意識の乗物として木星の支配下にある」、「一二の星座は欲望―性、ないしアストラル体を表す」といったようなものだ。このような神智学風の解釈はオリエンタリズムにひかれていた神智学協会のメンバーには大いに受けたであろう。この流れの古星術はのちにA・ベイリーに受け継がれ、現在ではアメリカのアラン・オーケンなどが独自の形で発展させている(A.OKEN, *Soul-Centered Astrology* など)。

その一方、レオはまた大衆に受けるための方法をも熟知していたようにみえる。レオの雑誌は、発行と同時に大きな反響を呼ぶが、それは雑誌につけられた「ホロスコープ・サービス」によるところが大きい。

レオは、定期購読者に、ごく短いものではあるが、個人のホロスコープの解釈を送付するというサービスを開始したのであった。このサービスは大成功をおさめる。さらにレオは、ホロスコープのなかのさまざまな変数を分解し、レディ・メイドの占いの文を前以て作っておいてそれを顧客のホロスコープにあわせて送るという「テスト・ホロスコープ」のスタイルを完成させた。これなどは、現在の通信販売スタイルのコンピュータ占いの前身だといえるだろう。

性格こそが運命

レオが現代占星術での決定的な転回点になるのは、さきにも述べたように彼が「予言」そのものの重要性を剥奪したことである。レオの見地は、人間が自分を見えないところから律している惑星という諸力を知り、それを脱することが重要なのであるとも取れる。事実、レオはラファエルやザドキエルとは違って、予言主体のアルマナックは発行していない。彼の雑誌『モダン・アストロロジー』には、ロイアル・ファミリーのホロスコープの解読なども含まれてはいるが、しかしむしろ強調されているのは上昇星座による心理・容姿の分析などである。占星術のもつ基本的な性質上、依然、旧来の「予言」スタイルと、ともすれば差異が見えにくくなることも多いが、しかし全体的な意向ははっきりしている。すなわち、「性格が運命」なのだ。占星術のこの転回点にあって、なかなか賛同者の得られないレオは嘆く。

友人、依頼者、そして占星術に関心をもつ人は性格分析には満足しないで、きまってこう叫ぶものだ。「ああ、私は私の性格など全部わかっています。知りたいのは未来のことなのです」。この要求を満たすためには占星術の学徒は未来予知に手を染めなければならない。しかし、もし「性格が運命だ」ということを覚えておいて、常に出生ホロスコープの前においておければその占星術師は幸いである。

レオはまた、夫人のベシィや後継者C・E・カーターらとともに「神智学協会占星術ロッジ」を設立（一九一四―一五年）、神智学協会の人物シネットらを迎えて会合がもたれた。二二年には妻ベシィが会長になり、この団体が現在の英国占星術協会、ファカルティ・オブ・アストロロジカル・スタディズ、カンパニー・オブ・アストロロジャーズ、そして冒頭で述べたロンドン占星術ロッジなど、現在活発に活動中の英国の、主要な占星術組織の母体となるのである。

やがて、レオの模索した力向性のうち、エソテリックな神智学用語は次第に退き、そのかわりにより心理学的な用語が用いられるようになる。占星術は神智学とは離婚し、今度は心理学との蜜月を楽しみはじめた。

占星術を内的世界を探る道具とした点、かつ未来予測のためのものではないとした点でレオの役割はきわめて大きかったといわざるをえないだろう。レオは、一九一七年に七巻の占星術の教科書と膨大な雑誌、それに数編の著作を残して世を去るが、その直前にレオが見たという夢はきわめて象徴的である。

その夢を、レオ夫人べシィが語っているので、ここで引用しておこう。

彼（レオ）の夢のなかで、気がつくと彼は自分が手になにかをもちながら海辺を歩いているのでした。しかし、その「なにか」を見ると、それには生命が宿っていないように思え、死んだものをもっていてもしかたがないと、それを遠くの海へと投げたのです。それは水しぶきをあげて海のなかに落ちていきましたが、その落下点から水鳥が現れました、その頭は孔雀のいきいきとした青い羽根のように輝いています。そしてそれは陸地へと泳いできて上がり、見ているうちにますます大きくなり、そして輝きをましたのです。

ロンドンにおいて伝統的な占星術を復活させようとしている団体、カンパニー・オブ・アストロロジャーズにおける僕の友人、マギー・ハイド女史は「アラン・レオの夢」という講義でたしか、この夢についてこんな解釈をしていたように思う。すなわち、レオの手によって「死んだ」占星術は海に投げられ、そしてレオ自身ですら予想しなかったような別な形をもって復活することになったのだ、と。あるいは、それ自身、レオがこの世界を去ることを予知した夢である、と。

ニュースペーパー・アストロロジー

レオ以後、占星術の心理学化はますますおし進められるが、その一方で、さらに大胆な占星術の大衆化が行われたことにもすこし触れておかねばならないだろう。いうなれば、洗練されてゆく占星術と、さらに商品化・大衆化が進む占星術の両極に分かれつつあるのが現代の占星術の一つの特徴でもあったといえる。とりわけ、新聞で占星術コラムが掲載されるようになったことは、いわゆる「星座の占い」が発明されたことでもあった。

イギリスでのそれは一九三〇年代に目立ったかたちで起こった。

一九三〇年八月二一日、ヨークのプリンセス・マーガレット・ローズが生まれたことを記念して、二四日付の『サンデー・エクスプレス』紙はマーガレット王女のホロスコープを紙面に掲載、R・H・ネイラーなる占星術師にその解読を依頼した。そしてそれに付随して、ネイラーはその誕生日付近に生まれた人の簡単な占いを載せたのである。読者からの反響は大きく、ネイラーはその後数十年にわたって占星術コラムを書き続けることになる。ネイラーの予言はよく的中し（もっとも外れることも同じくらいあったはずだが）、読者の圧倒的な支持をうけた。とくに最初の予言「イギリスの航空機に危険の兆候」が、R一〇一航空機の墜落事故という形になって成就するや、新聞社には読者からの問い合わせが殺到した。続いて、タッカー、リンドー、アドリアン・アーデ

ンといった占星術師がさまざまな新聞紙上を賑わした。(☆)

ことに戦時中においては、戦争の行方をこれらの占星術師が占ったのである。

またドイツでは第二次大戦中に占星術が空前のブームとなり、ナチスはカール・クラフトという占星術師をプロパガンダ要員として利用し、対するイギリスもそれに対抗しようとして占星術師ルイ・ド・ウォールを起用したのは有名な話である。その史実はエリック・ハウの研究書『占星術と第三帝国』*Astrology and The Third Reich* に詳しいので参照されたい。

心理占星術の誕生

アラン・レオによって近代占星術の内面化への端緒が開かれたわけだが、それをさらに徹底させてゆくのが心理占星術の流れである。「心理占星術」では、ホロスコープのシンボリズムを外的な事象というよりは、内面的・心理的な意味のメタファーとして読み取ってゆくものである。

そんな「心理占星術」への深化を行う契機になったのは、心理学者ユングそのひとであった。

ユングが、シンクロニシティのひとつの顕現形態として占星術を扱ったことはよく知られているが、占星術を「五千年の歴史を誇る心理学」であると、ある文脈で述べているほど占星術にも関心と理解を示していた。

ユングにしてみれば、占星術もまた錬金術と同じように心的過程が投影されたシンボリズムであり、当然、元型の研究対象として価値のあるものだったはずだ。
また方法論としても、ユング心理学に特徴的な「拡充法」、すなわち連想の連鎖をどんどん続けていって象徴の意味をさぐってゆく方法は、占星術やタロット、易などの占いの「解釈」ときわめて近い。

なによりも大きいのは、ユング理論が、無価値な過去の遺物として葬り去られようとしていた伝統的な象徴体系――錬金術や神話、占星術――などの価値をまがりなりにも現代的なコンテキストのなかで復権させようとした点である。ユングの心理学は精密科学としてはあまりにあいまいな点や論理的な弱さをはらんでいるが、しかし、それでもユングの豊かな象徴とその解釈の世界は多くの人々に受け入れられた。
スティールは、ユングの果たした仕事について、みごとにこのように述べている。

ユングが象徴作品を解釈することによって目指す目標は、意識が唯物論に本気で降伏してしまった時代に、西洋の精神的遺産を生かし続けることであった。神話、世界観、フィクションなどの精神的活力はその連続性にかかっており、これは「もし各時代がそれ自身の言語に神話を翻訳し、それを世界観の本質的内容とするならば、保存される」ことができようとユングは考えた。……ユングは古代的なものを、各人の無意識のなかに位置付け、それによってそれとの対決を自己知の発展のために必要であるとすることによって、更新したのである。自己を知ることとは、自分の象徴的遺産を発見する過程となった。ユングによって古い神話は、人間の心理についての現代的論考に変換された。(『フロイトとユング』)

占星術は、ユングによって現代的に変容された神話のひとつであった。しかもそれが「術」として、プラクティカルなものとして再生されうる最たる可能性を占星術は秘めていたのである。そのなかでユング心理学に強い影響をうけた占星術家も数多く登場してくるのだが、とりわけ、アメリカのルディアとイギリスのリズ・グリーンはその筆頭であろう。

ディーン・ルディアは神智学とユングの影響を共に受け、一九三〇年代からアメリカで活躍、ホロスコープは人間の精神的進化への「ブループリント」であると解釈した。

ルディアのオカルト＝哲学的な占星術の著作は英語圏の占星術家に広く読まれ、現在でも広範な影響力をもっているが、それを間接的に受け継ぐ形で、より広い層に占星術再評価へのきっかけをつくったのが、現在も活躍中の占星術家・心理療法家、リズ・グリーン女史である。ユング派の分析家でもあり、占星術家でもあるリズ・グリーンは、出世作『土星《サターン》』において、それまで凶星とされてきた土星の象徴をユング心理学でいうシャドウと同定し、未開花の心の可能性と再解釈した。

さらに『占星学』*Relating* においては、人間関係における理想像の投影の問題を軸に、ユング心理学と占星術のより包括的な統合を目指している。ユングを咀嚼してホロスコープ解読をしているものは他にいくつもあるが、その豊かさにおいていまだにリズ・グリーンを超えるものは出ていないように思われる。リズの著作は世界的な「まじめな」占星術ブームを巻き起こし、たとえば、ペンギン・ブックスから「アルカナ・コンテンポラリー・アストロロジー」シリーズが発行されるなど、大きなムーブメントを引き起こしている。

ユング心理学と占星術の親近性

ユング心理学と占星術を同じマナイタの上で扱うことはむろんできないが、しかし、その両者にはきわめて大きな親近性もあるように思われる。少なくとも、心理占星術家はそう考えた。

まず、その最大のものは人間が白紙で生まれてくるのではなく、内在的な元型諸力をもって生まれてくるという点である。アニマやアニムス、シャドウなど、その顕現形はさまざまではあっても人類に普遍的なものであり、そのような普遍的な元型は神話によって端的に示される。ユング心理学では「夢」を中心的な素材として個人を深層から揺り動かす元型的なもののダイナミズムを分析しようとするわけだ。

心理占星術では、元型をホロスコープのなかの惑星や星座のシンボリズムのなかに読み取る。そのときに、土星は単なる「不運」ではなく、「シャドウ」的なものがどのように働いているかを示す指標になるというわけだ。作業仮説として、夢が深層心理を反映するものだという仮定を受け入れてはじめて分析のプロセスが成立するように、占星術では惑星の運行と個人の生の間に照応の関係があると受け入れてはじめてその営みが成立する。その仮説を承認できなければ、永遠に占星術というゲームには参加できないし、その点で占星術の信仰者と非信仰者はいつまでも平行線をたどることになるだろう。

だが、占星術の過程を一時的にでも受け入れられれば、夢のかわりにホロスコープの象徴を用いての自己発見ゲームを楽しむことができる。

内的宇宙としてのホロスコープ

心理占星術において、運命論はどのように展開されるのだろうか。現代の占星学者のなかで、運命対自由意志の問題に最も真摯に取り組んでいるのは、リズ・グリーンである。彼女は、『運命の占星術』*The Astrology of Fate* のなかで、現代の心理学的占星学が中世的な占星術とどのように相違しているのかを、興味深い実例を用いて説明している。

それは、一六世紀フランスの有名な占星術師、ルカ・ガウリカスとノストラダムスの予言の例である。

この両占星術家はそれぞれ、時の国王アンリ二世の悲惨な事故死を予言していた。ガウリカスは、一五五五年の時点でその著『オペラ・オムニア』において「アンリ二世は四二歳の夏、試合場の一騎打ちの結果、頭に傷をうけて死ぬ」と、四年後に起こる不運を具体的に予言していた。一方、ノストラダムスは、「若き獅子が老いた獅子を打ち倒す……」ではじまる有名な暗号詩によって国王の横死を予告していたのであった。果たせるかな、アンリ二世は一五五九年の六月に模擬試合の途中、事故で殺害され、予言は無気味なまでの正確さで成就したのであった。リズは、ガウリカスが計算したホロスコープを採録し、予言の占星術的な根拠を推理する。占星術の技術的な側面に触れるのは本位ではないので、ここではそのホロスコープを掲載するにとどめる。腕に覚えのある方は、ガウリカスのホロスコープ解読をトレースされたい。

ここで、問題なのは、占星術の正確さではない。むしろ、かつてはこのような具体的な予言をしていた占星術師が、なぜ、今ではあいまいな予言しかできなくなったのか、という点である。それは、「このような運命論的なルネサンス占星術師は、その予言において異常なまでに正確であった。しかし、それよりももっと興味深い側面がある。それは、数百年前には、具体的な形で、正確な予言の基いとなっていた法則が、その信頼性を失ってしまったこと」だという。リズによれば時代精神として次第に人間が内的世界を意識するようになり、以前であれば外的にしか現れようのなかった心的エネルギーがさまざまな形で展開されるようになったからだ、というのである。

ガウリカスにあっては、ホロスコープが実現されるべき道は一つしかなかった。王にとって、内的な惑星の意味を表すのは外的な生き方しかなかったのだ。「そのころにはたった一種類の『死』しかなかった」。

国王という集合的ペルソナと同一化し、内的世界をもつことができなかった王は具体的な予言を成就させてしまう。リズにとって神秘的な宇宙の予言は、本来さまざまなレベルで実現することが可能なのだが（たとえば、より高次な個性化を促すための心理レベルでの「死」）、しかし、無意識のうちに生きるかぎり、ますますそれは具体的な事件と符合するようになっている。

リズは、運命の神秘にたいして、慎重に最後まで極めて深い畏敬の念を払う一方で、運命は内的・外的世界を照応させ、内的世界の自覚化の度合に応じて、逆に「予言」の具体レベルでの精度が低くなるというロジックを展開させているわけだ。「運命」に支配される集合的なレベルから「個」として自己を実現させてゆくこと、惑星に象徴される集合的元型にたいして、より分化した対応ができるようになることが、心理占星術によるカウンセリングの主目的だということになる。その意味で、ひらたく言うならむしろ「予言」を不正確にしてゆくという逆説的な試みが、現代の占星術なのである。

プトレマイオス革命

だが、僕はここでもう一つ、ユング的占星術の特徴を挙げておきたい。それは、安易に「外的・具体的」「内的・象徴的」という言葉を用いる一方、この両者は実質的には徹底的な主観主義によって相対化されているという点である。ガウリカスの予言における「死」も、またそれが「内的」なものとしての経験として実現しても、それはホロスコープの平面のなかに収斂されてゆく。ユングは、「心的現実」という概念を用いて、心における体験はすべて現実的であると説き、事実上の唯心論を展開したが（渡辺学『ユングにおける心と体験世界』、春秋社、を参照）、占星術においては同様のロジックにおいて、すべてがホロスコープ宇宙において生起する「唯星＝心論」が展開される。そこでは内界と外界の境界はほとんど消失し、すべてが惑星の原理から説明される。しかも、ホロスコープがいまだに地球からみた図で描かれることに端的に現れているように、それは、個人の視点からみた出来事、意味として宇宙の運行と世界での出来事と、そして心の動きが結び付けられて解釈されてゆくのである。

コペルニクスの革命が主観を排し、極力「客観的・相対的」な視点を獲得する時代の象徴的事件だとすれば、現代における占星術的思考は、再び、個人の主観、個人にとっての「意味」を中心にすえて宇宙を捉え直すことだといえる。それを僕はあえて、一世紀の地球中心説の大成者プトレマイオスにひっかけて、プトレマイオス革命とでも呼んではどうかと考えているのだが……。

宇宙の運行を主観的な個人の心的内容のあらわれとして読み解くこと（ジェイムズ・ヒルマンなら、宇宙をサイコロジャイズする、というだろうか）は壮大な人間中心主義であるが、しかし、占星術が「当たる」ことは（あるいは当たったようにみえること。どちらにしても主観化を徹底した心理占星術なら同じことだが）、生の意味性を見失った近代人にとって一種の宗教的な安住の感覚すら与えることになるだろう。

社会学者ピーター・バーガーの「故郷喪失者」というタームは今となっては懐かしい用語ですらあるが、しかし依然として有効であろう。ますます多元的になる世界において、人は「宇宙をどのように組み立てたら良いのか知らず、そのため、組み立てる必要に迫られるとひどくとまどう」ようになってしまっている。

そのなかで、心理学化された占星術が、いったん、個人を外的な出来事の世界から切り離し、ホロスコープの象徴世界において意味世界を創造し、再び宇宙のなかでの自己の意味という強烈なアイデンティティの感覚を与えることになるのは、きわめて魅力的な営みになるであろう。

多様な占星術の展開

もちろん、そのような営みも、魂の危機に対する応急処置にすぎないかもしれない。ホロスコープの宇宙のみに埋没することは、またかえって自分の世界を狭めてしまう危険もはらんでいる。理想的には、占星術的な世界認識のパラダイムと、それ以外のパラダイムを自由に行き来して自己の世界を拡大してゆくことが必要だろう。いや、なにも占星術的な世界のみならず、近代が多元的な生活世界を多層的に抱え込んでいるとするのなら、それは当然必要とされる態度だとすらいえる。

さて、心理占星術が現代の占星学の一つの大きな流れであったために話がそこに集中してしまったが、占星術の内部そのものにも多様な展開がある。最後にその流れを俯瞰して筆をおくことにしたい。

まず心理占星術と対極の位置にあるのが「統計的アプローチ」である。フランスの故ミシェル・ゴークランを筆頭とする流れで、統計学を用いることによって伝統的な占星術の主張を証明ないし反証しようとする動きである。ゴークランは、出生時の惑星の配置と職業の間に統計的に有意な関連性があることをデータによって示した（H・J・アイゼンク『占星術科学か迷信か』誠心書房、などを参照）。心理占星術が質的・個別的なアプローチを取るのにたいして、この流れでは計量的なアプローチを取っている。

また伝統派も根強い。ラテン語、ギリシャ語の占星術の文献を翻訳したり、あるいはホラリー占星術（出生時ではなく、占いたいと思った瞬間の時間のホロスコープを作成する）の復権に力を入れている。イギリスのカンパニー・オブ・アストロロジャーズ、あるいはオリビア・バークレー女史などがその筆頭に立っている。さらに霊的、秘教的なアストロロジャーも数多くいる。これは、レオの「神智学路線」を継承したものである。占星術は、ギリシャ時代からその基本的な形を変えていないほどの完成された形態をもっていながら、その一方で驚くほどの可塑性をもっている。今後も占星術はさまざまな学問体系やイデオロギーと結び付きながら、その衣をどんどんかえてゆくだろう。そしてそのしたたかさとしなやかさ、そして人間に「生には目的と意味がある」という願いにも似た信仰があるかぎり、そしてまた「未来」への熱情があるかぎり、「占星術史」という書物を書き終えることは、まだまだできそうもない。

（☆）いわゆる太陽星座の占いは、ネイラー以前にも存在する。くわしくは、Kim *Flirting with the Zodiac*, The Wessex Astrologers LTD,2007. を参照のこと

Character is Destiny?　占星術におけるダイモーンの感覚をめぐって

アラン・レオからヘラクレイトスへ

今回の集まりで僕たちに与えられたテーマは、「Destiny」（運命）である。このDestinyという言葉は、占星術の学徒にはCharacter is Destiny（性格が運命なり）というフレーズを真っ先に想起させるのではないだろうか。そう、「モダン占星術の父」アラン・レオ（一八六〇―一九一七）が自らの占星術のモットーとした成句[1]である。そしてこの句が現代の占星術を強く方向付けたことはよく知られている。

神智学の信奉者であったレオは、顕教的《エクソテリック》占星術と秘教的《エソテリック》占星術の二つの学派があると主張する。前者は、気まぐれな天体の力に支配される人間の運命を判断することに主眼を置く。いわば通俗的な「占い」だ。一方、レオが模索し、追求しようとした秘教的占星術は「性格（キャラクター）、

格（キャラクター）、性格こそが運命（ディスティニー）を決定する」とみなす。必要なのは、たとえそれがどんなに正確なものであろうとも予言ではない。レオにとっては「一人一人の人間が己を統べる法であること、そして一人一人のうちに自身の運命を創造する力がある」[2]という認識を広げることが占星術の真の目的なのである。

従来の占星術は決定論的、宿命論的、そして「出来事中心的」であり、現代占星術は自由意志を重視し、「人間中心的」、あるいは「心理学的」に人を成長させる方向へと進むべきである、そしてこのモダン占星術のアイデアの萌芽がレオにみられるというのは現代の占星術家の一般的な理解であろう。[3]己を知ることが運命を創造する。自分を陶冶することが自らの運命を切り開くことになる。このような、いかにも近代的な人生観、運命観がレオの占星術観の背後にある。これは宗教学者ジョスリン・ゴドウィンの言葉を借りるなら「神智学的啓蒙」主義と呼ぶこともできよう。[4]

ただし、この〝Character is Destiny〟という成句は、レオが作り出した新しいものではないことに注意しよう。レオ自身はその出典を明示していないようだが、この成句が紀元前「ソクラテス以前の」哲学者ヘラクレイトス（BC五〇〇頃）が残したものであることは、西洋の精神史を少しでも知るものにとっては常識である。[5]レオはわざわざこの成句の由来を説明するまでもなかったのだろう。レオがモットーとしたこの成句は、「現代的」であるどころかはるか古代のものなのだ。この成句に対するレオの解釈がどのようなものであれ、Character is Destiny という言葉の響きははるかなる哲学の始原へと僕たちを連れ戻す。技法論として占星術を見ていたのでは感知しにくい、古代から現代へと続くアーキタイパルな運命観の系譜がこの言葉から浮かび上がってくる。そしてそれが、占星術における「星の守護霊」という神秘的な概念の伝統と緊密に結びついていることを思い出させるのである。

エトス・アントロポイ・ダイモーン

アラン・レオのモットー Character is Destiny は、今に残るヘラクレイトスの言葉の断片ではエトス・アントロポイ・ダイモーン Ethos anthropoi daimon というギリシア語で表現されている。エトスは「性格」、アントロポイは「人間」、そしてダイモーンが「運命」であるから、文字通りに受け取れば「人間の性格、習癖はダイモーンである」ということになる。[6] むろん、これをレオのように人間の性格が運命を創造することができると解釈することもできるが、[7] 一方で、「人間にとっての所与の性格は宿命である」[8] と訳すことも可能である。こうなると、レオとはまるで逆の解釈となる。卑近な例を用いれば、偉大なスポーツ選手に「自分の成功は才能の賜物ではない。

努力の結果だ」と励まされた後進が、「自分には努力するという才能がない」と落ち込む場合を思い起こせば良い。[9] 実際、僕もこの言葉を最初に耳にしたときには、自由意志を賞揚するものか、深い決定論を導くものなのか、考え込んでしまったものだ。確かにレオは自由意志の信奉者である。しかし、この Destiny という言葉が元来、Daimon であることを考え直せば、ここにはただただ楽観的でシンプルな自由意志の賞揚以上のものがあることがすぐわかる。

そしてダイモーンとは端的に言えば「神霊」であることを忘れてはならない。辞書によれば「神々と人間の間の性質を持つ神的ないし超自然的存在」とある。この「ダイモーン的存在」、知的な〝他者〟はひとり古代ギリシアだけのものではなく、時代や地域を超えて普遍的なものとみなすこともできる。ダイモーン的なるものは、「自律的神、精霊、天使、ミューズ、あるいはダイモーン、…ユング的な意味での〝無意識〟…〝小さき種族〟（妖精）、ときにSFのエイリアン」として捉えられてきた。[10] 西欧におけるダイモーン論には長い系譜がある。古代ギリシアのダイモーンはソクラテスを始めプラトンから新プラトン主義者たち、ルネサンスの思想家、またダイモーンが天使や悪魔と同一視されて以降はキリスト教者たちによって、詳細に論じられてきた。

なかでも有名なのは、かのソクラテスに事あるごとに囁きかけてきた「声」としてのダイモーンであろう。プラトンが伝えるところでは、

「わたし（ソクラテス）には何か神からの知らせとか、鬼神（ダイモーン）からの合図とかいった

ものがよく起こるのです。…これはわたしには子どものころから始まったもので、一種の声となってあらわれる」ということである。[11] 注目すべきなのは、ソクラテスの場合には、ダイモーンの声はもっぱら、禁止、抑制の場合にのみ聞こえてくるとされている点だ。ソクラテスが甘んじて死刑の宣告を受け入れ刑場に赴くのも、この場合にはダイモーンの声がソクラテスを「引き止めなかったから」なのだ。

これだけを見ると、合理化された現代人は、ダイモーンとはフロイトのいう超自我のごとき、一種の内面の理性の擬人化あるいは隠喩であるとみなすかもしれない。だとすれば、一見、迷信的に見えるダイモーンを受け入れることが容易になる。現代人には納得しやすい。そうした解釈はプラトンからあった。以下のテクストはその見方を如実に語っている。

ところで、われわれのもとにある魂で、至上権を握っているもの（理性）については、こう考えなければなりません。――すなわち、神が、これを神霊（ダイモーン）として、各人に与えたのである――と。そして、そのものはまさに、われわれの身体の天辺に居住し、われわれが、地上の、ではなく、天上の植物であるかのごとく、われわれを天の縁者に向かって、大地から持ち上げているものだと、わたしたちは敢えて主張したいのです……

欲情や野心の満足のみ汲々として、そのようなことのためにのみ労すること甚だしい人にとって、その思いのすべてが、死すべき（地上的な）ものになり……しかし、これに反して、学への愛と、真の知に真剣に励んできた人、自分のうちの何ものにもまして、これらのものを精錬してきた人が、もしも真実に触れるなら、…およそ人間の分際に許される限りの、最大限の不死性にあずかりことに（なるのです）……そのような人はまた、何分にも常に神的なるものの世話を欠かさず、自ら、自分の同居者なる神霊を、よく整えられた状態で宿しているのだから、彼が特別に幸福（エウダイモーン、よきダイモーンをもてるもの）であるということも、おそらくは必然でしょう。[12]

内面の理性、良心の声にしたがって生きれば罪悪感もなく、その人は幸福になれるというわけである。しかし、思い出してもみよう。ダイモーンの声に従った（というよりも声が聞こえなかったことに従った）ソクラテスは無実の罪で死刑にあったのだ。これは幸福だろうか。いや、真理に生き、真理に死んだソクラテスを「幸福」だったとしても、一種の自死に誘うこのダイモーンを理性の声と言えるだろうか。[13]

ダイモーンは、単なる「理性」ではないのだ。何と言ってもこうした「合理的」な解釈が生まれる以前、より古くは、ダイモーンは「神霊」、「鬼神」と訳されるように、内面的、心理的な存在に収まりきらない、外的、自律的存在として想定されてもきたのである。

実際、プラトンのダイモーンは人間の内なる「理性」の隠喩としての範囲には収まりきらない。

ダイモーンのたぐいはすべて、神と人間の間にあるもの」であり「人間の思いを翻訳して神々に伝え、神々の思いを翻訳して人間に伝える。すなわち、人間の祈りと供物を神々に送り届け、神々のお告げと供物の返礼を人間に送り届ける。そして、両者の間に立ってその溝を埋め、全宇宙を一体化させる…

しかも「このダイモーンが媒介となり、すべての占いは執り行われる。また司祭は供物を捧げたり、秘儀を行ったり、呪文を唱えたり、あらゆる種類の予言や魔法を使うが、そのような司祭の技術もまたダイモーンが媒介となる。神が人間とじかに交わることはない。神々と人間の間の交流と会話は、人間が目覚めているときに行われるものであれ、眠っているときであれ、すべてこのダイモーンを媒介にして成立する。これ以外の分野での賢者は、技術分野であれ、工芸分野であれ、卑しい職人に過ぎぬ[14]」とされているのである。

ダイモーンは宇宙的、超越的存在でもあり、また人間に予見と占いの力を与え、そして通常の仕事においてもダイモーンの息吹が加わった場合にのみ、そこに真実の価値が宿るというわけである。このダイモーンの自律性、超越性は現代人には理解しがたい。僕たちはダイモーンのリアリティを見失ってしまったのかもしれない。それは占いをにわかに信じられなくなってしまった僕たちの状況を映し出しているのではないだろうか。

ダイモーンは星の守護霊にして運命

ここに加えて、ここでダイモーンが「運命」と訳されるほど、運命と緊密に結びついていることを確認しておこう。そしてこれは、占星術的宇宙観と深く結びついている。

この結びつきを端的に示すのが、プラトンが『国家』の挿話として語る「エルの神話」である。戦士エルはある種、臨死体験をして魂がこの世界に受肉する様子を目撃する。星の世界では宇宙の紡錘を必然の女神が回転させ、その膝下で運命の三女神モイラが運命の糸を紡いでいる。生まれる前の人間は、与えられた運命の糸を籤によって選ぶ。そして「この女神は、これからの生涯を見守って選び取られた運命を成就させるために、先にそれぞれが選んだダイモーンをそれぞれのものにつけてやった」[15]というのだ。ダイモーンは運命を決定づけるものであるとともに、またその成就者でもある。ただし、この運命の籤を選んだことを、人は覚えていない。人の魂はこの地上世界に生まれ落ち受肉する際に、忘却の河の水を飲むことになる。そこで、生まれる前のことを全て忘れてしまうというのである。

この運命の籤を引く場所、必然の女神と運命の女神モイラがおわすところは、宇宙の天球である。エルは魂となって旅を続け、「天空から光の綱の両端が伸びてきているのを見」た。この光は「天空をしばる綱」であり、「回転する天球」を締めくくっている。ここで必然の女神は、八つの同心円状の車からなる紡錘を回転させている。[16] 占星術家にとっては、この八つの同心円状の車とは、七つの惑星および恒星からなる天球を指すことは明らかだろう。必然の女神の紡錘、そしてモイラたちの糸車は、天球の荘厳な回転に表象される宇宙の秩序を示す。プラトンの時代にはいわゆるホロスコープ占星術は未だギリシャ世界には浸透していなかったが、この宇宙モデルは、ヘレニズムからルネサンス時代へと続く占星術の基盤となってゆく。そして、この運命としてのダイモーンは、星と結びついてゆくのだ。

『英雄伝』でも知られる一世紀のプルタルコスには、このような一節がある。

あなたはダイモーンを目にしていることに気がついていないのだ。…あなたが目にしている、あの消えゆくように見える星たちは身体に沈み込んでいる魂であって、他方、闇や暗黒を泥土のように振り払いながら下の方から現れては再び輝き出すような星たちは、死後に身体から浮遊した魂であると考えるのだ。そして上のほうへ運ばれている星たちが、「知性を持つ」と言われている人間たちのダイモーンなのである。[17]

ダイモーンは死者たちの魂と同定されているが同時に「星」でもあることに注目されたい。さらに、三世紀のプロティノスではプラトンのエルの神話を明確に星と結びつけ、占星術と併せて論じることとなる。プロティノスは、プラトンの論に従って「われわれは魂を星々からもらって来ているのだとして、われわれを星々に縛り付け、またこの世界にやってくる際にわれわれを必然性に従属させるのである。[18]」と述べている。

ホロスコープ占星術と星のダイモーン

学生時代、僕は教室でこのような哲学者の神話的思考を興味深く聞いていたのだが、このような思弁が実践的な占星術に応用されていることに比較的最近まで思い至らなかった。実践占星術と哲学的、神話的思弁は別物だという先入観があまりに強かったのである。この先入観を打ち破ってくれたのは、ドリアン・グリーンバウムの業績『ヘレニズム占星術におけるダイモーン』であった。ヘラクレイトスに遡り、プラトンが宇宙化したダイモーンは、ドリアン・グリーンバウムが見事に論じたように占星術の理論と実践の伝統の中にも確かに組み込まれているのである。[19]この小論ではグリーンバウムの大きな仕事を要約することなどとてもできないが、彼女の研究では実践占星術の場では、個人的な星のダイモーンをホロスコープから同定する技法がいくつも考案されたことが原典資料を紐解きながら詳細に論じられている。

ダイモーンの占星術の残響は今でも残っている。ホロスコープの第一一ハウスが「善きダイモーン」、第一二ハウスが「悪しきダイモーン」のハウスと呼ばれていたことを思い出されたい。

また、俗にアラビック・パートと呼ばれるもののうち、「パート・オブ・フォーチュン」に対してホロスコープ上でアセンダント－ディセンダント軸を挟んで鏡像関係になる位置を「パート・オブ・スピリット」と呼ぶのもご存知だろう。（アラビック・パートというのは誤解を招く表現である。これらはヘレニズムの占星術に遡り、より正確には「ダイモーンのロット（籤）」と呼ぶべきものである。）エルの神話において、生まれる前の魂が運命の「籤」を引いたことを思いだしたい。この「ロット」には星から引き当てた運命という響きを聞き取ることは十分に可能であろう。

さらにヘレニズム占星術では「オイコデスポテス」、つまり「マスター・オブ・ハウス」と称される、ホロスコープそのものを代表する天体を選定する技法が様々な形で提案されてきた。当時の占星術家ウェッテウス・ヴァレンスは主たる天体（太陽、月、おそらくはアセンダントとMC）とそのバウンド（ターム）ルーラーのうち、良い位置にあるものをオイコデスポテスとせよという。あるいはフィルミカスは単純に月が入っている星座の次の星座のルーラーをみよという。[20]

またプロティノスの弟子ポリフィリオスは、『テトラビブロス入門』において、個人的ダイモーン、すなわち本人の運命を示す天体を算出する技法を論じた。[21]このような伝統を継承しつつ、一五世紀のプラトニストにして占星術家でもあるマルシリオ・フィチーノは、ヘレニズムの伝統をこのように要約している。

　出生時のダイモーンを知るには、ポリフィルオスは出生時にもっとも優勢であった惑星を選ぶという法則を発見した。ユリウス・フィルミカスは優勢な惑星とはより強いデイグニティを持っているもの、あるいは月の星座の次の星座の支配星であるという。[22]……

　むろん、アラン・レオがこうした古典占星術の技法に通じていた可能性は低い。ただ、レオは一般に考えられているよりも、[23]はるかに伝統・古典占星術の知識があったのは確かである。レオの有名な土星についての講演では、レオはプトレマイオスの『テトラビブロス』を仔細に引用している。[24]レオが『テトラビブロス』三書に見られる寿命星としてのオイコデスポテスを知っていた可能性は極めて高い。

　そしてレオは紛れもなくこの「星のダイモーン」の伝統の継承者でもあったのだ。それはレオが「星の天使」Star Angel について述べるのを見るとはっきりする。

レオの妻であった、ベシーは夫の伝記の冒頭において、レオの生涯のモットーをまとめている。そこにはもちろん、Character is Destiny という言葉もあるがそれと並んで「星の天使」という言葉が登場するのである。

私は、ひとりひとりの人間が天の父なる星、あるいは星の天使に身を寄せていると信じる。ちょうど、聖書がイエス・キリストについてそう語っているのと同じように。[25]

これはイエスの降誕を告げた「マギの星」が天使であったとする十五世紀のフィチーノの解釈を思い起こさせる。[26] フィチーノは星のダイモーンが天使とされたとはっきり述べているのだ。[27]

とは言え、レオはこの星のダイモーンをホロスコープから算出することにはあまり興味はなかったようだ。リズ・グリーンは、レオの占星術で強調されているアセンダントのサインのルーラーがこれに相当すると考えているが、[28] レオ自身はそうとは明言しておらず、確証はなさそうだ。強いて言えば古代のヘルメス思想を神智学経由で引き継いだ太陽崇拝から考えて「インディヴィジュアリティ」を示すとレオが考えた太陽がダイモーンを導く天体にふさわしいと考えたであろうとも推測する。

僕個人としては、ダイモーンを特定する占星術的技法については、三世紀のイアンブリコスの次の言葉に共感するのである。

人のダイモーンについて真実を語るとするなら、その実体が来るのは、天の限られた一区画からでも、可視の領域のある要素からでもなく、コスモス全体、あらゆるものが由来するこの多様な生すべてに由来するのである(29)

イアンブリコスは客観的な星の位置の計算ばかりによって運命（ダイモーン）が導けるとは考えていなかったのだ。ダイモーンの星を特定するのは真に神的なものとの接触による霊的な作業であり、一種の神秘行であると考えていたのであろう。

レオのCharacter is Destinyという句を、レオの「星の天使」という概念と結びつけて考えたとき、この新プラトン主義的な系譜へと再接続される。神智学という独自のレンズを通ったものであったとは言え、新プラトン主義、ヘルメス主義的な思潮は一九世紀から二〇世紀にかけて復興していたことを忘れてはならないだろう。レオは熱心な神智学徒であった。レオの占星術は単純に伝統的占星術の「単純化版」ではなく、ヘレニズム時代の霊的な占星術の伝統の再興、継承であったとも言えるのではないだろうか。

ダイモーンの働きとしてのホロスコープ体験

現代のユング派の心理学の中にもこのダイモーンは継承されている。ユングは、あたかも古代の新プラトン主義者のように、半ば内なる、そして半ば外なる自律的なさまざまな霊的人物と対話していた[30]。とりわけ、ユングにとって心理―霊的《サイコ＝スピリチュアル》なグルとも言えるフィレモンは、ユングにとっての個人的ダイモーン像であったと言えるだろう。

こうしたことを受けてユング派の心理学者であり、元型的心理学の創始者ジェイムズ・ヒルマンは、古来のダイモーン論を援用してベストセラーとなった『魂のコード』を著した[31]。『魂のコード』には占星術への直接的な言及はないが、ヒルマンはフィチーノの占星術をよく知っており、また個人的にも占星術に親和的でもあるのでこの書の背景には占星術があると見てよいだろう。ヒルマンは、人間を「生まれによる遺伝と育ちの環境」のプラモデルとみなすような近代の人間観を否定し、プラトンの神話に立ち返り、その人だけのかけがえのない「たましい」という形相、ダイモーンが最初から存在するとイメージしてみてはどうかと提案する。むろん、これはレオや、現代の多くのニューエイジの唱導者たちがいうような、素朴で実体的なものではない。あくまでもパースペクティヴ、メタファーとしてのダイモーン論ではある。しかし、それは単なる空疎な空想ではなく、イマジナルな実在としてのダイモーンなのである。
ヒルマンはダイモーンという言葉を召命（コーリング）や運命、性格、魂、ゲニウスと自由に変換して用いることができるという。だが、イアンブリコスがダイモーンを数式で算出できないと言ったように、ダイモーンを定義し、その働きを意識によって見極めることはできないとヒルマンは述べる。

この定義不能なダイモーンの働きはある種の強迫的なまでの力、運命の力として体験される。

ダイモーンはあなたを動機付ける。ダイモーンは守る。ダイモーンは作り話しをし、執拗なまでに何かに取り組ませる。ダイモーンは妥協を許さず、しばしば本人に逸脱や奇行を強いることもある。ダイモーンは安らぎを与えたり逃げ場を作ったりもするが、無邪気なままでいさせることはない。肉体を病気にさせることもある。ダイモーンは…人生の流れのなかにあらゆる過ちやギャップ、節目を作り出す(33)

どうだろう。このダイモーンの働きは運命の神秘を身近に感じている占星術家には皆お馴染みのものではないだろうか。僕たちは人生に悩むとき、「わかっているけれどやめられない」、「絶妙なタイミングでの偶然の出来事の介入」、「今の自分への違和感」というかたちでダイモーンの働きに翻弄されているのではないか。

僕自身のことを思い出してみる。僕は二七歳の頃、人生で「挫折」を経験している。高校生のころから雑誌に星占いの原稿を書いていた僕は、景気がよかった時代であったこともあり、大学院で修士号を三年もかかってとりながらも学業・研究とメディアでの占星術を楽しんでいた。しかし、博士課程に進もうとするとき、大きなミスをしたことに気がついたのだ。愚かにもほどがあるのだが、なんと博士課程への願書を提出し忘れていたのである。自分で言うのもなんだが、成績はよく、教授たちからも覚えがよかった。「では来月また」と、最終諮問で教授たちはにこやかに送り出してくれた。だが、願書が提出されていなかったのだ。この単純な、しかし大きな事務上のミスによって僕の将来の計画は大きく狂った。僕は狼狽した。が、ありがたいことに、教授たちは大いに心をくだいて下さり、特例で非常勤助手のポストを与えてまでくださった。将来のことを考えてアカデミック・キャリアにブランクがあかないようにという特別なはからいである。

だが、僕は享受していた占星術や魔術関連の仕事を辞めることはできなかった。そして一年がすぎるころ、指導教官から「メディアでの仕事を辞めるか学問に専心するか」という選択を迫られたのである。

私的なことなのでここで詳しく述べることは控えるが、僕が下した決断は「ここでいったん大学から離れる」というものだった。それは、覚悟が決まったというより、一つの逃げでもあった。僕のアイデンティティは大いに揺らいでいた。そのときに見た夢が印象的である。夢のなかで僕は、自分のアパートにもうひと部屋あることを発見する。そこにはコンピュータとプリンタがある。プリンタからはどんどんホロスコープが吐き出され、部屋に積み上がってゆく。その時僕は感じたのだ。「ああ、僕がもしこの部屋に行かなければ読まれないままであるホロスコープが溜まっていってしまう」。

そこからである。それまでのバイト的な気分から本腰をいれて仕事に取り組まなければいけないと感じるようになったのは。そのとき、ちょうど天王星と海王星はほぼ同時にDESに乗り、第九ハウスのカスプの上の太陽の上を正確に土星がトランジットしていった。プログレスでは牡羊座で新月が起こり、およそオーブ一度半から二度で出生の火星・土星・MCと合になる。きわめてシンプルな占星術であるが、星のシンボリズムは鮮やかにアカデミック・キャリアの一つの区切りと社会的な仕事への責任ある、しかし、未知の世界へのスタートを示していた。

このような動きはその一年前の、願書の出し忘れという失策行為がなければおこらなかったかもしれない。願書を出し忘れたのはもちろん、僕自身だ。誰のせいでもない。しかし、意図的にやったわけではない。フロイトの言うような逃避のための無意識的失策？　そうとも言える。が、もしこの逃避がなければ、今、僕はここでみなさんを前に占星術を講じたり、著述をしていることもないだろう。していたとしも、もっと「ガクモン的に」、外在的にしか語ることはできない立場にいたかもしれない。僕にはこの失策こそダイモーン的だと感じられるのである。

　もっとも、それが有意義なキャリアを準備した「善きダイモーン」であるのか、人生を誘惑する「悪しきダイモーン」であるのか、今尚わからない。こんな人生でよいのか。正しいのか。不安はなくなりはしない。とくにそれは僕の「ダイモーンのロット」が「悪霊のハウス」である一二ハウスにあるというアンビバレントな位置にある事とも関係があるかもしれない。だがこの葛藤こそ、ダイモーンの声との格闘こそが人を前に進ませ、人生を導いているのは確かである。エウダイモーンとはけして安寧だけではあるまい。

　ダイモーンは、半分は魂からの内なるもの、そして半分は星からの外なるものなのだろう。魂と星は不可分である。プラトンの神話では運命の籤は偶然で選ばれる一方で、「自分自身がダイモーンを選ぶ」というパラドキシカルな表現をされていることも思い出そう。

　占星術は一枚岩ではない。運命に対しての捉え方も、完全な決定論から完全な自由意志論まで、占星術家の立場によって多様である。自由意志と運命のパラドクスに単純な答えはない。

　ここで僕は思うのだ。もし全てが前もって決められているなら占いの意味はない。また完全に自由であるなら、自我の引いた青写真のままに人生が進むだけであって、未来は最初から「計画どおり」であり、かえって自由はない。そこに偶有性はなくなるのだ。逆説的だが、僕たちは真の意味で自由であるために、自律的で気まぐれで予測不可能で、しかも運命決定的なダイモーンを必要としている。

ホロスコープを見つめる僕たちは、何かしら運命の感覚を抱く。運命はあたかも人格的で自律的、「他者」なるダイモーンとして僕たちを思いがけない方向に導くように感じられる。しかし、「自分の星」の動きの中に、星の天使としてのダイモーンの働きをかすかに感知することができるのは占星術の素晴らしい恵みである。そして、その運命と自由意志の、永遠に解けそうもないパラドクスの中に、かけがえのない、何ものにも還元できない自分自身の固有性、自分の人生の一回性を見出すのではないだろうか。むろん、これとて現時点における僕の一つの解釈にすぎない。

Character is Destiny. レオが提示した矛盾に満ちたこの句は、これからも占星術家にとっての大いなる「公案」となっていくことだろう。

注

（1）Alan Leo *The Art of Synthesis Destiny* Books 1983 (1912 3rd edition) p134 Leo "Symbolism and Astrology" など随所にみられる。

（2）Cited in Patrick Curry *A Confusion of Prophets* Collins & Brown Limited 1992. p132.

（3）近代、現代占星術の誕生とレオについては鏡リュウジ『占星綺想』新装版　青土社二〇〇七年所収「占星術の近代」、津曲真一・細田あや子編『媒介物の宗教史』リトン二〇一九年所収　比留間亮平「作用者から媒介者へ」など参照。

（4）Joscelyn Godwin *The Theosophical Enlightenment* S U N Y 1994.
なお、レオは前世とカルマの信者である。輪廻転生は現代人にとってにわかに受け入れがたいアイデアかもしれないが、しかし、この「前世」をカッコに入れて、ホロスコープを「潜在的可能性の地図」と見なせば秘教的占星術から心理学的占星術への展開は容易であろう。また人間の魂には天体は影響せず、肉体にのみ影響するという理解にはプラトンに始まりキリスト教の枠内でも採用された長い系譜がある。その意味ではレオは単純に「モダン」とは言えない。

（5）廣川洋一『ソクラテス以前の哲学者』講談社学術文庫一九九七年　一〇四頁。

（6）この句のさまざまな翻訳についてはジェイムズ・ヒルマン著　鏡リュウジ訳『魂のコード』河出書房新社一九九八年　三二六―七頁。（新装版は朝日新聞出版社より）

（7）廣川洋一　前掲書では「人間の運命は、その人がらが作るもの」という訳が採用されている。

（8）ヒルマン　前掲書三二七頁。

（9）才能、天才は英語の genius であるが、これはギリシャ語の daimon のラテン語訳でもあることに注意されたい。

（10）Angela Voss and William Rowlandson "Introduction" p1 in ed.by Voss and Rowlandson *Daimonic Imagination* Cambridge Scholars Publishing 2013.

（11）プラトーン著　田中美知太郎・池田美恵訳『ソークラテスの弁明　クリトン　パイドーン』新潮文庫一九六八、二〇一五年　五三頁。

（12）プラトン著　種山恭子訳『ティマイオス』岩波書店　一九七五年　一七三頁。

（13）ソクラテスのダイモーンの解釈については田中龍山著『ソクラテスのダイモニオンについて』晃洋書房二〇一九年など参照。

（14）プラトン著　中沢務訳『饗宴』光文社古典新訳文庫　キンドル版。

(15) プラトン著藤沢令夫『国家（下）』岩波文庫一九七九、二〇一五年　四一六頁。
(16) プラトン『国家（下）』四〇四―五頁。
(17) プルタルコス　田中龍山訳　『モラリア7』　京都大学学術出版会二五八頁。
(18) 田中美知太郎監修　『プロティノス全集』第一巻　中央公論社一九八六年　四一二頁。
(19) Dorian Greenbaum *The Daimon in Hellenistic Astrology* Brill 2015.
(20) Greenbaum p.265,6 にはさらに詳しい分析がある。
(21) Porphry trans.by James Holden *Introduction to the Tetrabibilos* AFA 2009.
(22) Marsilio Ficino trans.by Charles Boer *Book of Life* Spring 1994 p.171.
(23) レオの同僚F. W. レイシーによれば、レオはラファエルのものとブラヴァツキーの教典以外にはほとんど占星術の本は読まなかったという。Bessie Leo *Life and Works of Alan Leo* 1919 p.43.
(24) Alan Leo "SATURN THE REAPER PUBLIC LECTURES" delivered before the ASTROLOGICAL SOCIETY, in the months of January, February and March 1916.
(25) Bessie Leo ibid. p.12.
(26) Translation and Commentary by Thomas Moore "The Star of Magi" in Sphinx Journal6 The London Convivium 1994.
(27) フィチーノ著左近司祥子訳『恋の形而上学』国文社　一九八五年　一三六頁。
(28) リズ・グリーン著　鏡リュウジ監訳『占星術とユング心理学』原書房二〇一九年　第4章参照。
(29) Iamblichus trans.by C Clarke, J.M.Dillon, J.P.Hershbell *On Mysteries* Society of Biblical Literature 2003 p.335. から抄訳。
(30) 『ユング自伝』を見よ。またその内的作業の記録は『赤の書』として公開されている。
(31) ヒルマン、前掲書。
(32) ヒルマンは実際、占星術に深い関心を示している。Dick Russell *The Life and Idea of James Hillman* Helios Press 2013 などを参照するとヒルマンが占星術に親しんでいたことがわかる。また占星術家として活躍中のローレンス・ヒルマンはジェイムズ・ヒルマンの息子である。
(33) ヒルマン　前掲書　六三頁。

占星術への愛と敵意　パンデミック下に寄せて

あらゆる愛情や意志の絆は二つのものに還元される。すなわち嫌悪と欲望、あるいは憎悪と愛である。しかしながら憎悪自体も愛に還元される。それゆえに意志の唯一の絆はエロスという結論になる。…憤慨とは美徳への愛である…怒りも愛の一種にすぎぬ…哲学や魔術に身を捧げているものに関しては最高の絆、不変なる絆はエロスのものであるのは明白である。プラトン主義者が愛を、「大いなるなるダイモーン」と呼ぶのは、このゆえである。

マルシリオ・フィチーノ(1)

愛は戦いを生む

これから僕がお話させていただくのは「争い」と「攻撃」についてである。このクロージングに当たる時間のトークとしてなんと不適切な話題であろうか。

その語源からして「招集する、贈り物を与える」という意味をもつconferenceはコミュニティの交流を活発化させ紐帯を強めるのが本義である。ましてや今年のテーマは「エロス」、愛と命なのだ。攻撃と争いという縁起でもない話題を取り上げるのはいかがなものか。

だが、忘れてはならない。エロスの母アフロディーテの愛人はアレスなのだ。またアフロディーテの贈り物を受け取り、ヘレネを愛したパリスは、あのトロイア戦争を引き起こすことになった。占星術では金星の支配星座の対向は火星の支配星座であり、また第七ハウスは「結婚」のハウスであるとともに「公の敵」を表す。「愛」の本当の対義語は「憎悪」ではなく「無関心」である、などとはすでに使い古されている言い回しではないか。

ここに集った私たちは、多かれ少なかれ占星術を愛しているはずだ。そして皮肉なことではあるが、愛は少なからず争いと攻撃と憎悪をほとんど不可避的に招くのである。

個人的なエピソードをお話ししたい。数年前、僕は尊敬する、しかし、占星術コミュニティの外にいるある方からひとりの若者を紹介された。その若者は占星術をやっておられて、その方の活動にも協力的なのだという。僕はワクワクしながら会話をした。しかし、どうも話が合わない。占星術そのものの勉強や実践に関心が薄く、「広める《マーケティング》」ための方法論を第一義に考えている印象をもってしまったのだ。

僕はしだいにイライラしてきた。宴会の席で酒の勢いもあったのだと思う。強い非難めいた響きをもった言葉がこぼれてしまった。

「君は占星術を愛しているの?」

今から思うとまったく恥ずかしい言葉である。大人げない。しかも自分なりのやり方で占星術に貢献しようとしている人に失礼だったような気もするし、失礼だったことはお詫びしなければならないだろう。

だが、そのとき、僕は口からこぼれるこの攻撃的なトーンの言葉を抑えることができなかったのだ。「君は占星術を愛しているの?」と。

そしてそのあとから、僕はハッと気がついた。一〇代のころから占星術の世界にいる僕は、これまで「攻撃/口撃」されたことは一度や二度ではない。正直いえば少なからず傷つきもした。ただ議論してもよい結果は生まないだろうことはわかっているのでたいていの場合は取り合わないことにしてきたし、これからもきっとそうするだろう。

だが、僕自身の口からこんな攻撃的な言葉を吐いてしまって（もちろん初めてではないのだけれど）改めて気がついたのだ。これは「愛」ゆえのものではないかと。誰も自分が愛してもいないものやことのためには剣を抜かない。攻撃や批判の言葉が鋭ければ鋭いほど、そこにはエロス——それは理性の力では制御できない本能的な衝動——が働いている。

占星術という「疫病」　外と内からの攻撃

苛烈な占星術批判の例として僕の頭にすぐ浮かぶのは業界では知られた「伝統・古典」占星術家の著作の冒頭の一言である。「現代占星術はクズである。これは過去に行われてきた学問（サイエンス）のまがい物にすぎない」。さらに「モダン占星術は現代文化へのパンデミックである」からこの本に献じられた別の著者の序文は始まる。アラン・レオが「真の占星術」を「歪めた」結果生まれたモダン占星術以前の一七世紀以前の伝統的な占星術こそが本物であるというのだ。一九世紀末以降の占星術は「パンデミック」なのだ、と。これは占星術コミュニティ内部における批判の言葉である。(2) それが正当な見方かどうかはここではひとまず措くことにしよう。

僕が興味深く思うのは、同じような誹謗の言葉が現代占星術という占星術の一部だけではなく、占星術まるごとに向けられることもあるということだ。

全編がまったく手厳しい占星術批判である、天文学者クーデールの著書『占星術』を開いてみよう。(3) クーデールは現代では新聞や雑誌が占星術という「病菌」を広げていると強く糾弾する。ここで批判されているのがいわゆる「星座占い」で、正統的な占星術ではない、などという逃げはなりたたない。この本を読めばすぐわかるがクーデールは占星術の歴史に相当の知識を持った上で、占星術をまるごと糾弾しているのである。クーデールのような立場からすれば、占星術業界内部の「正統性論争」そのものが噴飯もの、占星術自体の非一貫性を示すものとみなされよう。「科学者」であるクーデールは占星術の有効性を立証しようとすれば厳密な統計を取るほかないと論じているが、残念ながら、「伝統的占星術」がその統計的有効性を明確に示したという例は、寡聞にして僕は聞かない。だが、この問題にもここでは立ち入らないことにしよう。

ここで僕が注目したいのは論敵を糾弾する両者に共通する感情的な熱量である。相手を著書の中で「疫病」「病原菌」扱いするのはいかに論敵とはいえ、言葉が過ぎないか。ここに僕は両者の背後に働く「エロス」の御しがたい働きを感じてしまうのである。両者とも自分たちが信じて、いや、愛してやまない「真実」(一方は真実の占星術、他方は真実の科学)を守ろうとして戦いを挑んでいるのではあるまいか。

繰り返され焼き直される占星術批判の型

やはり僕は危ういところに足を踏み入れてしまったようだが、どうかお許し頂きたい。僕の手持ちの貧弱な防具では「モダン占星術」も、「占星術まるごと」も擁護することはできない。この場を終わりなき論争の泥沼にするのは望むところではない。

ただ、僕は占星術をめぐる批判、攻撃の形式は過去から何度も繰り返されているということに注目したいのだ。そして少なくともそのいくつかの論点は、裏表の関係となって、正反対の方向に自らの真実性の根拠として用いられてきているのではないかと僕には見えるのである。

占星術批判の系譜をすべてあげることはとてもできないが、ここではクーデールの先の本からいくつかの論点を取り上げてみよう。

クーデールの立場は明白である。クーデールは徹底して啓蒙主義的な進歩史観に立つ。人は迷妄的な状況から科学的に啓蒙されてきた。しかし、「未開人の悲劇的心性」の残滓である占星術が、不安の時代の中で跋扈してしまっているというのである。

ここに見られるのは大変わかりやすい非合理的、迷信的、多神教的な世界観と、合理的、科学的な世界観の対比である。クーデールは占星術に内在するさまざまな非論理性（例えば一二サインそのものの恣意性やアスペクトの理論など）を論破してゆく。そのような非論理性は、「迷信的」で「未開的」な心性によってもたらされているということになる。これは一九世紀の草創期の人類学者

たちと同じ見方である。(4)

同じトーンの占星術批判は一九七五年の有名な「ヒューマニスト」誌に掲載された反占星術声明――一八名のノーベル賞受賞者を含む科学者一八六名が署名した――に見ることができる。「占星術を信じたい人々はその教義を支持する科学的根拠のないことを認めるべきである。古代では、占星術は人々の魔術的世界観の重要部分であったために、彼らは占星家の助言と忠告を信じた」というのである。(5)

クーデールや「ヒューマニスト」誌のこの署名の執筆者たち（ボックを含む）は、間違いなく一八世紀啓蒙主義の代表ヴォルテールの子どもたちであり、思想的父の次の言葉に概ね頷くだろう。

「（真）宗教との占星術の関係は、天文学と占星術の関係に等しい。極めて知的な母と極めて愚かな娘の関係である」そして「異教に生まれ、ユダヤ教にも入り込んだ迷信は最初からキリスト教会をも感染させていたのである」(6)（またもや伝染病のメタファー！）。

近代以降の占星術批判の論点の一つが、占星術が古代の魔術的迷信にあるという点なのである。ここでの迷信、魔術とは多神教的な異教の神々の威力を信じることである。近代においてはそうした異教の神々そのものの存在が否定されているので、それは「バカバカしい」誤った思い込みとなっている。迷信とは誤った信仰を意味するようになった。

しかしもともとsuperstitioとは「過度な信仰」であり神々の力を「畏れすぎる」ことでもあったのだ。[7] 占星術が異教的魔術であるがゆえに非難すべきという思考は、啓蒙主義以前に、その予型ともいうべきかたちでかの五世紀の教父アウグスティヌスにはっきりとみることができるのである。

元マニ教徒でもあり、占星術の信奉者でもあったアウグスティヌスは、キリスト教に改宗したのち占星術を手厳しく批判するようになる。[8]

ときに占星術は当たることもあるけれど、それは悪霊（デーモン）の働きなのである！

「すなわち、占星家たちが驚嘆すべき仕方で多くの真実な答えをする場合、それは悪しき霊の隠れた感化によるものであって…悪しき霊の目的は人間の心中に星による運命についてのこのように虚偽で有害な見解を植え付け、固めることである…それは星占いの観察や調査の何らかの技術によるのではない。[9]」

しかし、重要なことはアウグスティヌスも占星術自体を否定はしていないということである。

そもそも、季節の変化や海の生き物たちの生態が太陽や月と関係があるというのは明白なわけで、天体と地上の生活の間の因果的影響関係を否定することはできない。だが、異なる運命を辿る双子や同時に撒かれた麦の種子が一方で間引かれ一方できちんと育てられることを見てもわかるように、個々の運命までは天体の影響は及ばない。

山内志朗の整理を借りれば、占星術の作用はあったとしても「個別的なものではなく、種的なものである。運命の個体性の十分条件にはなりえない」のである。一般的な予測を超えて個別的なことを予言できたとすれば、それは「悪霊」の作用にほかならないというのがアウグスティヌスの議論である。

このアウグスティヌスの論の進め方について、一五〇〇年の時代の差を超えてクーデールは、「悪霊」の実在をカッコにさえ入れれば完全に同意するだろう。「(占星術という)手品の種は見え透いている。要するに、一般的な法則を特殊な領域にそのまま適用し、地球(グローブ)の物理に固有な諸関係(グローバルな諸関係)を…限定された分野にあてはめることにある[10]」。

実はここでの議論の仕方は伝統的な占星術の二つの分類に対応するものである。占星術は「自然占星術」および「判断占星術」の二種類に分類されてきた。前者は天体の影響の一般的な影響関係を考察するものであり、後者は個別的な問題を扱い判断するものである。これはジェフリー・コーネリアスによればより広く、人工的・推論的占いと啓示的(古代における自然的な占いにも対応する[11]。

「自然」の因果的影響関係を考察する範囲においては、占星術は十分に機能する。天気予報のようなものだ。しかしそれが個別な事項を示すようになるとすると、それは超自然的、反自然なこととなる危険をはらむ。

アウグスティヌスの時代にはそれは「悪霊」の働きという危険として、現代においては偶然の世迷いごとへの自己欺瞞や軽信、あるいは狂気や古代の迷信への対抗の危険として非難されるわけである。

賢者は星を支配する、の由来

占星術はキリスト教の支配の下においても、この「自然占星術」という建前を利用して生き延びてきた。

アウグスティヌスの神学からさらに壮大な体系を作り上げた中世最大の神学者トマス・アクイナスの占星術論はその決定的な支柱となったといえる。多岐にわたるトマスの占星術論から「自然占星術」容認の部分を要約するとこうなるだろう。

確かに天体は影響力を及ぼす。ただし、それは天体と同じく被造物、物質や肉体と、それが引き起こす情念や欲望にたいしてのみであり、個別の魂や理性には及ばない。「大多数の人間は、諸々の情念——これに天体が共同して働くことは可能である——に従う。…だから占星術者たちは、たいがいの場合にあっては真なるところを予言することができるのであり、特に一般的な予言においてしかりである。だが、特殊の場合にあってはそうはゆかない」。それは星は高次の理性という自由意志によって情念に抵抗することができるからだ。それが「賢者は星を支配する」という言葉の意味なのである。[12]

デーモンとダイモーン　Divination と Natural Astrology

トマスのこの占星術理解が一神教文化の中で占星術を容認する基盤となった。物質である星は物質と肉体への原因とはなるが高次の魂には影響を及ぼさない。これは自然の枠内における占星術ということで基本的な思考法としてはのちの機械論的自然科学と親和性をもっている。これはアリストテレスの自然学を引き継いだプトレマイオスの理論の上に乗っている。

そして理論の上では、個別の占いを…とりわけホラリーを批判するという流れが生じてきた。アラブ中世最大の歴史家と言われるイブン・ハルドゥーンもこの伝統にのっとり、占星術や占いも詳細に論じているが、自然占星術と人間の意識が心霊と関わる占いを峻別する。

「プトレマイオスは、元素の世界に星や天体の位置が与える影響として、生まれ［による天宮図］

や星の合のみを論じた。」

しかし

「その後の占星家は、深層の意識を引き出すための『設問』を議論し、そうした意義を天宮の各「宿」に当てはめたり、…判断した。深層の意識とは心霊の知識に関するもので、元素の世界に属すものではなく、星の影響力や天体の位置も関係はない。…ところがこの「設問」の技術は占星術に取り入れられ、星や天体の位置から推論されるようになったのである。[13]」

ハルドゥーンは明白に後者を批判している。

また十七世紀の天文学者にして占星術師のプラシダスは、「星は原因なくしてサインを送ることはできない。したがって古代の設問占星術は自然の中に居場所はない」と言っている。[14]

だが、実際にはそうではない。占星術家たちは、ホラリーも用いるし、出生図を使って個別のことにも答えてきた。星は原因ではなく徴《サイン》なのだ。なぜなら、その起源の一つには、占星術はdivinationであり、多神教的で、神々やダイモーンとの交流というアイデアがあったのだから。

アウグスティヌスはある意味、正しかったのだ。バビロニアの星辰崇拝から始まった占星術の背後には宇宙の魂、ダイモーンとコミュニケーション可能だというアイデアがあった。ただ、このダイモーンはキリスト教の下で「悪霊」化される以前の、善悪を併せ持つ神霊となった。そしてこのアイデアは新プラトン主義に流れ込み、ルネサンスの時代に大きく花開く。世界は物理的因果律の支配する機械ではなく、生命（エロス）あふれた世界霊魂となった。[15] フィチーノは慎重にキリスト教的な「自然魔術・占星術」の枠内に自分を収めようとしつつ、ダイモーンの働きを認めようとした。そして、ここに登場するのがフィレンツェ・ルネサンスにおけるプラトン主義の王子、ピコ・デラ・ミランドラであった。

ピコの占星術反駁の真意？　そして人間の自由尊厳

ピコはずっと年長だったフィチーノが寵愛、尊敬したルネサンスの人文主義者である。ピコが僕たちにとって重要なのは「占星術反駁」という論文をその若すぎる三一歳の死の直前に発表しているからだ。残念ながらこの論文は英訳もまだないので僕にはその全貌を知ることはできないのだが、コーネリアスやヴォスらの仕事によってその概要を推し量ることはできる。[16]

ピコの「占星術反駁」は徹底した占星術批判であり、その後の占星術批判の範型を作ったといえる。そこには一二星座の恣意性にみられる理論上の非合理性や過去の予言の失敗など一見して近代的な視点を先取りした（クーデールも両手を挙げるであろう）痛烈な批判がなされている。ピコの占星術批判に怒り心頭の占星術家たちは、ピコの夭逝を予言しそれは実現したという有名な伝説、逸話もあるほどだ。[17]

ピコが徹底した占星術批判者であったとすれば、ピコが近代の科学的思考を先取りしていたと考えがちである。しかし僕たちが当惑させられるのはピコがキリスト教世界にカバラと魔術を導入した魔術師であったという点である。いかにして魔術師に占星術批判が可能なのか。

詳細はここでは語れないがコーネリアスやヴォスの理解によればこれは先駆的近代合理主義からの占星術批判ではなく、擬似因果論によって占星術を擁護しようとする当時の占星術への批判、言い換えれば新プラトン主義に基づく「魔術‐宗教的ヒューマニズム」の立場からの占星術批判だったのだと考えれば説明はつく。[18]それは名高い『人間の尊厳について』の著者としてまことにふさわしい。

そしてこのポイントは、宇宙の中における人間の立場、そして、人間の自由意志や自律性という問題へとつながってゆく。

権威的人格と服従への危険?

「ヒューマニスト」誌の占星術批判声明は次のようなものである。「今のような不確定な時代では、多くの人々が意思決定の指導を受ける安楽さを切望する。…しかし我々の将来は我々自身にあって、星にはないことを認めなければならない」

クーデールも占星術は「人々の心を不安に陥れ、宿命論に陥れ、気の弱い人間の気持ちをいよいよ挫く」という。[19] 一九七〇年代にこの種の議論をさらに先鋭化させたのはフランクフルト派の社会学者アドルノで占星術は「依存的イデオロギー」でありファシズムを生み出した「権威主義性人格」を生産してゆくとみなしている。[20] アドルノは主にアメリカの新聞の星占いを対象にしているが、ハードなストア派哲学を基盤にした、決定論的な一部の占星術復興によりよい批判対象を見つけるのではないだろうか。

しかし、占星術は一枚岩ではない。機械論的因果論や原因‐結果の鎖によってすべてが網羅されているとする宿命決定論と並んで、占星術の中には、「運命は交渉可能」であるとみなす、ダイモーンの働きや人間の「威厳」を称揚する占星術の立場も存在しているのだ。[21] ピコの占星術批判は、むしろこの立場から擬似因果、機械論による決定論的色彩を強く持っていた当時の主流占星術への攻撃だったとみなせるだろう。

ここでホロスコープは興味深い符合を見せる。

思想家にして占星術家のジェフリー・コーネリアスは、「ヒューマニスト」誌の声明の中で、単なる一例としてランダムに提示されたホロスコープと、ピコの出生ホロスコープを重ねる。す

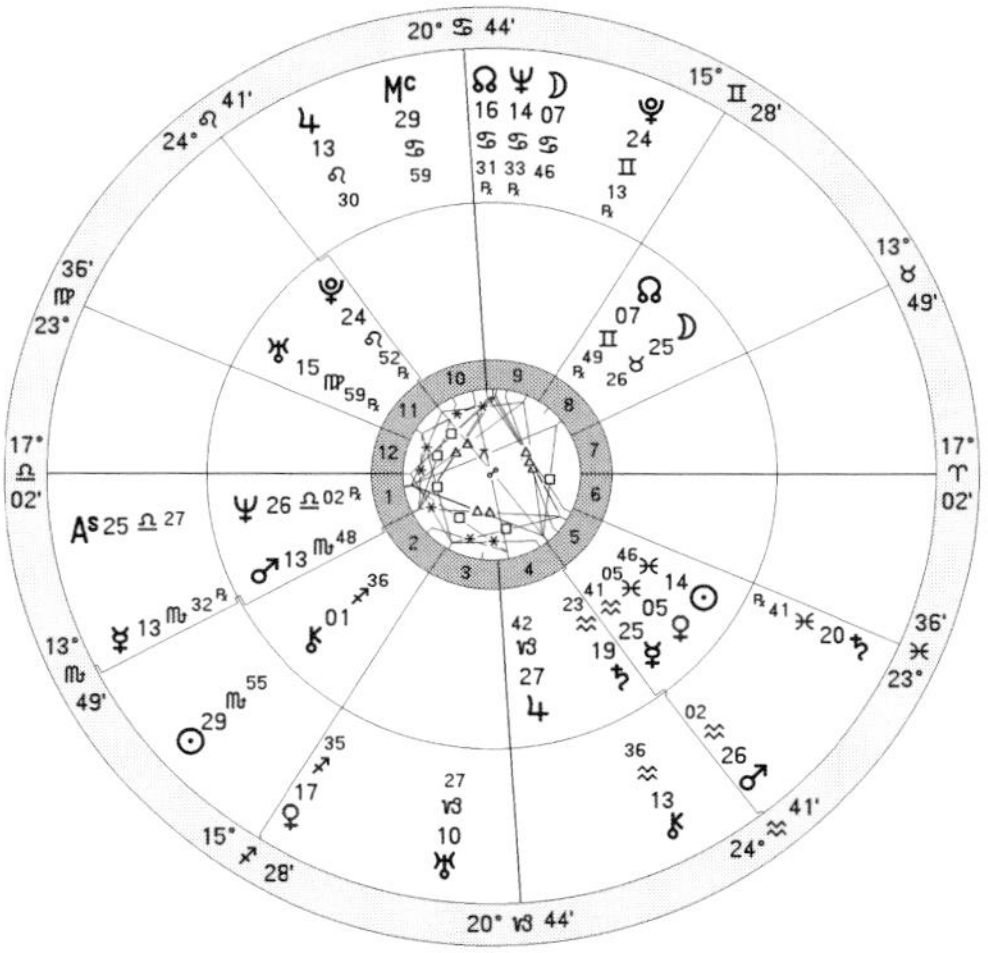

（内円：ピコの出生図　外円：ヒューマニストの声明でたまたま図示されたホロスコープ）

ると、二枚のホロスコープの中の水星と火星は見事に入れ替わって同じ位置にあらわれる。占星術をめぐる攻撃はここで鏡像的関係にあることが占星術のシンボリズムが偶然を通して示しているように見えるではないか。

　このような「符合」は、因果論によっては説明ができないし、近代的合理主義からみれば偶然の中に過度な意味を読み込む妄想であると言われても仕方がないだろう。しかし、占星術の「象徴的態度」をもつものであれば、ここに不思議な感動を覚えるはずだ。

　しかし、このような立場は一方

に振れれば操作的な人間中心主義へと滑り込みやすく、また一方愚かしい素朴な「魔術信仰」とも紙一重でもあるのは言うまでもない。(22)

再び、攻撃と愛と

ここに示したのは占星術批判（内側と外側から）のほんの一例である。

僕たちはその強い言葉のトーンの中に自分たちの真理を守ろうとする愛を敵意の背後に感じることができるだろう。そしてこうした論争や批判が（ほかの科学論争と違って決着を見ることはないにしても）それぞれの占星術への愛をかえって燃え上がらせてきたことも事実なのである。

僕自身もむろん、このエロスの罠から自由ではありえない。僕の語りは、僕が依拠してきた新プラトン主義的、そしてその現代版であるユング的占星術の立場から離れることはできない。そのほかの立場にたつ占星術家の方の「愛と敵意」を燃え上がらせることにもなってしまうだろう。それは仕方がない。

占星術という豊かな営みは、そうした矛盾と葛藤をはらんでいるものなのだから。

ただ、その発想の型や系譜を少したどることができれば、ここに見てきたように、一見異なる立場からの批判が同じことを指していたり、逆に同じ批判の言葉が別の思想的背景から出てきているということもみえてくる。するとそのときに燃え上がるエロスは、少しばかり別な色合いを見せるようになるのではないだろうか。[23]

とはいえ、攻撃と憎悪を煽るばかりが本意だと思われて困る。最後にお話ししたいのは僕の好きなエピソードの一つである。

一七世紀、議会派のウイリアム・リリーと王党派のジョージ・ウォートンはその政治的な立場も含めてライバル関係にある占星術師だった。ウォートンは口を極めてリリーを攻撃、非難していた。ふたりは犬猿の仲であった。

だが、政局が変わり、ウォートンが投獄されてしまったおり、リリーはあらゆるコネを使ってウォートンを解放するために奔走したのである。ここには利害を超えた、星を愛する者同士の「愛」がある。

占星術家が集まればそこには異なる意見、立場、ゴシップと陰口も、もちろん、公然とした論戦も出てくるだろう。

近代の時代の精神と折り合いの悪い占星術という営みは、これからも外からの批判と攻撃にもさらされ続けるに違いない。

こうした内から外からの争いもまた、僕たちの営みの一部であろう。だが、大切なことは僕たちの歴史そのものがその繰り返しであったということ、それがたとえ歪んだかたちになることはあるにしても愛から出ているものであることを心のどこかに留めておくことではないだろうか。

そして、いざという時には、このリリーとウォートンのエピソードを、思い起こしたいのである。

ああ、今本当に残念なのは、このカンファレンスが終わったあと「非公式」な場で、ワインをともに、占星術を愛する仲間たちと心置きなく、愛あるゴシップと悪口と、そして親密な議論ができない、ということだ！

だけど、希望を僕はもっている。僕たちは「批判者」たちが言ったように「感染力」の強い存在なのである。もうひとりの占星術の大敵ドーキンスの言葉を借りればそれは「文化的遺伝子」（ミーム）と言ってもいいだろう。インフルエンザという言葉は、元来、星の感化力という意味だったそうだが、占星術自体が文化的インフルエンザだとすればその遺伝子は数千年にわたって「収束」しなかった。きっと今のウイルスより僕たちのほうがはるかにしぶといだろう。来年には、あるいは少なくとも近いうちにはまたみなさんと愛あるゴシップを身近に楽しめる機会があることを信じ、このトークを閉じることにしたい。

注

（1）ヨアン・P・クリアーノ著　桂芳樹訳『ルネサンスのエロスと魔術』工作舎一九九一年、一五三―五四頁に引用。
（2）John Frawley *The Real Astrology* Apprentice Books 2000 古典、伝統占星術をモダン占星術と対比しつつ復興、再構築しようとする。同じ著者によるシリーズも参照されたい。
（3）ポール・クーデール著　有田忠郎・菅原孝雄訳『占星術』白水社　文庫クセジュ一九七三、二〇〇四年
（4）例えば、タイラーの占星術観は以下のものである。「占星術は第一級の誤謬、つまり観念的な類推を現実的な関係と取り違えるという誤謬に位置しているのだ。占星術は、人類を迷わせたその影響力の膨大さという点で、オカルト科学の中でも最高位に置かれるにふさわしいものだろう。比較的近代にいたるまで、哲学の誉れ高き一分枝として存在し続けたという点でも、やはり特筆すべきである。確かに占星術は極めて低級な水準の文明にはほとんど見られない。しかしその土台をなす考え方の一つ、すなわち諸々の天体に霊魂や生ける知性を想定する考え方は、野蛮な生活に深く根ざしているのである」エドワード・タイラー著　松村一男監訳『原始文化』国書刊行会二〇一九年。
（5）この声明の全文の日本語訳はH．J．アイゼンク、D．K．B．ナイアス著　岩脇三良／浅川潔司訳『占星術――科学か迷信か』誠信書房一九八六年にみることができる。
（6）Wouter j. Hanegraaff *Esotericism and the Academy* Cambridge Univ.Press 2012 に引用。
（7）前掲書。
（8）金森修編著『科学思想史』勁草書房二〇一八年所収、山内志朗「中世における占星術批判の系譜」参照。
（9）赤木善三他訳『アウグスティヌス著作集Ⅱ』（『神の国』第五巻七章）教文館一九八〇年。
（10）クーデール『占星術』。
（11）鏡リュウジ著『占いはなぜ当たるのですか』説話社二〇二〇年収録　ジェフリー・コーネリアス「占星術は〝占い〟か？」参照。

(12) トマス・アクイナス著　高田三郎・横山哲夫訳『神学大全8』創文社一九六二年。

(13) イブン＝ハルドゥーン著　森本公誠訳、解説『歴史序説第1巻』岩波書店一九七九年。

(14) ジェフリー・コーネリアスの未発表稿より引用。なお原典引用元は
Primum Mobile; with theses to the theory and canons for practice; wherein is demonstrated from astronomical and philosophical principles, the nature and extent of celestial influx upon the mental faculties and corporeal affections of man; containing the most rational and best approved modes of direction, ... exemplified in thirty remarkable nativities of the most eminent men in Europe, according to the principles of the author, laid down in his " Celestial Philosophy." Translated and corrected from the best Latin editions. Illustrated with notes and an appendix ... by John Cooper.

(15) ヨハン・クリアーノ著　桂芳樹『ルネサンスのエロスと魔術』工作舎　一九九一年参照。

(16) Geoffrey Cornelius *The Moment of Astrology* Wessex Astrologer 2003.

(17) その占星術的根拠はプライマリ・ディレクションにある。上のコーネリアスの著書を見よ。

(18) 前掲書。

(19) クーデール前掲書。

(20) ニコラス・キャンピオン著　鏡リュウジ監訳『世界史と西洋占星術』柏書房二〇一二年　Theodor Adorno *The Stars Down to Earth* Routledge 1994.

(21) Cornelius, Hyde らがその代表であり、またダイモーン論と占星術を結びつける Greenbaum もその一人と言えるだろう。

(22) Patrick Curry の Magic と Enchantment をめぐる議論を参照。

(23) 現代のさまざまな占星術家の立場の相違を詳細なインタビューによって明らかにした Garry Philiposon Astrology in the year zero Flare Publications 2000 は大変興味深い。

あとがき

占星術や占いの世界にも流行があるといえば、意外に思われるだろうか。

僕が英国に出向いては夢中で最新の占星術トレンドに触れていた一九八〇年代後半から九〇年代前半は、心理学的占星術が最有力な勢力であった。ユング派の分析家であるリズ・グリーンを頂点とするこの流れは、ユング心理学を援用しつつ星座や惑星のもつシンボリズムを拡充し、人間の心の動きを解析するツールへと変容させた。これによって単なる「占い」では飽き足りない知的な人々の関心を占星術にひきつけることに成功したのである。

しかし、その背後で、ひそかに次の流行の兆しが動いていたのだ。

それは、「古典占星術」の復興である。一七世紀終盤から一九世紀にかけていったん断絶していた占星術の伝統をもう一度復興させようという動きであった。こうした流れは、心理占星術を「あいまい」であると批判する。そのいきさつについては、本書の随所で触れたので、ここでは繰り返さないが、こうした流れにキャッチアップしてゆくこともまた、生きた知の営みとかかわる楽しみのひとつである。

本書は、二〇〇〇年一月から一年間にわたって雑誌『ユリイカ』で連載させていただいたエッセイを本にまとめたものだが、これは、それまで心理学占星術の面白さを日本に紹介する仕事をしてきた僕が、この世界での「流行」の風を感じながら古典的な占星術のテクストを拾い読みしてしたための、一種の学習記録あるいは覚書のようなものだと考えていただければいい。

僕自身は、もちろん、古典的な占星術を盲目的に信じているわけではないし（これは、心理・占星術でもそうなのだが）それを教授するつもりもない。しかし、そのなかに含まれている実に奇妙で豊饒な世界をご紹介できたら、という思いで毎回毎回、楽しみながら目に付いたものを材料に筆を進めて来たわけである。連載を始めたころには、ネタがもつだろうかと案じていたが、一年が過ぎて見ると、案に外して結構興味深い素材が集まったように思う。

学術書ではないのだから、気楽に読んでいただければありがたいし、また、時間のあるかたは、それぞれにあげた参考文献などからさらに学習を進められてはいかがだろうか。

なお、宣伝めいて恐縮なのであるが、心理占星術についてはリズ・グリーンの『占星学』、および古典占星術、心理占星術批判についてはマギー・ハイドの『ユングと占星術』、（以上青土社）、ルネサンス占星術と心理学についてはトマス・ムーア『内なる惑星』（仮題・近刊、青土社）などを参考にしていただければと思う。用語などについては、ジェイムス・ルイス『占星術百科』（原書房）をお手元にお勧めする。

この本ができるまでには多くの方のご協力があった。まずは、本書のもととなるエッセイの連載を企画してお勧めくださった前『ユリイカ』編集長・須川善行氏。あとをひきついで担当してくださった岡本由希子氏。さらに単行本化に際していろいろ知恵を絞ってくださってお手を煩わした阿部俊一氏。美しい装幀をしてくださった戸田ツトム氏、さらに、本書のような一風変わった本を出版してくださった青土社・社長清水一人氏。本当にありがとうございました。

最後に、この本を、今や星界におられる、二人の尊敬申し上げる方々——チャールズ・ハーヴェイ、清水康雄両氏に捧げて筆をおきたいと思います。

二〇〇一年三月六日　鏡リュウジ

新装版へのあとがき

実践的占星術をとりまく昨今の状況の変化はめまぐるしいものがある。

アメリカやイギリスでは占星術を実践的な側面まで含めて教授する大学が出現してきているし、純粋にアカデミックなレベルでも、たとえばカルダーノがどのように占星術を実践し、その哲学的思想との影響関係を詳細に跡付けるといった仕事もなされるようになってきた。

歴史や実証に重きをおくアカデミズムの世界では占星術の実践的な「実際」についてはおざなりにされ、逆に占い師のみが我流の占い方を次々に打ち出しては歴史から遊離していくという、不毛な状況が長らく続いてきたわけであるが、ようやく、現代の占星術家たちは再び占星術の伝統の水脈から直接に滋養を吸収できるようになってきたのである。

本書はそうした「伝統占星術」「古典占星術」の復興時の熱狂に後押しされて生まれて

きた。

占星術実践者の業界内部では当時は現代的な心理学派と伝統復興派の間で鋭い緊張関係が走っていたように思うのだが、最近ではそうした対立は解消され、両陣営が同じセミナーに参加するなどの状況が生まれている。

一時の混乱は収まり、豊穣な占星術市場、あるいはコミュニテイが生まれてきているのである。

ただ、日本においては、一部の占星術実践者が私家版のかたちで伝統占星術のエッセイなどを出版したり、サイトを運営しているのをのぞいては、こうした古い時代の占星術についての実践的な視点から書かれた資料を見ることは依然としてないようだ。

長らく品切れになっていた本書がこうして新装版となって再度店頭に並ぶのは、僕としてもとてもうれしい。

新装版にあたっては、新しく書き下ろした「深宇宙の占星術」、そして、以前『ユリイカ』占星術特集で書かせていただいた「占星術の近代」を加え、より充実した内容にした。とくに「占星術の近代」は、現代の占星術がいかに登場してきたかを素描したものになっている。伝統占星術の世界とあわせてごらんいただきたい。

また、占星術の歴史についてはその後、優れた書物がいくつか出ている。矢野道雄『星占いの文化交流史』、タムシン・バートン『古代占星術』などはマストである。

そして、また図像学の雄アビ・ヴァールブルグによる『異教的ルネサンス』『ルターの時代における異教的＝古代的予言』なども翻訳された。

さらにグラフトンの『カルダーノの宇宙』なども近く邦訳されると聞いている。

日本における占星術も、ますます豊穣なものになっていく予感を僕はもっている。


なお、最後に謝辞を。

今回、新装版を編集してくださった今岡雅依子さん、青土社清水一人社長に心から感謝をあらわしたい。

そして、この本がみなさんの心の宇宙を豊かにする一助になれば、こんなにうれしいことはない。

二〇〇七年五月二八日　鏡リュウジ

新・新装版へのあとがき

『占星綺想』をまた新しいかたちでお届けできる運びになったのをとても光栄に思っている。

本書は今から二〇年以上前、一九九九年ごろに青土社の『ユリイカ』で連載していた記事をもとにして編まれたものだ。以前の版で書いたことと重複するが、一九九〇年台に英米で一七世紀以前の「伝統・古典」占星術の再構築運動が盛んになったことを受けてこの本の原稿は書かれた。当時知られていた占星術が実は一九世紀末に大きく改変されたものであることが実践者の間にも明らかになり、興隆していた「心理占星術」とは異なる、歴史的な占星術を再構築しようとする動きが活発化してきたのだ。ユング心理学の影響を強く受けた心理学的な占星術にどっぷりつかっていた僕はその動きに驚いたし、動揺もした。そこで古い占星術を勉強しないといけないと感じたこともあって、一種の勉強ノートとしてこの本の元原稿を書くことになったのだった。

だが、お読みいただければわかるように、この本は「失われた古い占星術の技法を用いれば当たる」というスタンスはとっていない。それは端的に本書のタイトルに示されている。そう、それは「綺想」なのだ。近代占星術であれ古典占星術であれ、科学的再現性などとは程遠いところで実践される。しかし、占星術においては「奇妙」なかたちで、「綺麗」に人と星との関係性が結ばれてゆく。「綺」は「あや」とも読む。そう、占星術では星と人の想いが美しくも奇矯なかたちであやなされていくのである。その感覚の一端を本書で少しでも味わっていただければ幸いである。

この新・新装版では「Character is Destiny?」（二〇一九年）と「占星術への愛と敵意」（二〇二一年）の二本の新たな原稿を加えることができた。これは日本における占星術カンファレンスで講演した内容を原稿化したものである。

ともにコロナ時代前後になされたものであり、一九九九年当時の書き起こし原稿とは少しトーンが異なるかもしれない。しかし、どちらも占星術の「伝統」について僕の想いを記したものである。聴衆を相手に「話す」内容であることと、年齢を重ねて想いを率直に表現することにたいしててらいがなくなってきた（あるいは歯止めが利かなくなってきた）こともあって、より主張が強くなっているが、これは僕の中での経年変化だとどうか寛容に受け止めていただきたい。

本書を再度、刊行していただくのにたいしては長年のお付き合いである篠原一平さんにお世話深く感謝申し上げたい。

二〇二三年九月三〇日　鏡リュウジ

鏡リュウジ（かがみ・りゅうじ）
心理占星術研究家・翻訳家。国際基督教大学卒業、同大学院修士課程修了（比較文化）。英国占星術協会、英国職業占星術協会会員、日本トランスパーソナル学会理事、平安女学院大学客員教授、京都文教大学客員教授。著書に『占いはなぜ当たるのですか』（説話社）、『鏡リュウジの占星術の教科書』（原書房）など、訳書にリズ・グリーン『占星学』、マギー・ハイド『ユングと占星術』（以上青土社）など多数。

占星綺想 **新・新装版**

二〇二三年一〇月二五日　第一刷印刷
二〇二三年一一月一〇日　第一刷発行

著　者――鏡リュウジ
発行者――清水一人
発行所――青土社
東京都千代田区神田神保町一―二九　市瀬ビル
（電話）〇三―三二九一―九八三一〔編集〕〇三―三二九四―七八二九〔営業〕
（振替）〇〇一九〇―七―一九二九五五
印刷・製本――ディグ
装　丁――岡孝治

ISBN978-4-7917-7588-0
Printed in Japan